EVELYN HEEG
MIT TINO HEEG

Oben ohne
Die Entscheidung zu leben

Mit einem Nachwort von
Prof. Dr. med. Rita Schmutzler

W0171820

Fischer
Taschenbuch
Verlag

Erschienen im Fischer Taschenbuch Verlag,
einem Unternehmen der S. Fischer Verlag GmbH,
Frankfurt am Main, September 2010

Lizenzausgabe mit freundlicher Genehmigung des
Krüger Verlags, Frankfurt am Main
© S. Fischer Verlag GmbH, Frankfurt am Main 2009
Druck und Bindung: CPI – Clausen & Bosse, Leck
Printed in Germany 2010
ISBN 978-3-596-18197-1

OBEN OHNE

Editorische Notiz

Namen und äußere Merkmale einzelner Personen wurden
verfremdet. Orte und Geschehnisse nicht.

INHALT

für Gabriele und Anneliese

»Guten Morgen, Frau Heeg.«

»Guten Morgen, Herr Professor Feller.«

Er reicht mir die Hand und lächelt mich an: »Ich habe sehr gut geschlafen, falls Sie das beruhigt.«

Ich muss auch lächeln. Das ist nicht die erwartete Begrüßung. Und tatsächlich kommt es ja wirklich nicht darauf an, wie ich die Nacht verbracht habe, sondern ob mein Chirurg erholt ist. Schließlich wartet jede Menge Arbeit auf ihn. Das bestärkt mich in meinem Vertrauen, dass alles gelingen wird.

»Lassen Sie mich noch einmal kurz die Anzeichnungen sehen«, sagt der Professor.

Ich stehe auf, um ihm die Linien auf meinem Körper zu präsentieren.

»Alles in Ordnung. Die Schwestern werden Sie gleich nach unten bringen, und dann legen wir los.«

Da gibt es nichts einzuwenden. Ich bin dankbar, dass die Warterei ein Ende hat. Ich habe erstaunlich gut geschlafen, die Nacht war also verhältnismäßig schnell vorbei. Und trotzdem ist alles sehr seltsam. Ich bin völlig gesund und liege hier in einem Münchner Krankenhaus. Auf mich wartet eine siebenstündige Operation.

Draußen dämmert es gerade. Die Aussicht aus meinem Fenster ist hübsch: Blick auf den Garten. Man sieht ihm nicht an, dass er zu einem Krankenhaus gehört. Das Haus hat auch nicht den üblichen Geruch nach Desinfektionsmitteln. Das Zimmer mit seinen hohen Decken wirkt freundlich. Wir sind im Moment zu zweit hier drin. Meine Mitpatientin hat schon alles hinter sich. Sie wird heute entlassen. Irgendwo da draußen muss auch der Englische Garten sein. Ich wollte mir das eigentlich alles noch ein bisschen anschauen. Aber daraus wird jetzt nichts mehr.

Die Schwester steht in der Tür: »Sind Sie startklar, Frau Heeg?«

Ich glaube schon.

»Sie müssen sich noch umziehen, und dann fahren wir Sie nach unten.«

Warum fahren? Ich kann doch laufen. Aber ich verkneife mir die Bemerkung. Die Pflegerin hält mir das OP-Hemd hin, und ich schlüpfe aus meinem Nachthemd und dann in dieses ungeliebte Kleidungsstück. Damit möchte ich nun doch nicht durchs Haus laufen. Ich setze mich zurück ins Bett.

»Sie können sich jetzt hinlegen, und dann fahren wir los.«

Hinlegen? Da komme ich mir so hilflos vor. Außerdem hat man einen denkbar schlechten Ausblick. Sitzend wäre mir diese Fahrt angenehmer. Aber ich fange jetzt nicht an zu diskutieren.

Ich strecke mich unter der Decke aus. Eine zweite Krankenschwester kommt herein, und die beiden setzen mein Bett in Bewegung. Wir passieren die Tür, und ich starre an die Decke des Krankenhausflurs, wo ab und zu eine Neonröhre vorbeizieht. Es ist gar nicht so einfach, das unhandliche und schwere Gefährt um die diversen Kurven zu bugsieren. Wir stoppen, und ich hebe kurz den Kopf, dann öffnet sich die Aufzugstür, und es geht hinab Richtung Operationssäle.

Es ruckelt, wir sind da, hier herrscht eine andere Atmosphäre, das Licht ist heller, und natürlich wird es jetzt steril.

»Sie müssen jetzt kurz umsteigen, Frau Heeg.«

Das neue Bett wird von Menschen in Grün weitergelenkt. Ein anderer Grüner kommt dazu. Es ist der Anästhesist von gestern Abend. Hätte er das nicht gesagt, hätte ich ihn jetzt nicht erkannt. Aber das weiß er wohl. Er gibt mir noch ein paar beruhigende Worte mit, während er mir den Zugang legt. »So, jetzt wird es kurz piksen.«

Ich habe keine Angst vor der Narkose. Auch die Operation schreckt mich nicht. So schlimm wie eine Chemo kann es nicht sein.

Ich atme tief durch, jetzt muss ich mir darüber sowieso keine Gedanken mehr machen. Ich spüre die kalte Flüssigkeit in meinen Adern, und alles wird schwarz.

EINE SPUR DER VERNICHTUNG

April 2003

Autofahren war schon immer das beste Schlafmittel. Tino fährt, ich döse vor mich hin. Das ist unsere übliche Arbeitsteilung. Ich muss jeden Tag in der Woche fast 180 Kilometer pendeln, da bin ich froh, wenn am Wochenende mein Mann fährt. Der sitzt wiederum jeden Morgen und Abend im Zug und freut sich darauf, mal wieder selber lenken zu dürfen. In unserem alten mausgrauen VW Golf, einem Erbstück von Tinos Eltern, schnaufen wir das Höllental bei Freiburg hoch. Von den ursprünglich nicht gerade üppigen fünfzig Pferdestärken dieses Autos sind einige längst auf der Strecke geblieben. Das Höllental ist einer der spektakulärsten Einschnitte in der Westseite des Hochschwarzwaldes. Am Eingang des Tales windet sich die Straße zwischen dreißig, vierzig Meter hohen Felswänden. Danach öffnet sich das Tal etwas und steigt gleichmäßig an, bevor es sich in einigen Serpentinen nach Hinterzarten hochschraubt.

Wir passieren Neustadt, wo sich die Straße in einem letzten steilen Bogen über eine hohe Brücke aufschwingt. Hier oben auf über tausend Meter über dem Meer haben die Parkplätze passende Namen in alemannischer Mundart: »Verschnuferecke« steht da ... Bis wir auf die Autobahn Singen–Stuttgart kommen, zieht die Landschaft der kalten Baar an uns vorbei. Hier kommen definitiv noch keine Frühlingsgefühle bei mir auf. Während in Freiburg bereits alles blüht, beherrschen braune Felder das düstere Bild.

Wir sind auf dem Weg zu meiner Oma. Es ist kein gewöhnlicher Besuch, denn Oma soll uns einfach – ihr Leben erzählen. Tino und ich kennen uns schon seit bestimmt sieben oder acht Jahren. So genau können wir es auch nicht mehr rekonstruieren, da wir uns bei einer Veranstaltung des Allgemeinen Hochschulsports kennengelernt haben. Wir sind beide passionierte Radfahrer, und damals waren wir zufällig zusammen in der Gruppe. Wir haben uns bei den Ausfahrten immer gut unterhalten. Und irgendwann hat Tino sich getraut und mich abends angerufen, um sich mal in »zivil« mit mir zu treffen. Es war ein schöner Abend, der immer länger und länger wurde. Zwei Jahre später haben wir dann geheiratet.

Vor einigen Wochen bin ich mit Tino mal wieder ins Gespräch über meine Familie gekommen. Tino, studierter Historiker, wollte tausend Sachen wissen. Von denen ich gelinde gesagt keine Ahnung hatte. Er weiß natürlich schon einiges von meiner Familie, aber das reicht nicht über die Kindheit meiner Mutter hinaus. Weiter zurück habe ich nur bruchstückhaftes Wissen. Seine Fragen waren mir unangenehm. Ich hatte an mich selbst den Anspruch: Mensch, das weiß man doch von seiner eigenen Familie! Klar ist meine Ahnungslosigkeit kein Wunder. Meine Mutter starb, als ich vierzehn war, und danach lief in unserer Familie alles etwas anders. Als die Älteste von uns Kindern kümmerte ich mich viel um meine Geschwister und den Haushalt. Meine Schwester ist sieben Jahre jünger, die brauchte einfach viel. Für den Haushalt hatte mein Vater eine Hilfe organisiert, die für ein paar Stunden am Tag da war. Dennoch blieb einiges an mir hängen – und wenn es nur das Darandenken war. Daneben ging ich aufs Gymnasium und machte Abitur, Freunde und Sport gab es auch noch. Kurz: Ich hatte andere Sorgen, als meinen

Vater nach unserer Familiengeschichte auszufragen. Als ich achtzehn war, heiratete mein Vater wieder, ich ging zum Studieren nach Ludwigsburg und Freiburg.

»Warum reden wir nicht mit Oma?«, schlug Tino schließlich vor, als ich ihm nichts mehr erzählen konnte über die Familie meiner Mutter. Ja, warum eigentlich nicht? Ich wäre nicht auf die Idee gekommen. Und ich hatte auch etwas Angst davor. Wie würde Oma reagieren? Von selbst hatte sie nie davon erzählt. Vielleicht will sie gar nicht darüber reden. Vielleicht dringe ich zu sehr in sie ein. Zumal ich zumindest eines sicher weiß: Ein leichtes Leben hatte sie nicht. Davon zu erzählen, das würde ihr sicher wehtun. Außerdem ist sie auch gesundheitlich nicht mehr auf der Höhe. Sie hatte schon mal Darmkrebs, und seit einigen Jahren ist sie an Brustkrebs erkrankt.

Nachdem Tino nicht locker ließ, nahm ich meinen Mut zusammen und rief sie an.

»Oma, ich fände es schön, wenn wir dich besuchen könnten und du Tino und mir mal aus deinem Leben erzählst.«

»Warum denn das?«, fragte Oma sofort.

Ich erklärte ihr, wie es zu dieser Idee gekommen war und dass ich einfach zu wenig wüßte.

Es war kurz still in der Leitung.

»Interessiert euch das wirklich?«

In ihrer zurückhaltenden Art konnte sie es noch nicht glauben. Nachdem ich es ihr versichert hatte, stimmte sie schließlich zu.

Wir besuchen Oma regelmäßig. Alle paar Monate zieht es mich in das kleine alte Haus am Stadtrand von Stuttgart, wo sie mit ihrem Sohn, meinem Onkel, lebt. Die beiden bilden eine eingespielte Wohngemeinschaft. Oma kümmert sich um den Haushalt, mein Onkel sorgt für Haus und Garten. Bis auf die Blumenbeete – die sind Omas Revier. Normalerweise wird bei den Besuchen die ganze Zeit geredet, Oma interessiert sich intensiv für den Werdegang ihrer Enkel. Erstaunlich, wie sie sich alles Mögliche von ihren vierzehn Enkeln immer so merken kann. Sie weiß, was wir alle treiben, wann wer Geburtstag hat und und und. Bei der Vielzahl an Enkeln ist sie grundsätzlich dabei, sich irgendwelche Geschenke auszudenken und zu besorgen. Das ist für sie ziemlich anstrengend, aber uns lässt sie das nie merken. Solange ihre Hände noch mitgemacht haben, gehörte zu einem Weihnachtsgeschenk außerdem mindestens ein Paar selbstgestrickte Wollsocken. Als Teenager fand ich das ziemlich dröge, aber heute haben diese Socken einen großen Wert für mich, auch wenn ich sie quasi nie trage. Es ist ein Bild, das sich ganz fest eingeprägt hat in meinem Gedächtnis: Oma sitzt auf ihrem Sofa, und die Stricknadeln klappern. Dabei wirkte sie immer völlig mit sich und der Welt im Reinen, zufrieden, entspannt.

Aber das wird ein anderes Treffen werden. Tino hat die fixe Idee, das Ganze für die »Nachwelt« aufzuzeichnen. Dazu hat er extra eine Videokamera aufgetrieben, eine Freundin hat sie uns ausgeliehen. Ich glaube, er sieht sich ein wenig als der heldenhafte Chronist einer verschollenen Familiensaga oder so ähnlich.

»Das mit dem Video wird sie nicht wollen«, habe ich eingewendet.

Auf einem Familienfoto mit einigen ihrer Enkel hat Oma sich selbst mit der Schere herausgeschnitten, weil sie sich nicht sehen wollte. Sie wird es nie zulassen, dass wir sie filmen.

»Dann können wir ja nur den Ton laufen lassen«, meinte Tino.

Wir verlassen die Autobahn am Stadtrand von Stuttgart, kriechen durch ein Wohngebiet mit Tempo dreißig und biegen am Altersheim in die steile Straße ein, die zum Haus hinabführt. Diesen Berg muss Oma jeden Tag hochlaufen, wenn sie einkaufen gehen will. Natürlich bringt auch ihr Sohn Lebensmittel mit, wenn er von der Arbeit zurückkommt. Aber sie ist eine stolze Frau, stolz auf ihre Unabhängigkeit und Mobilität.

Oma ist inzwischen dreiundachtzig, und seit zwei Jahren hat sie Brustkrebs. Natürlich ist das bei einem so alten Menschen nicht mehr ganz so dramatisch. Aber für mich ist sie in gewisser Hinsicht deutlich mehr als nur die Großmutter. Nach dem Tod meiner Mutter und nachdem ich nicht mehr zu Hause lebte, war sie mein sicherer Hafen. Ich wusste, dass ich jederzeit bei ihr aufkreuzen konnte, sie würde mir zuhören, mich mit Essen versorgen, egal welche Sorgen ich mitbringen würde. Es ist ungeheuer tröstlich, dass sie da ist.

Wir parken vor Omas Haus, das malerisch an einem Hang liegt. Der Blick geht über eine Streuobstwiese, dahinter beginnt der Wald. Zu großen Familienfesten gehörte ein Spaziergang im Wald. Das fand ich an Stuttgart schon immer toll: Großstadt – und trotzdem so viel Grün. Tino kramt hinten im Auto, um alle Gerätschaften dabeizuhaben. Ich gehe schon vor und klingele an der Gartenpforte.

Sie erwartet uns wie immer an der Haustüre. Sie ist klein und zierlich, aber sie drückt mich kräftig, als wir im Hausflur stehen. Früher war sie eine sehr hübsche Frau. Auch heute noch achtet sie auf ihr Äußeres. Einmal pro Woche wäscht und legt der Friseur die Haare. Dafür läuft sie gerne den Berg hoch. Wir reden ein wenig über den Garten, der das Haus am Hang komplett umschließt. Es muss natürlich viel gegossen werden. Ich bin immer wieder erstaunt über die Energie, mit der sie in ihrem Alter alles in Angriff nimmt. Bis vor kurzem half sie sogar ehrenamtlich im Altersheim oben am Ende des Berges aus!

Wie immer ist sie ziemlich hektisch. Schon früher wirbelte sie durch die Küche, während ich auf dem Hocker in der Ecke saß und fasziniert dem chaotischen, aber energiegeladenen

Treiben zuguckte. Heute macht sie uns erst mal Kaffee, und natürlich hat sie auch gebacken. Gemeinsam bugsieren wir alles die steile Treppe hoch ins Wohnzimmer, und da lassen wir uns am Esstisch nieder. Ich bin etwas nervös, und auch Tino sieht angespannt aus. Er hat die Kamera bereits auf den Tisch gelegt, doch Oma scheint sie nicht zu bemerken. Der Kaffee wird ausgeschenkt, der Kuchen verteilt, und Tino sagt, dass wir das Gespräch gerne aufnehmen würden, wenn sie einverstanden ist.

»Nein, das will ich nicht!«

Ihr Ton ist entschieden.

Tino bietet an, nur den Ton mitlaufen zu lassen, aber auch das ist ihr zu viel. Keine Aufnahme. Nein, definitiv nicht. Ich habe kurz Bedenken, dass sie nun alles abblasen wird. Tino packt die Kamera wieder ein, und Oma guckt kritisch. Aber dann beginnt sie unaufgefordert zu erzählen, ohne dass wir eine Frage gestellt hätten. Es ist, als ob sie schon lange darauf gewartet hätte, dass sich endlich mal jemand dafür interessieren würde.

Fast drei Stunden berichtet sie uns aus ihrem Leben, ihrer Jugend in Stuttgart, wo sie bereits als Mädchen viel im elterlichen Geschäft helfen musste, dem Krieg, ihrer ersten Liebe, einem Buchhändler, den sie auch geheiratet hat, aber der kurz darauf im Krieg gefallen ist. Dessen Bruder, ihr Schwager, verlor wiederum seine Frau. Und so taten sie sich danach zusammen und heirateten. Das klingt für uns wie eine Zweckehe, aber Oma sieht das alles mit der Weisheit und Abgeklärtheit, die sechzig Jahre Distanz ermöglichen. »Wisst ihr, als Buchhändler hätte er sicher eine schwere Zeit gehabt nach dem Krieg. Vielleicht war es sogar besser so.« Opa war Fernmeldetechniker, das war in der Aufbauzeit gefragt.

Es sprudelt nur so aus ihr hervor, sie erinnert alles ganz genau, sie kennt noch den Namen des Kinderarztes, zu dem sie mit der ersten Tochter gegangen ist. Unglaubliche Einzelheiten, dann wieder schreckliche und bedrückende Erlebnisse. Es ist faszinierend und überwältigend, doch ich kann mir das alles natürlich nicht merken. Das ist unmöglich. Unglaublich schade, dass wir es nicht aufnehmen können. Als Oma vom frühen Tod ihrer älteren Schwester erzählt, fragt Tino nach: »Woran ist sie denn gestorben?«

»Brustkrebs«, sagt Oma ungerührt.

Tino schaut mich bedeutungsvoll an, aber ich zucke nur mit den Achseln. Natürlich erzählt sie uns auch vom Tod ihrer drei Töchter, doch diesen Teil kenne ich sozusagen schon aus eigener Anschauung. Zuerst erwischte es die älteste Tochter. Danach kam meine Mutter an die Reihe. Und schließlich erkrankte dann noch die Zweitjüngste. Bei meiner Mutter war es erst der Brustkrebs, doch er hatte gestreut, ein Tumor wurde aus der Wirbelsäule entfernt, und sie starb schließlich an Lungenkrebs. Auch bei der zweitjüngsten Tochter begann es mit Brustkrebs. Nur die älteste Tochter hatte ein anderes Karzinom, wahrscheinlich Hodgkin, aber da ist sich Oma jetzt nicht mehr sicher. Es ist in jedem Fall eine Spur der Vernichtung, die der Krebs in unserer Familie hinterlassen hat. Vier Frauen in zwei Generationen, und Oma würde schließlich auch daran sterben, das war so sicher wie das Amen in der Kirche.

Später holt sie einige Fotoalben, die ihr zweiter Mann, unser Opa, in seiner Freizeit zusammengestellt hat. Liebevoll und detailversessen hat er alle Bilder und Dokumente, derer er habhaft werden konnte, gesammelt, eingeklebt und mit gestochener Handschrift kommentiert. Sogar einen Feldpostbrief aus dem Ersten Weltkrieg hat er aufgetrieben. Da merkt man, dass er ein alter Briefmarkensammler war.

Eine Aufnahme zeigt einen Vorfahren, meinen Uropa, vor einer Buchhandlung, die er in Süditalien betrieben hat. Ich wusste gar nicht, dass es so viele Buchhändler in unserer Familie gibt! Auch Oma las schon immer gerne und viel.

Der rustikale Wandschrank an der Wohnzimmerwand ist vollgestopft mit Büchern, klassische Werke stehen hier, die Schmachtfetzen stehen im Schreibzimmer.

Inzwischen springt Oma hin und her zwischen den Generationen und Lebensabschnitten, bis uns allen der Kopf brummt. Wir sind kaputt und erschöpft, und schließlich ist es auch gut. Es gibt noch Abendessen, doch wir reden inzwischen wieder von den tagtäglichen Dingen. Was meine Schwester so treibt, wie es um den Job meines Bruders bestellt ist. Wie es Tino bei seiner Arbeit geht, wie ich in der Schule klarkomme. Oma wirkt noch immer erschöpft. Die Falten in ihrem Gesicht sind tief, dunkle Ringe zeichnen sich um ihre Augen ab. Ich berühre Tino am Arm, und er nickt zurück. Nach dem Essen wollen wir aufbrechen und zurückfahren. Ich frage Oma nach ihrer Gesundheit, und sie seufzt. Ihr linker Arm ist dauerhaft angeschwollen und schmerzt. Das hat natürlich irgendwie mit dem Krebs zu tun, doch über medizinische Details weiß sie nicht Bescheid.

»Der Arzt sagt, dass ich eine Chemo machen soll, aber ich will das nicht.«

Sie hat erlebt, wie ihre drei Töchter diese Tortur über sich ergehen ließen – und trotzdem unter großen Qualen starben.

»Das verstehe ich«, murmele ich.

Es ist einfach hoffnungslos, und wir beide wissen es.

Nachdem wir die steile Treppe im Gänsemarsch hinuntergestiegen sind, muss ich mit Oma in den Vorratskeller. Das ist ein fester Programmpunkt: Im Vorratskeller liegen Omas Schätze. Selbstgekochte Marmelade und eine riesige Tiefkühltruhe. Daraus werde ich dann immer eingedeckt. Die Himbeer-Johannisbeer-Marmelade ist mein persönlicher Favorit. Früher in der Studenten-WG waren Omas Marmeladen auch immer heiß begehrt. Seit ich mit Tino zusammenwohne, hat sich die Situation verändert: Er frühstückt grundsätzlich nur

Honigbrote, da kommt auch Omas Marmelade nicht gegen an. Trotzdem deckt sie mich weiterhin ein, ganz wie zu WG-Zeiten. Das lässt sie sich nicht nehmen. Und ich lasse mich auch nicht lange bitten. Mein Hintergedanke ist immer: Marmelade hält sich sehr lange, es schadet nicht, da zu viel zu haben, wer weiß, wie lange es noch Nachschub gibt.

Oma klappt die Kühltruhe auf und zieht einen gefrorenen Rührkuchen heraus.

»Komm, nimm den auch noch«, sagt sie, obwohl ich schon unter der Last der Marmeladengläser schwanke. »Ich komme noch mit zum Auto!«

Sie kann noch so kaputt sein oder Schmerzen haben, wir werden immer zum Auto begleitet. Sie wartet, bis wir alles verstaut haben, um dann so lange zu winken, bis wir am Ende der Straße verschwinden.

Nach dem Abschied fahren wir eine Weile schweigend über die Autobahn Richtung Freiburg. Es dämmert. Ich muss das alles verdauen, die ganzen Emotionen, die da hochgekommen sind. Das Leben in Zeitrafferformat. Mit all den Freuden und Leiden. Und auch das ganze Leben, das *nicht* stattgefunden hat, weil meine Mutter und ihre Schwestern so früh gestorben sind. Irgendwie ist aber auch traurig, dass bisher niemand von uns Enkeln bei Oma danach gefragt hat. Oma scheint es als unsere Aufgabe verstanden zu haben, danach zu fragen. Tatsächlich ist sie aber auch nie auf uns zugekommen oder hat einfach erzählt. Manchmal denke ich, dass sie eben kein besonders gutes Selbstbewusstsein hat.

Auch Tino ist schweigsam. Aber die Sache mit Omas Schwester beschäftigt ihn.

»Hast du gewusst, dass deine … Großtante auch so jung an Brustkrebs gestorben ist?«, fragt er schließlich.

»Nein, das wusste ich nicht«, sage ich.

»Aber das heißt doch, dass es ziemlich sicher eine erbliche Form ist.«

Das ist mir schon klar. Ich bin schließlich Biologielehrerin. Diese ganze Vererbungssache ist mir also nicht fremd. Außerdem: Es hat so viele Frauen bei uns gekostet, natürlich hat das eine erbliche Komponente. Eigentlich wusste ich das schon als Gymnasiastin. Und schon damals hatte mich die Mutter eines Freundes darauf angesprochen, dass man inzwischen einen Gentest machen lassen kann. Das erzähle ich Tino.

»Aber was kann man machen, wenn du … genetisch belastet bist, oder wie immer das auch heißt?« Er schaut kurz zu mir herüber.

»Ich habe dir das doch schon mal gesagt: Man kann die Brust amputieren.«

»Stimmt. Das hatte ich wohl verdrängt.«

In meiner Vorstellung kann ich jetzt vielleicht noch drei Jahre im Beruf Fuß fassen, schließlich ist das Referendariat erst seit zwei Jahren vorbei. Dann ein Kind bekommen, das ich noch selber stillen kann, und vielleicht sogar noch Nummer zwei hinterherschieben. Dann wäre der DNA-Test an der Reihe, und je nach Ergebnis eine Amputation mit Wiederaufbau. Ich habe gehört, dass das inzwischen ganz gut geht, zumindest hat mir das mal eine Frauenärztin erzählt.

Wir sprechen nicht zum ersten Mal darüber, seit wir uns kennen. Aber hier im Auto, nach dem Besuch bei Oma, hat es zum ersten Mal einen dringlicheren Charakter. Es fühlt sich plötzlich auch für Tino so an, als ob es bald Wirklichkeit werden könnte.

»Und dann mit eigenen Muskeln wieder aufbauen«, ergänze ich. Das ist der Stand meines Wissens, schiebe ich hinterher.

»Woher kommen die Muskeln?«

»Soweit ich weiß vom Rücken.«

Inzwischen ist es dunkel geworden, wir verlassen die Autobahn hinter Bad Dürrheim und fahren die letzten fünfzig

Kilometer über die Landstraße, vorbei an Neustadt und Hinterzarten.

»Wann willst du den Test machen?«

Tino nimmt den Gesprächsfaden wieder auf, während wir ins Höllental hinabfahren. Ich bin achtundzwanzig Jahre alt, im Oktober werde ich neunundzwanzig. Meine Schallgrenze sind die dreißig, danach »will« ich mich darum kümmern. Bis dahin ist das Risiko sehr gering, so dachte und denke ich noch immer. Als ich nach dem Grundstudium nach Freiburg kam, habe ich meinen neuen Frauenarzt damals gleich informiert über die Häufung von Brustkrebs in meiner Familie, weshalb ich nun jährlich eine Mammographie und zweimal Ultraschall über mich ergehen lasse. Ich fühle mich sehr sicher, deshalb kann ich Tinos Bohren nicht nachvollziehen.

»Das hat doch alles noch Zeit«, sage ich.

Aber das scheint ihn nicht zu überzeugen.

EINE HOCHRISIKOFAMILIE

Nein, das überzeugte mich damals tatsächlich nicht. Dieses eindrucksvolle Interview mit Oma hatte mir einiges klargemacht. Nicht nur, dass auch Evelyns Großtante an Brustkrebs gestorben war. Sondern auch insgesamt: Ihre Familiengeschichte hatte sie mir bisher immer nur stückchenweise berichtet. In dieser geballten Form damit konfrontiert, hatte ich zum ersten Mal ansatzweise kapiert, dass hier irgendetwas gewaltig schieflief. Und nicht erst seit der Generation von Evelyns Mutter. Aber je mehr ich mich darauf einließ, desto mehr Fragen tauchten auf. Nur für Evelyn schien das alles nicht so dringlich zu sein. Aber ich verstand auch, dass sie sich dieses Thema in gewisser Weise auf Distanz halten wollte. So jedenfalls habe ich damals ihre Antworten im Auto gedeutet: Nerve hier nicht rum, ich habe alles im Griff. Trotzdem war es für mich gerade die Information, dass bereits die Großtante daran gestorben war, die mich wachrüttelte. Auch wenn ich gar nicht kapierte, dass sie den Gendefekt nicht an Evelyns Mutter hatte vererben können – rein technisch gesehen. Aber wie gesagt: Ich hatte einiges noch nicht begriffen.

Zurzeit arbeite ich bei einer Bank in Basel, und der Job ist nicht sehr fordernd. Nach diesem Besuch wühle ich mich an einem besonders ereignislosen Nachmittag durch das Internet und informiere mich zum Thema. Ich stoße schnell auf mehrere Zentren für familiären Brust- und Eierstockkrebs. Das sind Forschungseinrichtungen der Deutschen Krebshilfe, die sich speziell an Frauen wenden, die an der erblichen Variante des Mammakarzinoms erkrankt sind. Oder die aus einer Hochrisikofamilie stammen. Ein passendes Wort, Hochrisikofamilie, das mir sehr zutreffend erscheint für Evelyns Clan.

Ich bewege die Maus an den Rand des Fensters. Diese Einrichtungen sind in Berlin, Bonn, Dresden, Düsseldorf, Hannover, Heidelberg, Kiel, Leipzig, München, Münster, Ulm und Würzburg. Da tut sich also etwas. Auf den Seiten dieser Forschungsstellen finde ich auch weitere Informationen. Etwa fünf bis zehn Prozent aller Brustkrebsfälle haben vermutlich ihre Ursache in einem Gendefekt. Gar nicht so wenig! Man hat bisher zwei Gendefekte identifiziert, genannt BRCA1 und BRCA2 – das Kürzel steht für Breast Cancer –, und es handelt sich um einen »autosomal-dominanten« Erbgang. Was das im Einzelnen heißt, weiß ich aus dem Leistungskurs Biologie nur noch verschwommen. Aber faktisch gilt einfach, dass Evelyn die erbliche Belastung mit einer fünfzigprozentigen Wahrscheinlichkeit von ihrer Mutter geerbt hat. Fifty-fifty, das ist eine ganze Menge! Ich bin beeindruckt.

Und weiter geht's: Eine Frau, die das Gen oder, genauer gesagt, den Gendefekt vorweist, hat eine rund achtzigprozentige Wahrscheinlichkeit, in ihrem Leben an Brustkrebs zu erkranken (plus zwanzig bis sechzig Prozent Risiko für Eierstockkrebs – als kleine Zugabe quasi). Auch bei der Beschreibung der Risikofaktoren trifft Evelyns Familie gleich mehrfach ins Schwarze, denn bereits eines der nachfolgenden Kriterien reicht aus, um eine Beratung in den Zentren empfehlenswert zu machen:

– Familien mit mindestens zwei an Brust- oder Eierstockkrebs Erkrankten (davon eine unter fünfzig Jahren erkrankt).
– Familien mit mindestens drei an Brustkrebs Erkrankten.
– Familien mit einer an einseitigem Brustkrebs im Alter unter dreißig Jahren Erkrankten.

- Familien mit einer an beidseitigem Brustkrebs im Alter unter vierzig Jahren Erkrankten.
- Familien mit einer an Eierstockkrebs im Alter unter vierzig Jahren Erkrankten.
- Familien mit einer an Brust- und Eierstockkrebs Erkrankten, unabhängig vom Alter.

Seitenweise werden hier die Wenns und Abers erläutert, biologische Fakten heruntergerattert. Schließlich lese ich noch die Empfehlungen für ein strukturiertes Früherkennungsprogramm, einen Gentest und mögliche prophylaktische Operationen. Da ist mehrfach vom Alter von fünfundzwanzig Jahren die Rede. Vielleicht ist dreißig schon etwas spät? Schließlich stoße ich auf ein Schema, das den Ablauf des ganzen Prozesses zeigt. Dort lese ich, dass nach telefonischer Anmeldung ein erstes Beratungsgespräch stattfindet. Mindestens vier Wochen Bedenkzeit sollen danach ins Land gehen, bevor man sich für einen Gentest entscheidet. Dann folgt Kontaktaufnahme mit einem erkrankten Familienmitglied (wie soll das gehen, frage ich mich, Evelyns Mutter war ja seit Jahren tot, ebenso wie die Tanten), ein weiteres Beratungsgespräch und schließlich eine Blutentnahme, anhand derer dann endlich die Diagnostik beginnen kann. Sobald das Ergebnis vorliegt, kommen neue Beratungsgespräche auf einen zu. Auf Wunsch wird danach das Ergebnis wiederum mit dem Blut der Ratsuchenden verglichen, und das ermöglicht dann die endgültige Diagnose.

Also in jedem Fall eine ziemlich langwierige Sache.

Ich entschließe mich, die ganzen Informationen auszudrucken und mit nach Hause zu nehmen, um sie Evelyn zu zeigen. Auf »Drucken« geklickt und schnell auf den Gang vor dem Büro, wo unser Abteilungsdrucker steht, und die Blätter mitnehmen. Damit nicht mein Chef oder ein Kollege plötzlich auch noch zum Experten für familiären Brustkrebs wird.

WARUM TESTEN?

In diesem Frühjahr machen wir viel Sport, weil wir für einen großen Wettkampf trainieren: eine Alpenüberquerung in acht Etappen, an der wir als sogenanntes Mixed-Team teilnehmen werden. Mich zu bewegen, war mir schon immer wichtig. Als Jugendliche habe ich rhythmische Sportgymnastik gemacht, dann entdeckte ich das Radfahren, und bis heute laufe ich sehr gern. Eigentlich hat mir mein Hausarzt als Jugendliche den Ausdauersport verordnet – um den niedrigen Blutdruck etwas nach oben zu bringen. Folglich habe ich angefangen, meinen Vater auf seinen Runden auf dem örtlichen Trimm-dich-Pfad zu begleiten. Und dann entdeckte ich das Radfahren. Zunächst auf einem Trekkingrad, aber schnell war mir klar, dass das ja ein fauler Kompromiss ist. Ein Mountainbike musste her. Na ja, und seit ich in Freiburg wohne, in einer landschaftlich tollen Gegend mit sehr vielen kleinen Straßen und wenig Autoverkehr, ist natürlich auch ein Rennrad Pflicht.

Auf dem Mountainbike habe ich schon dreimal die Alpen überquert, allerdings waren das keine Rennen. Vergangenes Jahr haben wir uns dann für die Transalp Challenge angemeldet, ein leicht verrücktes Vorhaben, für das wir seither auch halbwegs seriös trainieren. Unter der Woche ist inzwischen – da es auch abends wieder einigermaßen hell ist – eine kurze Runde auf dem Bike in die umliegenden Berge angesagt. Meistens geht es hoch auf den Rosskopf und auf dem

Höhenrücken weiter zum Flaunser, wo der Kandelhöhenweg weiter am Hang entlang nach St. Peter führt. Wir haben aber nicht mehr so viel Zeit heute Abend und wollen den Abzweig ins Dreisamtal nehmen.

Wir wohnen so geschickt, dass wir in zwei Minuten im Wald sind, sozusagen mit direktem Anschluss an den Schauinsland. Und auf der anderen Seite brauchen wir ebenfalls nur wenige Minuten zu Fuß in die Innenstadt. Das ist das Schöne an Freiburg, diese Mischung bietet kaum eine andere Großstadt. Die erste halbe Stunde kurbeln wir schweigsam durch den Wald, denn es geht kontinuierlich bergauf. Ab und zu schießt ein Downhiller an uns vorbei nach unten, bewaffnet mit Vollvisierhelm und Protektoren. Der Rosskopf ist der »Hausberg« der Jungs mit dem langen Federweg. Ansonsten herrscht wohltuende Ruhe. Die Muskeln werden langsam warm, die Bewegungen der Beine flüssiger und leichter – und alle Ereignisse des Tages werden nach und nach aus meinen Gedanken gelöscht.

Hinter dem Rosskopfgipfel führt uns der Weg auf dem Höhenrücken nach Osten. Wir kommen langsam ins Reden, und Tino berichtet mir von seiner Recherche.

»Es gibt da Zentren für familiären Brustkrebs, die anscheinend eine besondere Vorsorge machen, für Betroffene …«

Es geht kurz bergauf, und der Atem wird zu knapp zum Sprechen. Dann kommt eine kurze Passage auf einem schmalen Wanderpfad über eine Wiese. Wir hoppeln über Wurzeln, kurven um Steine und rauschen schließlich einen kleinen Abhang hinunter. An einem kleinen Unterstand am Streckereck wird der Weg wieder breiter.

»… du erfüllst die Kriterien, soweit ich das verstehe …«

Der nächste steile Anstieg kommt, wieder im Wald, nachdem wir tolle Ausblicke über die Rheinebene bis hin zum Kandel genossen haben. Aber hier liegt grobes Geröll auf dem Boden, und kurz beginnen die Beine zu brennen, bis sich der Weg wieder neigt.

»… die fangen schon mit fünfundzwanzig an, alle möglichen Vorsorgeuntersuchungen zu machen. Und für Leute aus Hochrisikofamilien sogar einmal im Jahr Kernspin …«

Kernspin? Oh, das habe ich noch nie bekommen. Weiß mein Frauenarzt darüber Bescheid?, denke ich.

»Aber was ich nicht verstehe«, sagt Tino, »ist das mit dem Nachweis: Man braucht dafür wohl das Blut von einer erkrankten Verwandten. Aber die sind bei euch doch alle längst gestorben.«

Was hat Tino gerade gesagt? Er hat recht, die zuletzt gestorbene Tante war vor zwei Jahren beerdigt worden. Woher einen lebenden Verwandten nehmen? Ich zucke mit den Achseln. Das weiß ich auch nicht. Mir schießen verschiedene Gedanken durch den Kopf. Vielleicht kann man es bei mir ja auch gar nicht testen? Dieser Gedanke ist beunruhigend. Für mich war bisher immer klar, dass ich die Frage, ob ich diesen Gendefekt habe oder nicht, irgendwann definitiv beantwortet bekomme. Aber was ist, wenn es diese Gewissheit gar nicht gibt? Wie kann ich mit dieser Unsicherheit leben? Ein leises Gefühl der Panik steigt auf: Hätte ich mich vielleicht doch schon viel früher darum kümmern müssen. Geht mein Plan mit den Kindern vielleicht gar nicht auf?

Der Waldweg steigt wieder an, und kurz darauf biegt ein kleiner Pfad ab, den man nur mit voller Konzentration hochfahren kann. Geschafft, wir stehen auf dem Flaunser, der eigentlich nur eine unspektakuläre Weggabelung im Wald ist.

»Jedenfalls dauert der Prozess ziemlich lang.« Tino holt seine Windweste aus dem Trikot und zieht sie sich an. Ich nehme einen Schluck aus meiner Trinkflasche.

»Was meinst du mit Prozess? Wie funktioniert das alles?«

»Ich habe es dir ausgedruckt. Ist zu Hause in meiner Tasche. Lass uns weiterfahren.«

Ich ziehe auch etwas an und konzentriere mich, die Abfahrt ist gerade am Anfang nicht ohne, zumal es schon leicht dämmert. Über steile und steinige Trails und Waldwege, vorbei an einer winzigen Kapelle auf einer Lichtung mit Weiden, wieder hinein in den Wald, einen letzten ausgewaschenen und gerölligen Weg mit tiefen Querrinnen hinunter – und wir rollen wieder auf Asphalt, zurück Richtung Freiburg. Beunruhigende Gedanken quälen mich. Ich muss mich zwingen, Ruhe zu bewahren. Jetzt panisch werden, bringt nichts. Das scheint alles viel komplexer zu sein, als ich mir das vorgestellt habe. Das ist mit schriftlichen Unterlagen sicherlich einfacher zu verstehen. Mann, ich wollte mich eigentlich noch nicht damit beschäftigen.

Als mich vor Jahren die Mutter eines Freundes auf den Gentest angesprochen hat, war ich noch sehr ablehnend. Was soll es schließlich auch bringen, ob ich es weiß oder nicht? Ich konnte ja nichts dagegen tun! Sie gab mir damals einen Notizzettel, auf dem die Telefonnummer der Deutschen Krebshilfe stand. »Falls es dich irgendwann doch interessieren sollte«, sagte sie. Den Zettel heftete ich an die Pinnwand über meinem Schreibtisch, und da überlebte er sogar zwei oder drei Umzüge. Aber irgendwann habe ich ihn entsorgt. Es leuchtete mir immer noch nicht ein: Warum sollte ich mich einem Test aussetzen – nur damit ich weiß, dass ich ein hohes Erkrankungsrisiko habe?

Aber einige Jahre später erzählte mir eine Frauenärztin von der Möglichkeit, das Brustgewebe vorsorglich entfernen zu lassen. Das war reiner Zufall damals. Ich war auf der Suche nach einer neuen Frauenärztin, und eine Freundin gab mir die Adresse. Die Ärztin stellte mir die üblichen Fragen, und ich erzählte mal wieder von der Spur der Vernichtung, die der Krebs in meiner Familie hinterlassen hatte. Sie fragte mich, ob ich von der Möglichkeit wüsste, mich testen zu lassen. Ich bejahte, schob aber hinterher, dass ich lieber in der

Unwissenheit lebe als mit der ständigen Angst davor, dass es bald losgeht. Sie klärte mich dann auf, dass ich auch operiert werden könnte, eine vorsorgliche Mastektomie. Zunächst aber verordnete sie mir eine engmaschigere Vorsorge: einmal im Jahr Mammographie, zweimal jährlich Ultraschall.

Mastektomie – die vollständige Entfernung des Brustgewebes –, wie das im Medizinerjargon heißt. Das war natürlich keine tolle Aussicht. Aber unter der Bedingung, dass es eine mögliche Behandlungsmethode gibt, erschien mir ein Test erstmals sinnvoll. Mit den Jahren reifte dann der Entschluss, das irgendwann anzugehen, eben mit dreißig. Allerdings bin ich nie wieder zu ihr in die Sprechstunde. Ich war einfach Männer als Gynäkologen gewohnt. Bei meinem nächsten Vorsorgetermin war sie im Urlaub, ich bin zu ihrer Vertretung, einem Mann, Dr. Schmieder. Bei ihm bin ich dann bis heute geblieben.

»Wo hast du die Unterlagen?«

Wir schälen uns aus den Radklamotten und befördern sie in die Waschmaschine.

Tino holt seine Tasche, zieht einige Blätter heraus und hält sie mir unter die Nase. In seinem Gesicht klebt noch Schmutz und Staub von der Abfahrt durch den Wald.

»Die Zentren sind überall in Deutschland. Das nächste ist …«, er fährt mit dem Finger über die Zeilen, »… in Ulm ist eines davon.«

»Brustkrebszentrum Ulm? Nein, das geht nicht.«

Tino sieht mich erstaunt an: »Warum geht das nicht?«

Ulm geht gar nicht. Definitiv! Meine Mutter war zu Beginn ihrer Krankheit viel im dortigen Universitätsklinikum, das war vielleicht eine Autostunde von Göppingen, wo ich aufgewachsen bin, entfernt. Sie bekam dort – glaube ich – regelmäßig Chemotherapien und wurde ein paar Mal operiert. Genau weiß ich das alles nicht mehr. Während ihrer ganzen Krankheit, das ging etwa zwei Jahre, und ich war zu Beginn vielleicht zwölf, war mir nicht klar, dass sie Krebs hat. Und das, obwohl ich durch die Krankheit meiner Tante schon wusste, dass man bei Krebs eine Chemobehandlung bekommt. Bei meiner Mutter habe ich das offensichtlich verdrängt. Der Zusammenhang bestand nie. Und darüber gesprochen hat auch keiner. Erst nach ihrem Tod hörte ich, wie mein Vater bei einem Telefongespräch sagte: »… der Scheiß-Krebs!« Da wurde mir schlagartig klar, was ich die ganzen Jahre nicht wahrhaben wollte oder konnte.

Ich kann mich an eine Situation erinnern, da saß meine Mutter mit höllischen Schmerzen auf einem Spezialkissen auf dem Sofa im Wohnzimmer (der Krebs hatte gestreut und einen Wirbel befallen, der in der Zwischenzeit durch einen künstlichen Wirbel ersetzt worden war). Völlig naiv, wie Kinder halt sind, fragte ich sie: »Mama, wie hält man das ganze Leben so Schmerzen aus?«

Ich kann mich nicht mehr genau erinnern, was sie mir geantwortet hat. Auf jeden Fall ließ sie mich mit dem Gefühl zurück, dass das schon in Ordnung geht.

Meine Mutter trug natürlich eine Perücke. Das wussten wir auch. Sie machte mit uns sogar Scherze darüber. Allerdings habe ich sie nie ohne Haare gesehen. Ich wusste, dass sie nachts teilweise so schlief. Aber wenn wir morgens ins Schlafzimmer kamen, hatte sie auf jeden Fall immer die Perücke auf. Als ihr wieder Haare wuchsen, freuten wir uns trotzdem alle riesig. Wir schmiedeten Pläne, was wir ihr mit den neuen kurzen Haaren für Frisuren machen würden. Es war nur ein babyartiger Flaum, irgendwie hätte das eigentlich enttäuschend sein müssen, aber es spielte für mich keine Rolle. Es hatte alles so seine Richtigkeit.

Dass meine Mutter sterben würde, erfuhr ich rein zufällig. Am Tag bevor ich ins Schullandheim ging. Ich besuchte sie allein im Krankenhaus. Mittlerweile lag sie immer in Göppingen, da die Strecke nach Ulm zu weit geworden war. Von daher konnte ich jetzt mit dem Bus zu ihr fahren. An diesem Tag war einiges komisch, anders als sonst. Wobei ich das damals mehr spürte als wusste. Im Nachhinein ist das natürlich alles viel klarer. In ihrem Krankenzimmer lief die Klimaanlage, deshalb konnte man keine Fenster öffnen. Grausam! In der trockenen Luft wurden meine Lippen immer rasend schnell rissig. Von daher war der Labello-Stift mein fester Begleiter. Und wie immer fragte ich meine Mutter, ob sie ihn benutzen möchte. Sie reagierte nicht. Aber kaum hatte ich den Stift weggepackt, fragte sie mich, ob ich einen Labello dabeihätte. Ich holte ihn wieder heraus und gab ihn ihr – aber sie bekam ihn nicht auf – und ich bemerkte, dass sie an der falschen Seite zog, ohne es zu merken. Das hatte etwas völlig Unfassbares für mich! Außerdem hatte ich an diesem Nachmittag den Eindruck, dass sie die Tropfen ihrer Infusion zählte. Sie war offensichtlich ziemlich verwirrt.

Im Nachhinein ist mir klar, dass da bereits Morphium in ihre Adern tropfte. Aber damals wusste ich nichts davon. An diesem Nachmittag war auch eine von Mamas Freundinnen zu Besuch. Sie kam – wie alle ihre Bekannten – mit einer Thermoskanne Kaffee ins Krankenhaus, meine Mutter hat wohl immer sehr viel davon getrunken. Aber auch den Kaffee wollte meine Mutter nicht oder registrierte das Angebot ihrer Freundin nicht.

Nun ja, ich nahm das zwar wahr, aber machte mir keine weiteren Gedanken darüber. Als ich wieder gehen wollte, bot mir die Freundin meiner Mutter an, dass sie mich mit in die Stadt nehmen könnte, dann bräuchte ich nicht mit dem Bus fahren. Das war natürlich praktisch. Als wir auf dem Parkplatz zu ihrem Auto gingen, sagte sie: »Du weißt schon, dass deine Mutter wahrscheinlich nicht mehr lebt, wenn du aus dem Schullandheim zurückkommst, oder?«

Ich weiß nicht mehr, ob oder was ich geantwortet habe.

Das war natürlich ein Schock. Ich habe auch keine Erinnerung mehr an die Autofahrt. Sie ließ mich in der Stadtmitte raus. Ganz in der Nähe arbeitete mein Vater. Kurz dachte ich darüber nach, ob ich jetzt zu ihm hochgehen sollte. Aber seine Arbeit war ihm immer sehr wichtig, und zudem wusste ich nicht so recht, was ich eigentlich von ihm wollte. In der Stadt hatte ich noch einiges zu besorgen für das Schullandheim. Sollte ich vielleicht besser direkt heimgehen? Aber was sollte ich zu Hause? Ich entschied mich, zumindest das Notwendigste noch zu besorgen. Daheim angekommen, rief ich dann doch meinen Vater im Büro an.

»Papa, kommen wir denn auch ins Heim, wenn Mama stirbt?«

Meinen beiden unglücklichen Cousinen war es so ergangen, als meine Tante vor einigen Jahren als Erste gestorben war und ihr Mann sich nicht um die Kinder kümmern konnte. Er ist Krankenpfleger und muss regelmäßig Nachtdienste machen. Die Mädchen waren zu jung, um ständig allein zu sein. Mein Vater verneinte die Frage nach dem Kinderheim. Später, ich weiß nicht mehr in welchem Zusammenhang, erklärte er mir dann, dass ich auf jeden Fall ins Schullandheim gehen könnte, er würde mich abholen, wenn Mama tatsächlich in der Woche sterben würde. Er sagte mir, dass ich es später bereuen würde, wenn ich an der Beerdigung nicht dabei wäre. Der Gedanke war mir völlig fremd, und ich fand es eher peinlich den anderen gegenüber, wenn er mich deshalb früher abholen würde. Überhaupt war das alles befremdlich.

Ich war dann die komplette Zeit im Schullandheim, denn meine Mutter starb ausgerechnet am Tag meiner Rückkehr. Es war um die Mittagszeit. Wir fuhren mit dem Bus an einem Ferienort vorbei, in dem ich mit meinen Eltern schon zum Skifahren gewesen war. Im Bus herrschte die übliche ausgelassene Stimmung. Aber ich wollte plötzlich nur noch meine Ruhe. Ich verzog mich in den hintersten Winkel und starrte aus dem Fenster. In Göppingen wartete mein Vater mit meinem Bruder auf mich. Zu Hause gab es Berliner, obwohl es schon Zeit zum Abendessen war, und die Haushaltshilfe war auch noch da. Das alles machte mir klar, dass irgendetwas nicht stimmte. Als mein Vater dann sagte, dass Mama heute gestorben war, wollte ich als Erstes wissen, ob ich am nächsten Tag trotzdem auf den Geburtstag einer Freundin dürfte. »Du darfst all das weiter tun, was dir Spaß macht«, sagte mein Vater daraufhin.

Sobald es etwas wärmer wird, herrschen in unserem Hinterhof Zustände wie auf einem Campingplatz am Gardasee. Wir wohnen in einem Viertel mit schönen Häusern aus der Gründerzeit, vier Stockwerke hoch, umschließen sie einen weiträumigen und sehr grünen Innenhof mit vielen Bäumen und anderem Grünzeug. Beherrscht wird das alles von einer riesigen Tanne, die in der Mitte zwischen den Häuserreihen in den Himmel ragt. Sie ist eine Art großer Vergnügungspark für die Vögel unserer Straße, und besonders morgens dringt ein fast ohrenbetäubendes Gezwitscher aus ihren mächtigen Ästen.

An warmen Abenden sitzen dann überall die Leute auf den Terrassen und Balkonen und grillen oder essen einfach nur zu Abend. Irgendwo ist meistens eine kleine Party oder eine gesellige Runde, und Gelächter schallt durch die Häuserschlucht. Unser Schlafzimmer liegt eigentlich »ruhig« zum Hinterhof hinaus, aber an lauen Abenden können wir manchmal nur schlecht einschlafen vor lauter Trubel. Heute Abend ist es aber tatsächlich ruhig, nur ab und an weht etwas Stimmengemurmel zu uns hoch. Ich bin schläfrig, aber mir geht noch viel durch den Kopf. Ich möchte definitiv nicht nach Ulm in ein Zentrum für familiären Brustkrebs, die Erinnerungen daran sind für mich zu bedrückend. Bonn klingt gut. Meine Schwester studiert seit kurzem in Bonn, sodass ich einen Termin im Brustzentrum gleich mit einem Besuch bei ihr verbinden kann. Um quasi das Unangenehme mit etwas Angenehmem aufzuwiegen. Tino hat mir den Ausdruck auf den Schreibtisch gelegt, ich werde diese Woche mal dort anrufen. Irgendwann muss ich mich dem ja stellen.

DANN BIN ICH AN ALLEM SCHULD

Die Frau am anderen Ende der Leitung hat einen rheinischen Akzent und ist nett. Nach längerem Hin und Her finden wir ein Datum in den Pfingstferien. Arzttermine sollten bei mir am besten in den Ferien liegen. Wenn mir ein ganzer Schultag durch einen Arzttermin verloren geht, wird es noch unwahrscheinlicher, den Stoffverteilungsplan zu bewältigen. Damit plane ich die Themen, die ich über das Schuljahr behandeln muss. Ich hätte früher nie gedacht, dass man als Lehrer so unter Druck steht, die Stofffülle zu bewältigen. Einen Unterrichtsausfall will ich also um jeden Preis vermeiden.

Außerdem möchte ich ja auch die Pflicht mit dem Angenehmen verbinden und meine Schwester in Bonn besuchen. Seit zwei Semestern studiert sie dort Lebensmitteltechnologie. Irgendwie sind wir alle nach unserer Mutter geraten, zumindest was das Fachliche angeht, denn auch mein Bruder ist Naturwissenschaftler. Mama war Lehrerin für Mathematik und Biologie.

Wenige Tage später liegt ein Brief des Zentrums für familiären Brustkrebs im Briefkasten. Neben der Terminbestätigung bitten sie mich, alle erdenklichen Daten über meine sämtlichen verstorbenen Familienmitglieder zu sammeln: Krankheitsbeginn, Diagnose, Art und Orte der Behandlung, Todesdatum und so weiter. Diese Daten sind zwar für den Gentest unerheblich, dienen aber der Forschung. Ehrlich gesagt wird darüber in unserer Familie so wenig geredet, dass ich nur ganz wenig weiß. Also muss ich Oma fragen. Das wird nicht einfach. Ich weiß nicht so recht, ob sie die Gentesterei mit ihrem Glauben vereinbaren kann. Oma ist katholisch, und der Glaube bedeutet für sie sehr viel. Im Prinzip wäre es schon ein sehr großer Eingriff in das Schicksal. Ob ich ihr das so einfach erklären kann?

»Ich werde mich in einem speziellen Zentrum für familiären Brustkrebs untersuchen lassen, Oma. Ich habe einiges gelesen und bin mir fast sicher, dass bei uns in der Familie der Brustkrebs vererbt wird. Die Mediziner sind inzwischen so weit, dass sie testen können, ob eine erbliche Belastung vorliegt. Wenn sie herausfinden, dass ich auch davon betroffen bin, kann man vorsorgliche Maßnahmen treffen. Man kann da testen lassen, ob ich auch die erbliche Belastung habe.«

»Wie soll das funktionieren?«

»Es wird Blut untersucht, um zu sehen, ob es bestimmte Merkmale trägt«, erklärte ich ihr stark vereinfacht. »In unserer Familie kann es sein, dass alle das gleiche Merkmal tragen.«

»Dann bin ich also an allem schuld!«

Wie kommt sie denn jetzt auf den Schuldgedanken? Das ist doch völlig absurd. Das hat gar nichts mit Schuld zu tun.

»Oma! Du konntest das damals gar nicht wissen. Aber ich will doch einfach nicht auch noch dazugehören. Ich kann heute etwas dagegen unternehmen, und das ist gut so.«

»Was willst du denn bitte schön machen, wenn du dieses Merkmal hast?«

»Ich kann mir beispielsweise, bevor ich Krebs kriege, das Brustgewebe entfernen und wiederaufbauen lassen.«

»Das ist nicht dein Ernst!«

»Doch, Oma. Könntest du mir bitte aufschreiben, wann deine Töchter jeweils erkrankt sind, woran sie erkrankt sind und wann sie verstorben sind? Ich brauche die Informationen.«

Sie ist ziemlich aufgebracht und beendet unser wöchentliches Telefongespräch hastig.

Die DNA wurde erst vor fünfzig Jahren entdeckt, der Gentest für familiären Brustkrebs in den 1990er-Jahren entwickelt. Wie sollte sie da Schuld haben? Aber Oma ist nicht froh über meine Bitte nach Informationen. Sie will instinktiv möglichst wenig damit zu tun haben.

Einige Tage später schickt sie mir ein Blatt mit ihren handschriftlichen Notizen. Darauf sind die Lebensdaten ihrer Töchter und einige wenige weitere Informationen. Sie hat ein gelbes Post-it draufgeklebt. »Hallo, Evelyn, ich hoffe, dass die Angaben genügen. Wenn nicht, ruf mich an. Grüße, Deine Oma.« Oma schickt sonst alles mit mindestens einer Postkarte als Begleitung. Das soll mir nochmal zeigen, wie wenig sie damit einverstanden ist. Andererseits hat sie die Informationen zusammengeschrieben. Sie hätte es ja auch ganz boykottieren können. Wahrscheinlich ist ihr schon klar, dass es nicht ganz dumm ist, was ich da vorhabe.

Egal, so ist es eben. Ich schreibe das wenige, was ich weiß, zusammen und schicke es nach Bonn. Meine Tante, die einzige der vier Töchter, die keinen Krebs bekommen hatte, steuerte noch einige weitere Daten hinzu. Meine jüngste Tante hatte wahrscheinlich ein Non-Hodgkin-Lymphom, meint sie. Oma wusste nur noch »Hodgkin«. Jedenfalls ein Tumor im Lymphsystem. Keine Ahnung, wie und ob das mit dem familiären Brustkrebs zusammenhängt. Jedenfalls ist auch sie sehr jung erkrankt und wenige Jahre später daran gestorben.

Auch mein Vater reagiert ablehnend. »Lass endlich die Vergangenheit ruhen!«, herrscht er mich am Telefon an, als ich ihm von Bonn erzähle. Das trifft mich natürlich. So hat er sich schon früher immer aufgeregt. Ich beende das Telefonat so schnell es geht. Tino hat es mitgekriegt und schüttelt verständnislos den Kopf. Wenige Stunden später ruft mein Vater zurück und entschuldigt sich für seine Reaktion. Er bietet sogar an, mit nach Bonn zu kommen, wenn es mir hilft, aber ich lehne ab. Tino muss arbeiten, in der Schweiz gibt es nicht so viele Urlaubstage, und kommt nicht mit. Aber selbst wenn er Zeit hätte – ich will es gar nicht. Natürlich kann ich auch eine Freundin fragen. Aber irgendetwas sträubt sich dagegen. Es klingt vielleicht seltsam, aber eigentlich mache ich das lieber allein.

Also fahre ich allein in den Norden.

OMAS BLUT

Juni 2003

Vor wenigen Wochen ist das Zentrum umgezogen: von Bonn nach Köln. Ich muss also zuerst zu der Verabredung mit Professor Rita Schmutzler an die Uniklinik Köln, danach treffe ich mich mit meiner Schwester in Bonn. Es sind Pfingstferien, 11. Juni 2003, noch ist Frühling, aber die Sonne brennt schon ordentlich. Ich habe mir alles ausgedruckt, am Kölner Hauptbahnhof geht's in die U-Bahn, danach steige ich in die Straßenbahn um. Viele Menschen aus anderen Kulturen sind hier unterwegs, das ist für Freiburger Augen immer ungewöhnlich. Normalerweise genieße ich das, heute bin ich eher irritiert. In der U-Bahn-Station bin ich erst mal orientierungslos. Wo geht es hier nach oben, wo ist die richtige Richtung? »Lassen Sie Ihr Gepäck nicht unbeaufsichtigt!« Diese Durchsage wird ständig wiederholt. Köln, Stadt der Taschendiebe! Heute nervt mich das, sonst würde ich darüber lachen. Oben komme ich auf einen größeren Platz, auf dem Markt ist. Auch hier ist die Hölle los. Ich schiebe mich mit meinem großen Rucksack durch die Menge, darin habe ich Schlafsack und Isomatte, außerdem noch einen Satz Klassenarbeiten, denn im Zug lässt sich die Zeit immer gut zum Korrigieren nutzen. Schließlich finde ich die richtige Haltestelle für die Tram in Richtung Uniklinik.

Kerpener Straße, ich steige aus und marschiere zur Pforte.

Der Pförtner schickt mich weiter, und ich lande bei einer Frau hinter einem Schalter, die mir sofort einen Fragebogen in die Hand drückt.

Brav fange ich an, Kreuzchen zu machen. Aber irgendwie läuft hier etwas falsch. Ich schaue mir den Fragebogen genauer an und stelle fest, dass man mich gerade stationär aufnehmen will.

»Entschuldigung, ist das hier nicht das Zentrum für familiären Brustkrebs?«

Davon hat die Frau noch gar nichts gehört, und sie geht eine Kollegin fragen.

Schließlich kommt sie wieder und erklärt mir jetzt hoffentlich den richtigen Weg. Ich mache mich wieder auf, laufe durch die weiten Flure, die unnachahmlich nach Krankenhaus riechen, und klopfe schließlich an eine Tür. Am anderen Ende des Flurs sehe ich eine junge Frau im Rollstuhl. Sie hat eine Glatze.

»Herein!«

Hier bin ich schließlich richtig. Die Sekretärin, eine rheinische Frohnatur, hat mich erwartet und begrüßt mich herzlich.

»Haben Sie alles gefunden? Was, Sie sind jetzt von Freiburg gekommen …«

Sie wundert sich etwas über meinen weiten Weg, und ich berichte von meiner Schwester in Bonn.

Wir verstauen meinen Rucksack, und ich nehme im Wartezimmer Platz. An den Wänden hängen einige Fotos von kleinen Babys. »Wie passend«, denke ich ironisch. Ich muss zunächst einen psychologischen Test ausfüllen. Fragen nach Schlafstörungen, Appetitlosigkeit oder anderweitigen Problemen sollen auf grundsätzliche persönliche Schwierigkeiten der Ratsuchenden hinweisen. Bei mir ist alles so weit in Ordnung, ich fülle den Bogen entsprechend zügig aus.

Eine Tür geht auf, und Rita Schmutzler, die Leiterin des

Zentrums, drückt mir die Hand. Sie hat ihre braunen Haare zu einem Pferdeschwanz gebunden und sieht hübsch und sympathisch aus. »Entschuldigen Sie, durch den Umzug ist das alles noch ein wenig provisorisch.« Für eine Professorin ist sie ziemlich jung, finde ich. Zumindest sieht sie jung aus.

Nach kurzer Suche finden wir einen freien Raum. Sie stellt mir erst schnell das Zentrum vor und informiert mich über die wissenschaftliche Studie, an der ich teilnehmen kann. Das hätte für mich den handfesten Vorteil, dass die jährliche Kernspinuntersuchung bezahlt wird. Diese Vorsorgemaßnahme ist noch nicht in die Regelversorgung der Krankenkassen aufgenommen. Die entstehenden Kosten werden aus dem Studientopf bezahlt. Außerdem wird man als Studienteilnehmer natürlich immer über Neuerungen informiert. Als sie fertig ist, erkläre ich ihr, dass ich hier bin, um mich testen zu lassen. Diesen ganzen Vorlauf mit Beratung, Bedenkzeit, nochmaliger Beratung und so weiter können wir uns von meiner Seite aus gerne sparen.

»Okay, Frau Heeg, lassen Sie uns erst mal Ihre familiäre Situation besprechen.«

Ich gebe mal wieder die diversen Todesdaten zu Protokoll. Die Professorin skizziert nebenher einen Stammbaum meiner mütterlichen Familie. Nachdem er fertig ist, betrachtet sie ihn kurz.

»Ihre Großmutter muss die Mutationsträgerin sein.«

Sie erklärt es mir anhand des Stammbaums. Ja, das leuchtet ein. Die Mutation kann grundsätzlich von Oma oder Opa kommen. Da in der Familie von Opa allerdings keinerlei Fälle von Brust- oder Eierstockkrebs aufgetreten sind – zumindest weiß ich von keinem –, kommt sie höchstwahrscheinlich von der großmütterlichen Seite. Oma hat sie an ihre Töchter weitergegeben. Sie selbst ist ja auch erkrankt, aber sehr spät.

»Wir brauchen dann das Blut Ihrer Großmutter, um den Test durchzuführen.«

Oma? Das geht nicht! Da wird sie sich doch voll bestätigt fühlen mit ihrem Schuldkomplex – schießt es mir durch den Kopf.

»O nein, warum denn das?«

»Zuerst wird das Blut Ihrer Großmutter auf eine der beiden bekannten Mutationen untersucht. Nur wenn wir BRCA1 oder BRCA2 bei ihr nachweisen können, macht es auch Sinn, Sie zu testen.«

Zwar vermuten die Wissenschaftler, dass es noch weitere Gendefekte gibt, die an der Entstehung von familiärem Brustkrebs ursächlich beteiligt sind. Aber diese sind bisher noch nicht gefunden worden.

»Wenn wir also einfach nur Ihr Blut untersuchen, Frau Heeg, und wir finden keinen Defekt, dann könnte es theoretisch immer noch sein, dass Sie BRCA3 oder 4 oder X haben. Wir könnten Sie also nicht definitiv entlasten. Finden wir bei Ihrer Oma jedoch Variante eins oder zwei, dann können wir auch bei Ihnen gezielt danach suchen – und Ihnen anschließend einen genauen Befund geben.«

Im besten Fall habe ich dann das »ganz normale« Brustkrebsrisiko von Frauen in Deutschland, das bei etwa zehn Prozent liegt – was ja eigentlich auch schon ziemlich viel ist. Im schlechtesten Fall können am Ende locker über achtzig Prozent Wahrscheinlichkeit herausspringen. Ich kenne die Zahlen bereits. Und dass der Krebs nicht unbedingt so lange wartet wie bei Oma, das habe ich ja zur Genüge erlebt.

Es wird auch am längsten dauern, Omas Blut zu untersuchen, denn die Veränderungen des Erbgutes müssen an verschiedenen Stellen der DNA gesucht werden. Außerdem werden zur Qualitätssicherung immer mehrere Gentests gleichzeitig durchgeführt. Logischerweise müssen also zunächst genügend Blutproben zusammenkommen. Da ist die Rede von bis zu einem Jahr Wartezeit.

»Und wenn man bei meiner Großmutter nichts findet?«

Die Ärztin erklärt mir, dass ich dann lediglich den rechnerischen Wert, der bei der Analyse meines Stammbaums herauskommt, erfahren werde. Der liegt wahrscheinlich irgendwo zwischen vierzig und fünfzig Prozent Erkrankungsrisiko bis zum Alter von achtzig Jahren.

»Es wird richtig schwer, von meiner Großmutter Blut zu bekommen«, gebe ich zu bedenken.

Die Professorin rät mir, es über den Hausarzt abzuwickeln: In Ausnahmefällen reiche eine schriftliche Aufklärung und Einverständniserklärung, die die Betreffende unterschreiben muss und die dann zusammen mit dem Blut nach Köln geschickt wird. Ich bekomme gleich die Unterlagen, mit denen meine Oma direkt zu ihrem Arzt gehen soll. Der kann alles aus den Unterlagen entnehmen, und Oma muss sich nur noch anzapfen lassen und unterschreiben.

Ich bleibe skeptisch. In der Praxis können da noch jede Menge Komplikationen auftreten. Zudem habe ich einfach große Hemmungen, sie nochmal um einen Gefallen in dieser Sache zu bitten. Andererseits ist sie meine einzige Chance. Ach was, nicht nur für mich, sondern auch für meine Schwester und meine zahlreichen Cousinen. Sie ist wahrscheinlich die einzige noch lebende Mutationsträgerin in unserer Familie – sozusagen ein doppelter Glücksfall, wenn die Umstände nicht so tragisch wären. Denn einerseits hat sie selbst so lang keinen Brustkrebs bekommen, obwohl sie wahrscheinlich belastet ist. Und andererseits ist es jetzt Glück für uns. Wenn sie uns kein Blut gibt, kann niemand in der Familie durch einen Test endgültig entlastet werden. Ich lasse noch Blut da, damit ich auf Tumormarker untersucht werden kann. Diese Parameter im Blut sind Anzeichen dafür, dass sich irgendwo im Körper ein Tumor gebildet hat. Jetzt wird es also ernst. Außerdem bekomme ich noch eine Ultraschalluntersuchung meiner Brust, das macht die Chefin gleich selbst.

»Alles in Ordnung! Aber Ihr Gewebe ist sehr drüsig.«

Dieser Spruch geht mir inzwischen auf die Nerven, denn das sagt jeder Gynäkologe beim Schallen meiner Brust: »Sie haben aber *sehr* drüsiges Gewebe.« Klingt irgendwie, als sei ich unnormal, auch wenn es von den Ärzten sicher nicht so gemeint ist.

Die Untersuchung im Kernspin wird auf meinen nächsten Besuch in Köln verschoben, so schnell ist da kein Termin frei. Außerdem muss ich auch noch zur humangenetischen Beratung. Dann wird das alles in einem Aufwasch gemacht. Ich erhalte außerdem eine Anleitung für die Selbstuntersuchung meiner Brust. Das soll ich einmal im Monat machen, was mir theoretisch schon klar ist. Trotzdem habe ich mich bisher meistens davor gedrückt. Es ist auch echt schwierig, denn ich weiß ja nicht, wie sich ein Tumor anfühlt! Ist das jetzt nur mein »drüsiges« Gewebe, oder ist das schon eine Wucherung? Ich werde kein Fan mehr von dieser Art der Selbstuntersuchung.

Geschafft, ich bin raus. Jetzt muss ich erst mal zu mir kommen. Ich beschließe, zu Fuß zurück in die Kölner Innenstadt zu gehen. Spazierengehen hilft mir in solchen Situationen. Man findet nur zwei von mindestens vier Mutationen. Das ist etwas mehr Information, als ich mir gewünscht hätte. Das mit der endgültigen Gewissheit kann ich mir also vielleicht abschminken. Was tun, wenn sie keine Mutation finden? Verstärkte Vorsorge ist klar, aber reicht das? Kann ich damit leben? Ich kann mir vieles vorstellen, aber ich bezweifle, dass ich mich jemals für eine Chemo entscheiden könnte. Klar, sag niemals nie. Wer weiß schon, wie er in so einer Situation handeln wird. Trotzdem: Vorstellen kann ich es mir nicht. Das erscheint mir einfach zu aussichtslos. Ja, ja, die Medizin ist weiter, die Nebenwirkungen wären nicht mehr ganz so krass wie bei meiner Mutter damals. Aber zumindest im

Moment überzeugt mich das alles nicht. Was also, wenn ich keine Gewissheit kriege?

Immer an der Straßenbahn entlang, dann kann nix schiefgehen, dann finde ich den Weg. An der Mensa der Uniklinik herrscht gerade emsiges Treiben, junge Studenten und Studentinnen sitzen in der Sonne, essen, reden und lachen. Ich muss gestehen, dass ich gerade richtig neidisch bin auf dieses unbeschwerte Leben. Ein paar Meter weiter ist eine Bäckerei, und ich kaufe mir auch etwas zum Essen. Ich merke, wie ich wieder zu mir komme. Das alles hat mich doch ganz schön mitgenommen. Ich rufe Tino an. Er hat meinen Anruf offensichtlich schon erwartet: »Und? Wie geht's dir?«

»Ganz okay. Aber sie brauchen das Blut von Oma.«

»Wieso von Oma?«

»Für die Untersuchung: Die Mutation muss von Oma kommen. Erst schauen sie bei ihr, ob es eins oder zwei ist. Nur wenn sie bei ihr etwas finden, wird auch bei mir der Gentest gemacht.«

Tino versteht es nicht sofort: »Aber warum gucken sie nicht gleich bei dir nach den Mutationen?«

»Weil sie dann keine eindeutige Aussage machen können. Wenn die bei Oma eins oder zwei finden, dann suchen sie bei uns auch nach eins oder zwei. Wenn sie bei Oma nichts finden, dann ist es wahrscheinlich eine bisher noch nicht bekannte Mutation. Dann macht aber auch ein Test für mich keinen Sinn. Verstehst du?«

Es ist kurz still.

»Also, dein Blut wird erst untersucht, wenn man bei Oma eine der beiden schon bekannten Mutationen findet.«

Genau. Nur dann. Denn nur dann kann man mich auch entlasten. Oder belasten. Dummerweise muss ich mir jetzt also wünschen, dass Oma BRCA1 oder 2 hat.

ALTE WUNDEN

Juni 2003

Der erste Besuch in Köln hat viele Folgen. Zunächst mal will meine Schwester wissen, wie es war. Ich erzähle ihr einfach, was ich erfahren habe. Sie wird nicht viel dazu sagen, das weiß ich. Sie hört zu und denkt mit. Wir wissen beide, dass alles, was mich betrifft, genauso auch auf sie zutrifft. Mit dem einzigen Unterschied, dass ich älter bin. Sie hat noch etwas Zeit, einige Jahre, in denen sie sich um nichts kümmern muss. Und so läuft unser Gespräch auch ab: Ich erzähle, sie hört zu. Ein weiterer Austausch, etwa über Gefühle, ist nicht angesagt, darauf legt Anette keinen Wert. Ich kann sie sehr gut verstehen. Und für mich ist das so völlig in Ordnung. Es ist ein Gefühl von tiefem Einverständnis, das mich mit ihr verbindet. Ohne es zu sagen, gibt sie mir trotzdem zu verstehen, dass es gut beziehungsweise nötig ist, was ich mache. Mich erleichtert es, dass sie in mir nicht einen Hypochonder sieht. Das hat mir zwar nie jemand vorgeworfen, aber bei vielen Gesprächen mit Freunden und Bekannten zu diesem Thema habe ich den Eindruck, dass sie meine Vorgehensweise für etwas übertrieben halten. Brustkrebs, das hatte mein Mutter, Tante, Oma doch auch, scheinen sie zu denken. Und die leben schließlich immer noch, da wurde lediglich der Tumor entfernt. Und so weiter. Da muss ich doch etwas hysterisch sein mit meinem Gerede von einer prophylaktischen Entfernung des Brustgewebes, oder? Wie gesagt, niemand hat das so ausgesprochen. Aber ich meine, diese Gedankengänge durch das Schweigen hindurch wahrgenommen zu haben.

Die Gespräche mit meinem Bruder und meinem Vater verlaufen ähnlich wie das mit Anette. Beide sagen nichts dazu, aber hören mir auf jeden Fall zu. Das anfängliche Unverständnis meines Vaters ist verschwunden, zumindest lässt er es mich nicht mehr spüren. Meinem Bruder muss ich noch sagen, dass auch Männer, die Mutationsträger sind, ein Risiko von etwa fünf Prozent haben, an Brustkrebs zu erkranken. Das wurde mir in Köln mitgeteilt, und für mich war diese Info komplett neu: dass ein Mann Brustkrebs bekommen kann – das habe ich noch nie gehört. Jedenfalls informiere ich ihn in unserem Telefongespräch. Er hört sich das an, ohne eine Reaktion zu zeigen. Ich habe keine Ahnung, was er mit dieser Information anfangen wird. Da er nicht weiter nachfragt, beende ich das Thema schließlich.

In Köln hat man mich aber nicht nur gebeten, meine engsten Verwandten zu informieren, sondern auch alle meine Tanten und Onkel und Cousinen und Cousins mütterlicherseits. Das ist keine ganz triviale Aufgabe. Zum einen sind wir eine ziemlich große Familie. Oma hat insgesamt vierzehn Enkel, plus meine Tante und mein Onkel (insgesamt hatte Oma natürlich vier Töchter, aber drei davon sind ja bereits tot). Ich habe nur zu einigen aus der Familie direkten Kontakt. Zudem ist die Familie etwas auseinandergefallen, seit meine Mutter und meine beiden Tanten gestorben sind. Nur wenn uns Oma alle Jubeljahre mal komplett einlädt, sehen und hören wir etwas voneinander. Und selbst dann können nicht alle kommen. Außerdem reden wir in unsrer Familie eigentlich nie über den Krebs. Komischerweise ist das Thema fast tabu. Das, was ich jetzt mache, empfinde ich deshalb schon als Tabubruch.

Im Moment kann ich mir nicht vorstellen, alle durchzutelefonieren. Fast alle meine Cousinen sind zudem deutlich jünger als ich. Das ist alles noch nicht relevant für sie. Ich entschließe mich, dass ich vorerst nur meine Tante anrufen werde. Sie weiß bereits, dass ich das Beratungsgespräch hatte, und wollte ausdrücklich darüber informiert werden. Sie kann mir dabei helfen, die anderen nach und nach zu informieren. Schließlich genügt es ja, wenn ein Ergebnis da ist, sprich: wenn klar ist, ob wir überhaupt getestet werden können. Nicht unnötig die Pferde scheu machen. Andererseits müssten sie schon erfahren, dass sie ab fünfundzwanzig eine verstärkte Vorsorge brauchen. Egal, jetzt rufe ich erst mal meine Tante an.

Das Telefongespräch verläuft sehr sachlich. Ich berichte ihr, was ich erfahren habe. Wir verbleiben so, dass ich die Infos, die ich in Zukunft schriftlich bekomme, grundsätzlich kopieren werde und an sie weiterleite. Das fühlt sich gut an. Meine Tante hat jederzeit die Möglichkeit, alles nachzulesen und kann bei Bedarf natürlich auch bei mir anrufen. Ich habe sie ausdrücklich gefragt, ob ihr Frauenarzt sich mit familiärem Brustkrebs auskennt und vor allem um ihre erhöhte Gefahr von Eierstockkrebs weiß. Das hat sie bejaht. Nachdem ich aufgelegt habe, bleibt trotzdem ein wenig schlechtes Gewissen zurück, dass ich nicht alle gleich informiert habe. Andererseits müsste jedem in unserer Familie klar sein, dass es sich um eine erbliche Variante von Krebs handeln könnte. Trotzdem war und ist es nie Thema gewesen zwischen uns. Möglicherweise ist es für den einen oder anderen auch gar nicht mit seinem Glauben vereinbar. So wie Oma auch gleich mit der Schuldfrage kam.

Als ich aus Bonn zurückkam, lag bereits ein Brief aus Köln auf dem Tisch. Sie brauchen noch mehr Informationen über meine verstorbenen Verwandten. Wenn die wüssten, wie schwer es für mich ist, an Infos heranzukommen! Ich habe also nochmal bei meinem Vater angerufen, um die letzte Quelle anzuzapfen.

Zu guter Letzt muss ich die Blutabnahme für Oma organisieren. Frau Professor Schmutzler hatte vorgeschlagen, dass ich es direkt über ihren Hausarzt abwickele. Allerdings habe ich keine Ahnung, wie ihr Hausarzt heißt. Ich kann sie nicht einfach nach ihrem Hausarzt fragen, da riecht Oma den Braten sofort. Sie weiß ja auch, dass ich in Köln war. Es hilft nichts, ich muss offen mit ihr reden.

»Hallo, Oma.«

»Hallo, Evelyn, schön, dass du anrufst. Wie war es in Köln?«

Toll, sie bringt es gleich selbst zur Sprache, das hilft mir natürlich!

»Sehr interessant. Und es fühlt sich gut an, die Sache in Angriff genommen zu haben. Ich bin sicher, dass ich das Richtige tue. Die Ärztin dort war auch sehr nett.«

»Das hört sich gut an. Und wie war es bei Anette? Wie geht es ihr?« Sie wechselt gleich wieder das Thema. So richtig schmeckt ihr die Geschichte doch noch nicht. Aber das muss ich jetzt ignorieren.

»In Köln habe ich einiges Neues erfahren. Der Gentest wird am sichersten, wenn zunächst einmal dein Blut untersucht wird.«

»Evelyn, das geht nicht. Ich bin nicht mehr so fit, dass ich nach Köln fahren kann. Das ist mir alles zu viel.«

»Du brauchst gar nicht nach Köln zu fahren, Oma. Ich schicke dir ein Schreiben zu, das du das nächste Mal mit zu deinem Hausarzt nimmst. Du brauchst auch gar keinen extra Termin. Wenn du sowieso da bist, nimmst du den Schrieb mit, und er organisiert dann alles Weitere. Mehr musst du nicht machen. Bitte, es ist sehr wichtig für mich.«

»Oh, Evelyn, muss das alles sein? Warum ausgerechnet ich?«

»Oma, das kann ich auch nicht ändern.«

Ich merke, dass ich sogar etwas wütend werde. Mir liegen Sätze wie »Mir wäre es auch lieber, meine Mutter würde noch leben und ich hätte solche Sorgen gar nicht« auf der Zunge. Aber das würde uns jetzt nicht weiterbringen. Immerhin kommt sie nicht wieder mit der leidigen Schuldfrage. Aber sie will weiterhin nichts damit zu tun haben. Klar, das ist völlig verständlich, drei von vier ihrer Töchter sind am Krebs gestorben. Und ich wühle in den alten Wunden. Es tut mir weh, so hart zu ihr zu sein. Aber ich habe auch Gründe. Und letztendlich tut sie es nicht nur für mich. Schließlich lenkt sie ein.

»Also, du schickst mir den Schrieb, und ich lasse mir einen Termin beim Hausarzt machen. Und du sagst, ich muss nur damit hingehen? Das ist dann alles klar?«

»Ja, Oma, mehr ist es nicht. Er weiß dann, was zu tun ist. Und du brauchst dich auch nicht zu beeilen. So dringend ist es nicht.«

»Doch, das erledige ich schon schnell. Und wir telefonieren dann wieder.«

»Okay, so machen wir es. Mach's gut.«

Nach dem Auflegen muss ich erst mal durchschnaufen. Jetzt war sie wieder sehr kurz angebunden. Aber sie will mir helfen, auch wenn es ihr furchtbar schwerfällt, das ist klar. Ich bin froh, dass ich das Gespräch hinter mir habe. Allerdings habe ich so meine Zweifel, ob das alles klappt. Weiß der Hausarzt wirklich, was zu tun ist? Oma wird ihm sicherlich nichts erklären können. Nun denn. Ich kann jetzt auch nichts daran ändern. Die Kölner werden sich schon melden, wenn sie kein Blut bekommen. Als Informationen zu meiner Familie fehlten, haben sie mich ja auch schriftlich informiert.

EIN WUNDERBARER STAMMBAUM

Oktober 2003

Hinter Frankfurt schlängelt sich die Autobahn über Hügel Richtung Köln. Die neue ICE-Strecke verläuft parallel, aber nimmt die Täler mit protzigen Brücken und durchsticht die Hügel in zahllosen Tunnels. Ab und zu prescht ein Zug mit mehr als doppelter Geschwindigkeit an uns vorbei und degradiert uns zu Spielzeugautos. Es ist Ende Oktober 2003, und wir sind auf dem Weg zu einer Tagung, die das Brustkrebszentrum in Köln ausrichtet. Vor einigen Wochen lag ein Schreiben im Briefkasten, das uns zu dem Symposium über erblichen Brustkrebs einlud. Evelyn war zunächst nicht sonderlich begeistert von der Idee, aber ich wollte hinfahren. Der Termin lag am Anfang der Herbstferien, ich hatte sowieso eine Woche Urlaub.

»Wenn wir morgens losfahren, sind wir pünktlich zum Beginn der Tagung gegen 13 Uhr in Köln.« Evelyn ließ sich schließlich überzeugen.

Während wir über die hessischen Hügel fahren, will ich wissen, wie Evelyn sich fühlt, aber sie ist wortkarg und sieht genervt aus dem Fenster. Den halben Weg über hat sie Material für eine Freiarbeit ihrer Klasse ausgeschnitten und den Innenraum in eine Schnipselhölle verwandelt. Meine Stimmung ist ebenfalls nicht sonderlich toll, der Anlass für einen Wochenendausflug könnte durchaus angenehmer sein. Aber

59

andererseits langweilt mich mein Job in der Bank gerade mächtig, und so bin ich froh über jede Abwechslung. Und längst ist uns auch klar geworden, dass es nie ein Fehler ist, möglichst viele Informationen zu sammeln.

Parkplätze um die Uniklinik sind rar. Nach einigen Runden durch das angrenzende Wohngebiet finden wir schließlich eine Lücke und raffen hastig unseren Krempel zusammen, denn das Symposium fängt in wenigen Minuten an. Alles nicht so einfach: Wir sind an irgendeiner Ecke des riesigen Klinikgeländes gelandet. Der Tagungsort, das Dr. Mildred-Scheel-Haus, liegt irgendwo mittendrin. Doch schließlich finden wir kleine provisorische Wegweiser. Als wir den Hörsaal betreten, der ganz klassisch aussieht, mit steil abfallenden Sitzreihen und knochenharten Sitzbänken, werden gerade die einleitenden Worte gesprochen.

»Ganz schön was los«, flüstert Evelyn.

Der Hörsaal ist ordentlich besetzt, ich deute auf einige freie Plätze in den oberen Reihen. Brav packen wir Papier und Stift aus, um uns Notizen machen zu können. Ein kleiner Flashback in meine Studienzeit, die Vorlesungen in Soziologie und Geschichte gehen mir durch den Kopf. Das waren noch Zeiten!

Ich versuche, mich etwas zu entspannen nach der vierstündigen Autofahrt, aber die Folterwerkzeuge von Sitzmöbeln lassen nur aufrechtes Sitzen zu. Nach den allgemeinen huldvollen Begrüßungsformeln gibt es kurze Fachvorträge. Und es wird gleich spannend, denn es geht um die genetischen Hintergründe des erblichen Brustkrebses. Also um das, was in Evelyns Erbgut vielleicht nicht in Ordnung ist. Ich konzentriere mich auf den Dozenten im weißen Kittel, der uns mit kryptischen Folien bombardiert. Nach höchstens zwei Minuten bin ich intellektuell vollständig abgehängt.

Später werde ich mir ein schlaues Buch besorgen, »BRCA –

Erblicher Brust- und Eierstockkrebs«, herausgegeben von Gerhardus, Schleberger, Schlegelberger und Schwartz, Heidelberg 2005. Hier eine Kostprobe: »BRCA1 ist ein sehr großes Gen mit 7365 kodierenden Nukleotiden, die auf über 81000 Basen genomischer DNA verteilt sind. Es liegt auf dem langen Arm von Chromosom 17 (17q21) und besteht aus 24 Exons, von denen 22 kodierend sind. Das BRCA1-Gen kodiert ein komplexes Protein mit 1863 Aminosäuren, mit Funktionen in der Tumorsuppression. Das von BRCA1 kodierte Protein ist Teil eines Komplexes, der für die Reparatur von DNA-Doppelstrangbrüchen zuständig ist. Zellen, in denen BRCA1 fehlt, sammeln vermehrt chromosomale Abnormitäten an. Bisher wurden bereits über 500 verschiedene Mutationen des BRCA1-Gens gefunden. Von diesen ändern 80 Prozent das Leseraster oder führen zu Proteinverkürzungen.«

Kein großes Wunder, dass man da nur noch Bahnhof versteht. Grob gesagt ist zunächst mal etwas schiefgelaufen im Bauplan der Zellen. Der Bauplan ist die DNA, die wiederum auf verschiedenen Ebenen unterschiedlich gegliedert ist, was wir aber jetzt einfach ignorieren. In diesem Bauplan sind einige Dinge durcheinandergeraten. Es stehen Informationen an der falschen Stelle, sind rückwärts aufgeschrieben oder fehlen ganz. Nun ist das BRCA1-Gen eigentlich dafür da, dass im menschlichen Körper keine Tumore wachsen, das heißt es dient der Unterdrückung von bösartigen Zellwucherungen (Suppression). Das läuft in etwa so ab: Das BRCA1-Gen ist quasi ein kleines Reparaturprogramm für bestimmte Schäden am Erbmaterial der Zellen. Es hilft also, die Baupläne wieder herzustellen, falls diese durcheinandergeraten sind – was in unserem Körper immer wieder durch unterschiedlichste Ursachen geschehen kann. Wenn das Reparatur-Gen BRCA1 aber selbst nicht funktioniert, dann kann es auch keine Reparaturen am Erbmaterial der Zellen anleiten. Dadurch passiert es schneller, dass Zellen mit abnormalem Erbgut ungehindert wachsen und schließlich zu Krebstumoren werden.

Evelyn ist noch voll bei der Sache und schaut konzentriert auf die Chromosomen-Strukturen an der Wand. Immerhin hat sie Biologie studiert, tröste ich mich. Schließlich wendet sich der Dozent den familiären Stammbäumen zu, und ich steige wieder ein. Das Lesen von Stammbäumen gehört inzwischen fast zu unseren Kernkompetenzen.

»Hier sehen Sie den wunderschönen Stammbaum einer Erkrankten«, führt der Fachmann auf dem Podium gerade aus. Da ging gerade der Wissenschaftler mit ihm durch, er meinte natürlich: ein sehr gutes Beispiel. Evelyn schneidet mir eine Grimasse. Ja, so »wunderschön« ist auch ihr Stammbaum. Überall finden sich die Zeichen von bereits gestorbenen engen Verwandten.

Der Laserpointer tanzt über die verschiedenen Erkrankten und Gestorbenen hinweg. Alles wie bei ihr: mehrere direkte Verwandte jung an Brustkrebs erkrankt und gestorben. Auf der nächsten Folie geht es um die Zahlen zur Überlebenswahrscheinlichkeit von erkrankten Frauen nach fünf Jahren, aufgeteilt nach den beiden bekannten Mutationen BRCA1 und BRCA2. Mutationen im ersten Gen führen typischerweise zu schnell wachsenden Tumoren, die oft erst spät erkannt werden. Ohne Früherkennung erscheinen die Überlebenschancen daher schlechter als für an Brustkrebs erkrankte Frauen aus der Allgemeinbevölkerung.

Wieder alles hinlänglich aus Evelyns Familie bekannt. Evelyn kapiert in dem Moment, dass es sich wahrscheinlich um BRCA1 handelt, wie sie mir später am Abend erzählen wird. Ich bin hauptsächlich beeindruckt von der Übereinstimmung zwischen Wissenschaft und Leben, die hier geboten wird.

Schließlich ist Kaffeepause angesagt. Ich hole mir den gruseligen Filterkaffee (lauwarm und bitter), der zu solchen Gelegenheiten obligatorisch ist, und wir stellen uns an einen der Stehtische, die im Foyer des Zweckbaus verteilt wurden. Eine Frau im mittleren Alter gesellt sich ebenfalls zu uns, und wir kommen ins Gespräch. Sie ist Gynäkologin. Eine weitere Frau stellt ihre Kaffeetasse bei uns ab, und nachdem Evelyn unsere Geschichte erzählt hat, berichtet die zweite Frau, dass sie Patientin ist und gerade eine einseitige Mastektomie mit Wiederaufbau hinter sich. Dabei wurde ihr ein Muskel aus dem Rücken nach vorne gelegt, um dort Brustgewebe zu ersetzen. Die OP ist noch nicht lange her, sie hat noch Schmerzen und steht für meine Begriffe auch etwas gebückt oder verkrampft da. Tatsächlich leidet sie auch noch unter körperlichen Einschränkungen und kann den Arm bisher noch nicht wieder komplett heben. Nicht schön. Bisher hatte sie nur eine Seite operieren lassen, weil dort ein Tumor aufgetreten war. Jetzt überlegt sie sich, ob sie sich prophylaktisch auch die andere Brust entfernen lassen sollte.

Evelyn berichtet davon, dass sie einen Gentest machen will, um sich dann gegebenenfalls auch für die prophylaktische Entfernung mit Wiederaufbau zu entscheiden. Dann erzählt die Frauenärztin, dass sie eine sehr junge Patientin hatte, die an Brustkrebs erkrankt und vor kurzem auch gestorben war – wahrscheinlich eben an der erblichen Variante. Aber da sie davon sehr wenig Ahnung hat, will sie die Gelegenheit nutzen und sich hier informieren. Das ist mir sehr sympathisch, ein Arzt, der fehlendes Wissen so ehrlich eingesteht und sich dann um Weiterbildung bemüht! Wir werden es noch mit Ärzten zu tun bekommen, die sich einige Scheiben von diesem Berufsethos hätten abschneiden können.

Eine durchdringende Glocke ruft uns zum zweiten Teil der Vorträge zurück in den Hörsaal. Jetzt verstehen wir fast alles, was besprochen wird. Einige richtig interessante Fakten kommen da auf den Tisch: Beispielsweise »ähnelt« der BRCA1-Tumor im Anfangsstadium einer gutartigen Wucherung, sodass immer wieder Ärzte bei der Mammographie zu Fehldiagnosen kommen. Die Mediziner raten den Frauen mit Geschwulst dann abzuwarten, obwohl doch quasi jeder Tag mit dem Tumor ein Tag zu viel ist. Bei gutartigen Tumoren kann das eine sinnvolle Strategie sein, aber nicht bei BRCA1 oder 2. Ein anderer Vortrag gibt einen Überblick über die prophylaktischen Operationen mit Rekonstruktion. Und es ist eine Vielzahl an Methoden und Namen, die da auf uns einprasselt. Ich hätte nicht gedacht, dass es so viele unterschiedliche Möglichkeiten gibt, die Brust nach einer Mastektomie wieder aufzubauen. Besonders schockierend sind die Bilder von einer Frau, die sich gegen einen Wiederaufbau entschieden hat. Das Körperbild ist weder männlich noch weiblich. Einfach nichts. In einem weiteren Vortrag geht es um die Mammographie, die Diagnosemethode, die zwar auch immer wieder umstritten ist, aber trotzdem von den Ärzten und Krankenkassen propagiert wird. Und da kommt der Hammer: So nebenbei erfahren wir, dass dieses Verfahren für Frauen unter dreißig Jahren nicht sinnvoll ist, da das Brustgewebe in diesem Alter einfach noch zu dicht sei. Na super, Evelyns Frauenarzt in Freiburg untersucht sie seit Jahren mit dieser Methode – offenbar in völliger Unkenntnis der Grenzen dieses Verfahrens! Ich schaue hinüber zu Evelyn. Das sind ja entzückende Neuigkeiten.

Nach dem abschließenden Stehimbiss bin ich völlig platt. Wir müssen noch von Köln nach Bonn, wo wir bei Evelyns Schwester übernachten können. Es ist inzwischen stockdunkel und gießt in Strömen, während wir uns über irgendwelche unbekannten Autobahnen nach Bonn durchschlagen. Auf dem Beifahrersitz hat Evelyn die Stirnlampe an, den Autoatlas auf den Knien und spielt GPS für mich, während ich die Reste meiner Konzentration für das Fahren auf der regennassen Fahrbahn mobilisiere und zwischen den schabenden Scheibenwischern nach draußen starre. Wir passieren eine riesige chemische Anlage, auf deren Spitze mit einer enormen Flamme irgendetwas abgefackelt wird. In der schmuddeligen Dunkelheit wirkt das alles besonders monströs und erinnert mich an die Atmosphäre in den ersten Minuten von »Blade Runner«, einem Science-Fiction-Klassiker mit Harrison Ford. Eine ziemlich feindliche Welt da draußen.

Zwischendurch reden wir über das Symposium.

»Ich habe mich ein bisschen fehl am Platz gefühlt«, meint Evelyn.

»Für mich war es spannend«, sage ich, »besonders die Sache mit der Ähnlichkeit des Tumors mit einem gutartigen Geschwür und der Mammographie.«

»Ich frage mich inzwischen wirklich, ob der Doktor Schmieder überhaupt weiß, was er da macht. Die Mammographie bringt bei mir nix, weil ich erst 28 bin. Und beim Ultraschall kann man den BRCA1-Tumor ganz einfach mit was Gutartigem verwechseln. Dabei ist das genau die Vorsorge, die er seit Jahren mit mir durchführt.«

Ganz zu schweigen davon, dass die Mammographie eine zusätzliche Strahlenbelastung darstellt, für die gerade junge Frauen besonders empfindlich sind. Im Klartext war die Mammographie bei Evelyn nicht bloß sinnlos, sondern auch noch gefährlich, denn gerade eine erhöhte Strahlendosis ist eben eine Ursache für die Schädigung der DNA von Zellen, und das kann zum Wachstum von Tumoren führen.

Ich finde auch, dass Doktor Schmieder nicht mehr so wahnsinnig verlässlich klingt nach diesen Informationen.

»Du hast ihm doch gleich am Anfang gesagt, dass deine Mutter an Brustkrebs gestorben ist?«

»Ja, klar. Da muss ich demnächst mal hin«, sagt Evelyn. Sie starrt aus dem Fenster.

»Was ist?«, will ich schließlich wissen.

»Wieder ein Termin mehr. Die nächsten Monate werden anstrengend. Eigentlich habe ich jetzt wochenlang kaum Zeit für so etwas. Ich sollte versuchen, noch einen Termin in den Ferien zu bekommen. Das nervt.«

UNVERSCHÄMTHEIT

Zurück in Freiburg. Vor allem Tino ist froh, wieder in den eigenen vier Wänden zu sein. Die Studi-WG meiner Schwester war nicht so ganz nach seinem Geschmack. Obwohl sie in ihrer Miniküche sogar eine Spülmaschine haben. Das ist auch für uns noch Luxus, wir waschen alles von Hand ab. Eine meiner ersten Taten ist ein Anruf bei meinem Frauenarzt. Was wir auf dem Symposium gehört haben, brennt mir auf den Nägeln. Die Sprechstundenhilfe hat noch einen Termin in den Ferien.

»Gleich diesen Mittwochnachmittag, um 15 Uhr?«

Das kommt mir natürlich gelegen. Die Praxis von Doktor Schmieder ist nur einige Straßen entfernt und befindet sich in einem typischen Wiehrehaus, ein Gründerzeitbau mit hohen Decken. Nicht eben gedacht für eine Arztpraxis, alles ist sehr eng. Der Gang ist gleichzeitig der Empfang, und an den Wänden hängen mal wieder massenweise Fotos von Säuglingen. Noch bevor ich mich angemeldet habe, höre ich schon die Herztöne von einem ungeborenen kleinen Menschen. Der Ultraschall der Schwangeren wird in einem Zimmer am Ende des Flurs gemacht, durch die alten Türen dringen die Geräusche problemlos bis auf den Gang. Die Arzthelferin sitzt hinter der Theke und sortiert Karteikarten. Auf dem Regal hinter ihr liegt eine Tafel Schokolade, Milka Alpenmilch. Ich habe schon öfter beobachtet, wie der Doktor zwischen zwei Patientinnen etwas davon nascht. Offenbar seine Notration. Sie bittet mich ins Wartezimmer, wo ich wie üblich allein bin. Schön, denke ich, das wird alles schnell über die Bühne gehen. Und so ist es auch. Nach kurzer Wartezeit bin ich dran. Doktor Schmieder ist ein Mann um die sechzig, schlank und relativ klein, er hat sich gut gehalten für sein Alter. Er reicht mir die Hand und bittet mich, Platz zu nehmen. Er wirft einen Blick in die Karteikarte und schaut schließlich wieder auf.

»Was führt Sie heute zu mir?«, fragte er mich mit einem freundlichen Lächeln.

»Ich habe Ihnen ja schon mal erzählt, dass ich mich dem Programm der deutschen Krebshilfe zu familiärem Brustkrebs angeschlossen habe. Letzte Woche war da ein Symposium in Köln.«

Ich bin etwas nervös und mache eine kleine Pause, aber Doktor Schmieder nickt mir aufmunternd zu. »Dort habe ich in einem Vortrag erfahren, dass die Tumore der familiären Variante gutartigen Tumoren von jungen Frauen oft sehr ähnlich sehen. Da ich einmal jährlich zu Ihnen zum Ultraschall komme, wollte ich fragen, ob Sie sich damit auskennen.« Die Miene meines Frauenarztes macht eine seltsame Verwandlung durch. Er läuft rot an, und seine Augenbrauen ziehen sich zusammen.

»Was ist denn das für eine Frage?«, poltert er plötzlich los. »Wissen Sie, was Sie da sagen? Das ist ja eine Unverschämtheit.«

Ich bin völlig vor den Kopf geschlagen. Das war doch jetzt alles komplett in Ordnung, was ich da gesagt habe. Warum macht er mich so blöde an? Ich habe noch nicht mal gesagt, dass die Mammographie völlig unnötig, wenn nicht sogar schädlich war.

»Ich wollte nicht sagen, dass ich Sie für fachlich inkompetent halte«, versuche ich ihn zu beschwichtigen. »Für mich ist es nur wichtig zu wissen, dass Sie mit familiärem

Brustkrebs vertraut sind, wenn ich zu Ihnen zur Vorsorge komme. Das sind ja nur zehn Prozent aller Brustkrebsfälle, da kann ich nicht erwarten, dass Sie sich damit perfekt auskennen.«

Doktor Schmieder ist immer noch ziemlich rot im Gesicht. Plötzlich steht er auf und sagt: »Einen Moment, ich bin gleich zurück.«

Er rauscht aus dem Zimmer.

Ich sitze ziemlich bedröpelt auf meinem Stuhl. War das nun dumm, ihn deshalb so offen anzusprechen? Aber vielleicht habe ich auch einfach voll ins Schwarze getroffen. Er ist nicht mehr der Jüngste – hat er überhaupt jemals etwas von der familiären Variante gehört? Wann hat er wohl seine letzte Fortbildung gehabt? Trotzdem: Ich war da zu naiv. Einfach so bei ihm reinzumarschieren und ihn damit zu konfrontieren. Er ist wahrscheinlich erst wenige Minuten weg, aber mir kommt es vor, als würde ich schon seit Stunden hier auf diesem Stuhl darauf warten, dass er zurückkommt.

Schließlich geht die Türe auf, und Doktor Schmieder setzt sich wieder an den Schreibtisch. Er wirkt etwas ruhiger, aber weiterhin angefressen.

»Wissen Sie, Frau Heeg, das war gerade sehr ungeschickt. Gehen sie zum Ultraschall in Zukunft zu einem Spezialisten«, sagte er mit gepresster Stimme.

»Könnten Sie mir denn einen in Freiburg nennen?«, will ich wissen. »Einmal im Jahr muss ich sowieso nach Köln zu den Untersuchungen. Aber für die zweite jährliche Untersuchung hätte ich gerne jemanden vor Ort.«

»Gehen Sie zu Doktor König. Allerdings ist der ziemlich überlaufen.«

Ich weiß, dass ich schneller einen Termin bekomme, wenn er für mich bei dem Kollegen anruft. Da ich sowieso nichts mehr zu verlieren habe, füge ich hinzu: «Könnten Sie denn einen Termin für mich vermitteln?«

»Sagen Sie ihm einfach, dass Sie von mir kommen.«

Okay, er will offensichtlich nichts mehr mit mir zu tun haben.

Doktor Schmieder verabschiedet sich hastig und verlässt noch vor mir das Sprechzimmer. Im Gang herrscht er die Sprechstundenhilfe an, mir noch ein Kärtchen von Dr. König zu geben. Es ist bescheuert, aber er hat es geschafft, dass ich mich schuldig fühle. Ich schleiche fast ins Wartezimmer, um meine Jacke zu holen. Die Arzthelferin drückt mir das Visitenkärtchen des Kollegen in die Hand. Was die wohl von mir denkt?, schießt mir durch den Kopf. Egal, ich will jetzt nur noch hier raus. Ich habe, was ich brauche. Die Säuglingsbilder begleiten mich noch zur Tür. Es scheint eher sein Ding zu sein, Kinder auf die Welt zu bringen. Ist ja in der Regel auch deutlich erfreulicher als eine Frau, die unter Umständen mit vierzig schon an Brustkrebs wegstirbt, so unter der Hand des Herrn Doktor. Draußen schlägt mir der Lärm der Bundesstraße an der Dreisam entgegen. Nichts wie weg hier. Erst jetzt merke ich, dass mir Tränen über das Gesicht laufen. Die nächste Querstraße ist schon unsere Straße, ein paar Hundert Meter weiter ist die Hausnummer 94, hier wohnen wir.

Ich schließe die Haustür auf und gehe erst mal auf die Toilette – einfach so, um irgendwas zu tun. Tino hat noch Urlaub, er sitzt im Arbeitszimmer und wurschtelt irgendwas an meinem Computer. Ich will ihm eigentlich gar nicht erzählen, wie beschissen das eben gelaufen ist.

»Wie war's?«, ruft er aus dem Arbeitszimmer.

Ich versuche, den Ausraster von Doktor Schmieder etwas herunterzuspielen, aber Tino merkt, dass ich ziemlich neben der Spur bin. Schließlich erzähle ich ihm, was er gesagt hat, und muss wieder anfangen zu weinen.

»So ein Arschloch!« Tino regt sich sofort wahnsinnig über Doktor Schmieder auf.

»Ich gehe da jetzt hin und geige ihm ordentlich die Meinung!«

Mir ist das sehr unangenehm, und ich kann ihn schließlich von dem Vorhaben abbringen. Ich weiß eh, dass ich da nie wieder hingehe. Schon allein, weil er offensichtlich fachlich keine Ahnung von familiärem Brustkrebs hat. Die Vermutung hatten wir ja bereits, als wir gehört haben, dass Mammographie in meinem Alter völlig überflüssig oder sogar schädlich ist. Warum also noch mehr Öl ins Feuer gießen. Viel wichtiger ist es für mich, dass ich weiß, wo ich in Zukunft hin kann.

Jetzt will ich erst mal etwas raus in die schöne Herbststimmung. Am besten aufs Rennrad. Da können die Gedanken zur Ruhe kommen. Die Logistik, die es benötigt, um bei den schon fallenden Temperaturen auf dem Rad nicht zu frieren, lenkt ab. Schön nach dem Zwiebelschalenprinzip Schicht für Schicht anziehen. Und zwischendurch darüber fluchen, dass die Radklamotten bei uns nach dem Chaosprinzip in vier Kisten wahllos verteilt aufbewahrt werden. Die einzige wirkliche Ordnung besteht darin, dass jeder von uns zwei eigene Kisten hat. Hin und wieder verirrt sich dann aber doch ein Kleidungsstück in die falsche Kiste, was das Ganze nicht einfacher macht. Tino kommt auch mit, und eine Viertelstunde vergeht mit den Vorbereitungen. Wenn wir unsere sieben Sachen zusammen haben, können wir die Räder aus dem kleinen Keller befreien, dann müssen wir nur noch ein paar Kilometer durch unser Wohngebiet nach Osten radeln, bevor sich das idyllische Dreisamtal mit Pferdekoppeln, Kuhweiden und malerischen Schwarzwaldbauernhöfen vor uns öffnet.

Während sich die Beine automatisch bewegen und wir über die üblichen Wege rollen, geht mir das Gespräch immer wieder durch den Kopf. Und mir wird immer klarer, dass Doktor Schmieder wahrscheinlich reflexartig versucht hat, von seinen eigenen Fehlern abzulenken. Es ist schon seltsam:

Ich habe ihn seit Jahren als väterlichen, netten Arzt erlebt, der immer viel Kompetenz ausgestrahlt hat. Heute hat er sich kurz mal von einer ganz anderen Seite gezeigt. Was wohl von der ganzen Freundlichkeit über all die Jahre echt war? Das ist natürlich eine müßige Frage. Dabei ging es mir doch überhaupt nicht darum, ihn bloßzustellen. Ich wollte einfach nur wissen, ob ich in kompetenten Händen bin. Wenigsten lassen meine Schuldgefühle langsam nach.

Donnerstagmorgen gibt es wieder ein Ferienfrühstück. Das ist super – denn dass für meine absolute Lieblingsmahlzeit während der Schulzeit so wenig Zeit bleibt, ist richtig hart. Aber durch die lange Fahrtzeit zu meiner Schule in Oberkirch müssen wir sehr früh aufstehen, meistens schon um halb sechs. Tino muss auch um sieben Uhr den Zug nach Basel erwischen. In den Ferien bleiben wir zwar weiterhin gemäßigte Frühaufsteher, die Frühstückszeit wird aber locker verdreifacht. Nicht unbedingt die Essensmenge, aber das spielt keine Rolle. Ich habe endlich Zeit für mehrere Tassen Tee, ohne dabei im Hinterkopf zu haben, dass ich während fünfzig Minuten Autofahrt nicht auf die Toilette kann, ohne eine Verspätung zu riskieren. Das hat schon fast etwas von Freiheit.

Für heute steht noch ein Anruf bei Doktor König an. Nicht dass ich sofort einen Termin bräuchte. Aber der Januar kommt sicher schneller, als mir lieb ist. Außerdem ist so eine selbstgesetzte Deadline hilfreich. Nach dem Frühstück starte ich die ersten Versuche: immer wieder belegt. Doktor Schmieder hat ja angekündigt, dass sich die Praxis großer Beliebtheit erfreut. Beim übernächsten Versuch lande ich immerhin in der Warteschleife. Das verbuche ich locker mal als Erfolg.

Schließlich knackst es in der Leitung: »Praxisgemeinschaft Dr. König, guten Tag.«

Ich sage mein Sprüchlein auf: Dass ich zu einer Hochrisikogruppe für familiären Brustkrebs gehöre und Dr. Schmieder mich an sie verwiesen habe wegen der Ultraschallvorsorge.

»Es tut mir leid, wir können keine neuen Patienten mehr aufnehmen.«

Hoppla, weder das Wort Hochrisikogruppe noch der Hinweis auf Doktor Schmieder zeigen die geringste Wirkung.

»Mir wurde aber gesagt, dass Doktor König der Einzige ist, der sich im Schallen von Hochrisikopatienten auskennt.«

Aber auch das bleibt wirkungslos – die Arzthelferin wimmelt mich ab und will das Gespräch beenden. Einen Trumpf habe ich aber noch. »Es ist wichtig für mich als *Privatpatientin*, zu Doktor König zu kommen.«

»Ach so, Sie sind privat versichert. Wann möchten Sie denn einen Termin?«

Das ist schon etwas ekelhaft, oder? Nun gut, am System kann ich nichts ändern.

»Im Januar, an einem Nachmittag.«

Ich bekomme einen Termin am 19. Januar um 15 Uhr. Geschafft. Ich habe mein Ziel erreicht: Ich werde fachkundig versorgt sein. Und eigentlich viel wichtiger im Moment: Jetzt habe ich fast drei Monate Ruhe von dieser ganzen Angelegenheit.

Der Rest der Ferien gehört nun wieder der Schule und den Freunden. Es sind die üblichen Ferienaufgaben, die ich völlig ohne Zeitdruck erledigen kann: Alle aufgestapelten Papiere und Unterrichtsmaterialien, die ich im Trubel der Unterrichtszeit nur notdürftig im Arbeitszimmer zwischenlagern konnte, fachgerecht wegräumen. Wenn das geschafft ist, fühlt es sich immer richtig gut an. Vor allem das Gefühl, wieder auf dem Laufenden zu sein, ist wichtig. Im Idealfall kann ich außerdem einige Stunden für die kommenden Wochen schon planen, sodass ich sogar einen Vorsprung habe und im Alltag mit dem Sortieren, Korrigieren, Kontrollieren eine Weile wieder mitkomme. Außerdem diskutieren wir gerade, ob Tino seinen Job bei der Bank hinschmeißen soll, da er sich da nicht wohlfühlt. Aber was soll er stattdessen machen?

IRGENDWIE IST ES DEMÜTIGEND

Wir hatten bereits im November eine Ferienwohnung in den Schweizer Bergen gebucht, wo wir mit einigen Freunden die zwei Wochen über Weihnachten und Neujahr zum Langlaufen sein würden. Ich bin sehr froh, dass das große Fest der Liebe und der Familie weitgehend ohne Familie geregelt ist. Zu Hause ist es schon lange nicht mehr wie früher. Mit meinen Geschwistern habe ich zwar ein gutes Verhältnis, aber mit meinem Vater habe ich nur noch sehr wenig zu tun. Er ist wieder verheiratet, und seine neue Frau hat mich idiotischerweise von Anfang an als Konkurrentin gesehen und auch so behandelt. Oma Winzker, die Mutter meines Vaters, ist längst tot, ebenso meine Mutter – alles nicht mehr das, was es mal war. Der einzige Ort, der sich diesen ganzen Veränderungen bisher entzogen hat, ist das Haus von Oma Geiger. Hier herrscht immer noch die vertraute Umgebung. Leider musste der traditionelle Besuch am zweiten Weihnachtsfeiertag ausfallen, da wir noch Skifahren waren. Aber jetzt sind wir zurück, es ist der 3. Januar, und wir holen das nach. Der Weihnachtsbaum in Omas Wohnzimmer steht noch, und das ganze Haus ist schön geschmückt, als wir auf dem Sonnenberg in Stuttgart ankommen. Oma hat auch die Holzpyramide aus dem Erzgebirge aufgebaut, die mir besonders gut gefällt, weil sie mich an die schönen Zeiten erinnert, als meine

Mutter noch mit uns zusammen gefeiert hat. Die Schatten, die sie an die Decke wirft, wenn die Kerzen brennen und die aufsteigende heiße Luft den Propeller antreibt – da könnte ich ewig zuschauen.

Wie jeder Besuch bei Oma beginnt auch dieser verspätete Weihnachtsbesuch mit einem exzessiven Kaffeetrinken mit selbstgebackenen Stollen und unterschiedlichsten »Gutzle«, wie wir in Schwaben zum Weihnachtsgebäck sagen. Schon in der Adventszeit kommt immer das erste Care-Paket aus Stuttgart: eine große Dose voller Plätzchen. Aber bei Oma zu Hause schmecken sie mir einfach noch besser. Die Auswahl an Sorten und die Mengen, die sie jedes Jahr mit meinem Onkel zaubert, beeindrucken mich immer wieder. Und trotz ihres hohen Alters ist sie experimentierfreudig geblieben und probiert gerne neue Rezepte. Der Rührkuchen mit Orangenaroma ist richtig gut gelungen. Schade, dass ich einfach irgendwann statt bin, pappsatt. Nach dem Kaffeetrinken setzen wir uns zum Weihnachtsbaum ins Wohnzimmer und tauschen Neuigkeiten aus. Oma will alles wissen, und wir berichten ausgiebig von unseren Urlaubserlebnissen. Als das alles durchgekaut ist, gehe ich mit ihr ins Zimmer mit den vielen Romanen. Hier steht nämlich immer die Krippe. Sie ist schon sehr alt und nimmt das halbe Zimmer ein. Alles wurde von Hand hergestellt. Sie ist fast wie eine große Modelleisenbahnanlage. Die Krippe ist beleuchtet, und jetzt am späten Nachmittag, wenn es draußen schon dunkel wird, hat mein Onkel den Strom angeworfen, und alles wird von einem warmen Licht erleuchtet. Das Hintergrundbild für die Szenerie hat ein farbenblinder Künstler gemalt, das fasziniert mich auch heute noch.

Wir verbringen hier ein paar schweigende Minuten. Jeder hängt seinen Gedanken nach, zum Teil sind es sicherlich die gleichen. Die Krippe erinnert mich immer an die Besuche bei Oma in der Kindheit mit meiner Mutter. Ich kann mich auch heute kaum daran sattsehen: der Elefant mit seiner Trage, die glitzernden Steine, die Schafe, die Heiligen Drei Könige, der Stall, alles ist da, wie jedes Jahr. Es hat etwas unglaublich Beruhigendes. Dann wird Oma wieder munter: »Wie lange bleibt ihr denn noch? Sicher zum Abendessen!«

Ich nicke.

»Es ist immer viel zu kurz«, Oma nimmt mich am Ellenbogen und bugsiert mich Richtung Treppe, »aber immerhin bleibt ihr noch zum Essen. Ich habe nämlich einen Lauchkuchen vorbereitet. Du weißt ja«, sie wirft mir einen verschwörerischen Blick zu, »so wie ihn deine Mama immer gemacht hat.«

Das erzählt sie mir immer wieder, ich habe ihn auch schon des Öfteren bei ihr zum Essen bekommen. Ich koche ihn inzwischen sogar selbst. Allerdings mache ich ihn nach dem Original-Mama-Lauchkuchen-Rezept: nämlich die vegetarische Variante. In Omas Version hat sich Schinken eingeschmuggelt. Aber das behalte ich für mich, der Lauchkuchen ist so oder so lecker. Tino bleibt vertieft in irgendwelche Zeitungen im Wohnzimmer sitzen, und wir steigen vorsichtig über die steile Treppe ins Erdgeschoss. Oma ist schon ab und zu gestürzt in den vergangenen Jahren, aber bisher ging alles glimpflich aus. Zwar noch nie auf dieser Treppe, aber sogar ich habe Respekt vor den etwas schiefen und ungleichmäßigen Stufen. In der Küche werde ich wieder zur Untätigkeit auf meinen Hocker verdammt, und Oma beginnt mit liebevoller Hektik, alles auf den Kopf zu stellen. So manches Mal sehe ich die Dinge schon herunterfallen. Aber es passiert nie etwas. In Rekordzeit fügt sie die vorbereiteten Zutaten zusammen, und ab damit in den Ofen: »In einer halben Stunde gibt es Essen«, verkündet sie. »Jetzt decken wir den Tisch!«

Wir schleppen die Teller nach oben, klären die Getränkefrage und warten dann im Wohnzimmer auf das Klingeln des Küchenweckers. Beim Essen gesellt sich mein Onkel wieder zu uns, der in der Zwischenzeit im Garten fleißig war. Da muss es schon einen mittelschweren Schneesturm geben, bevor er draußen nichts zu tun findet. Nach dem Abendessen folgt das »Abschiedsritual« im Vorratskeller. Ich habe mittlerweile saukalte Füße, irgendwie schaffe ich es nicht, dass es mir in dem alten Haus warm bleibt. Dazu habe ich wohl zu lange in Wohnungen gelebt, die nicht so fußkalt sind. Aber ich bin gerüstet, die frischen warmen Socken liegen im Auto bereit. Oma und mein Onkel verabschieden uns in dem kleinen Gang bei der Eingangshalle. Weil es auf den Stufen zum Gartentor glatt sein könnte, bleibt Oma heute lieber oben stehen, während wir zum Auto stapfen. Ich winke nochmal, bevor ich einsteige. Es ist einfach wieder schön gewesen!

Eine Woche später, an einem Montag im Januar, habe ich den Termin bei Doktor König in Freiburg. Vorsorge und Ultraschall. Vorsichtshalber habe ich am Wochenende vorgearbeitet: Der Unterricht für Dienstag ist weitestgehend in trockenen Tüchern. Inzwischen weiß ich ja, dass solche Arztbesuche fatal enden können. Wer weiß, in welchem Zustand der Auflösung ich da hinterher rauskomme!

Die Praxis ist leicht zu finden. Ein feudales Gebäude in der Freiburger Innenstadt, ganz in der Nähe des Bahnhofs. Diese Praxis nennt sich Brustzentrum und sieht verdammt privat aus. Im Treppenhaus bleibe ich vor einer Infotafel stehen. Da steht so ziemlich alles bis ins kleinste Detail: von der Plastischen Chirurgie bis zum Brustkrebs. Nur den familiären Brustkrebs vermisse ich. An der Theke des Praxiszentrums geht es hektisch zu. Ständig klingelt das Telefon, mehrere Sprechstundenhilfen sind am Werk, und Patientinnen stehen herum. Ich werde in ein Wartezimmer gesteckt mit einem kärglichen Zeitschriftenrepertoire. Am meisten hätte ich zu lesen, wenn ich gerade schwanger wäre. Danke, kein

Bedarf, habe andere Sorgen. Inzwischen bin ich ja Profi im Warten-bei-Ärzten und zücke mein Buch. Nach einigen Seiten merke ich aber, dass an Lesen gerade nicht zu denken ist, denn ich bin zu angespannt. Irgendwann werde ich von einer Artzhelferin nach oben gebeten. Was auch immer das heißt. Ich nehme also die Treppe, die gleich neben der Eingangstür ist, und stelle fest, dass oben der Wartebereich Nummer zwei ist. Etwas enger, noch weniger Zeitschriften, dafür viele Sprechzimmer, die vom Wartebereich abgehen. Einmal erscheint der Kopf einer Ärztin, die die nächste Patientin aufruft. Rechts von mir schaut ein Mann herein. Ob er das ist? Keine Ahnung, ich bin noch nicht dran. Einige Zeit später höre ich meinen Namen. Doktor König ist ein gutaussehender Mann mittleren Alters, der ganz offensichtlich weiß, dass er gut aussieht. Er führt mich in sein Sprechzimmer. Mein üblicher Sermon beginnt: »Ich gehöre zu einer Hochrisikogruppe …« und so weiter. Dieses Mal habe ich allerdings mit Tino das ganze Gespräch vorher durchgespielt. Ich bin gewappnet gegen unvorhergesehene Beleidigungen und Vorwürfe. Aber Doktor König hört mir lediglich zu und nickt wissend. Als ich zum familiären Brustkrebszentrum in Köln komme, unterbricht er mich.

»Frau Professor Schmutzler kenne ich natürlich«, sagt er, »wir treffen uns regelmäßig.«

Ich erkläre weiter, dass ich wegen dem Ultraschall und der Vorsorge hier bin. Er steht auf und macht sich an die Arbeit. Er schallt meine Brust sehr lange, scheinbar ist er gründlich. Am Ende versichert er mir, dass alles in Ordnung ist: »Sie können sich wieder anziehen.«

Ich bin erleichtert – aber da war doch noch die restliche Vorsorge: »Es fehlen noch der Abstrich und das Abtasten der Gebärmutter.«

Der Arzt sitzt schon wieder hinter seinem Schreibtisch und notiert irgendetwas.

»Für die normale Vorsorge lassen Sie sich bitte einen Termin bei meiner Kollegin geben.«

Das darf nicht wahr sein. Das ist jetzt wirklich keine große Sache. Dafür muss ich jetzt nochmal einen Mittag opfern. »Wäre es nicht möglich, dass Sie das kurz noch mit erledigen?«, bitte ich ihn.

»Nein«, sagt Doktor König, ohne aufzublicken.

Frustriert ziehe ich mich an und reihe mich in die Schlange an der Theke ein.

»Bei Frau Dr. Binder habe ich erst wieder am 14. April einen Termin.«

In einem Vierteljahr! Und wenn das so weit ist, muss ich schon wieder einen Termin in Köln für die Untersuchungen im August ausmachen. Was für ein Mist, ich renne ja nur noch von Arzt zu Arzt!

Ich laufe durch die winterliche Stadt. Die berühmten Bächle sind stillgelegt. Ansonsten herrscht hier der übliche Betrieb. Tino wollte, dass ich mich gleich melde, das geht aber erst einmal nicht. Auf eine Viertelstunde hin oder her kommt es jetzt auch nicht mehr an. Was soll ich ihm denn auch sagen? Dass der Arzt ein kompetentes Arschloch ist? Und: Dass ich im April schon wieder hin muss? Nein, vielleicht doch eher so: Es war gut, er scheint sich auszukennen – nur leider muss ich am 14. April noch zu seiner Kollegin zur normalen Vorsorge. Ach, am liebsten würde ich mich sowieso heulend in einer Ecke verkriechen. Irgendwie ist es demütigend. Ich habe es mir ja auch nicht ausgesucht, ständig zu Ärzten rennen zu müssen. Trotzdem geben mir solche Leute wie Doktor König das Gefühl, ich wäre eigentlich selbst daran schuld. Völlig absurd, aber so fühlt sich das eben an.

FAST WIE EINE AUSSÄTZIGE

März 2004

Es ist früh. 6.45 Uhr, um genau zu sein. Ich stehe auf dem Park-und-Mitnahme-Parkplatz in Umkirch, einige Kilometer westlich von Freiburg. Vor meiner Zeit an der Schule habe ich mich immer wieder mal gefragt, was das eigentlich für Parkplätze sind: zum Teil mitten in der Pampa, aber immer randvoll mit Autos. Heute weiß ich, dass sich hier die Menschen zu Fahrgemeinschaften treffen. Die Realschule, an der ich unterrichte, befindet sich in Oberkirch, einem idyllischen Städtchen in der Nähe von Offenburg. Oberkirch ist gut 80 Kilometer von Freiburg entfernt. Wir haben also einen langen Weg, und deshalb sind wir morgens eigentlich immer die Ersten. Das hat Vorteile, später wird es nämlich richtig voll, dann werden die Parkplätze Mangelware. Ich treffe mich hier mit meinem Kollegen Klaus, der in der Nähe von Freiburg wohnt. Wir haben ein perfektes Timing. Entweder er steht schon da, oder wir fahren quasi gemeinsam ein.

Heute bin ich dran mit fahren. Klaus biegt nur wenige Sekunden nach mir auf den Parkplatz ein. Ich sehe die schlaksige Gestalt aussteigen und durch den kalten Märzmorgen auf mein Auto zukommen, dann biegt er nach hinten ab, der Kofferraumdeckel geht auf und wieder zu, und schließlich lässt er sich auf den Beifahrersitz fallen.

»Morgen, Evelyn«, schnauft er. Er ist ein gutaussehender

Mann Anfang vierzig, mit viel Humor – und einem ordentlichen Maß an Lebenserfahrung. Wir haben uns von Anfang an sehr gut verstanden: Nicht nur, was die Pünktlichkeit angeht, sind wir uns einig. Die Fahrten mit ihm sind erstaunlich kurzweilig. Es gib immer etwas zu quatschen. Ich genieße die Gespräche sehr. So als Berufsanfänger ist das fast wie eine private Supervision. Ihm kann ich meine ganzen kleineren und größeren Probleme in der Schule erzählen. Meistens hat Klaus sogar eine intelligente Lösung, an die ich vorher nicht gedacht hatte. Manchmal trage ich mit meinen Ansichten einer Junglehrerin auch sehr zu seiner Erheiterung bei. Er ist insgesamt ein positiver Mensch, und entsprechend lachen wir viel. Auch aus den Situationen, von denen Klaus erzählt, kann ich viel lernen: Er hat oft eine unorthodoxe Art, mit unseren beruflichen Anforderungen umzugehen, die ich sehr inspirierend finde. Zudem bin ich mir sicher, dass er ein richtig guter Lehrer ist.

Gerade morgens findet bei uns immer ein reger Austausch statt. Klaus meinte sogar irgendwann mal zu mir: »Weißt du eigentlich, dass ich weder mit meiner Frau noch mit meinen Kindern so viel rede wie mit dir?« Stimmt schon, zwei Stunden Fahrt täglich, das ist schon einiges. Lediglich mittags wird es manchmal ruhig, wenn der Beifahrer gelegentlich mal wegdöst.

Wir bequatschen aber nicht nur schulische Themen. Klaus hat die ganze Geschichte mit meiner Gentesterei von Anfang an mitbekommen. Obwohl ich eigentlich fast nur in den Ferien Termine in Köln hatte, kamen die Gespräche doch immer darauf. Ich hatte von Anfang an das Gefühl, dass er versteht, was ich tue. Das schätze ich sehr, und das ist leider sehr selten in meinem Freundes- und Bekanntenkreis. Die Jahre, die er mir vorweg hat, haben ihm die unterschiedlichsten Erfahrungen ermöglicht. Mir scheint, dass solche Menschen mich und mein Vorgehen besser nachvollziehen können. Die

Akademiker Anfang dreißig gründen dagegen Familien und bauen Häuser. Da passe ich nicht so recht dazu. Verstandesmäßig ist es eine vollkommen logische Angelegenheit, hier das Erkrankungsrisiko, dort die Maßnahme, die das Risiko fast auf null reduzieren kann. Punkt. Klaus sieht das mit der nötigen Abgebrühtheit. Tino unterstützt mich natürlich auch, wo er kann. Er vertritt meinen Weg fast noch radikaler als ich. Aber es ist etwas anderes, wenn jemand von außen klar signalisiert, dass er unser Vorgehen versteht.

Bei einem unserer Gespräche zum Thema Gentest habe ich angemerkt, dass ich nicht weiß, wie ich die Kinderfrage für mich beantworten soll. Soll ich trotz einem möglichen Risiko, dass ich einen Defekt vererbe, Kinder bekommen? Ich weiß, dass Klaus selber Kinder hat und diese auch über alles liebt. Auf meine Frage meinte Klaus nur trocken: »Wozu braucht ihr beide eigentlich Kinder? Ihr habt doch so viele gemeinsame Hobbys.« Das stimmt, die ganzen Sportaktivitäten – Radfahren, Laufen, im Winter Skilanglauf – mache ich mit Tino gemeinsam. Zudem arbeiten wir beide sehr gerne und verstehen unseren Job schon auch etwas als Berufung. Was fehlt also?

Das war mal eine erfrischend pragmatische Meinung. Zum Thema Kinder habe ich schon die verschiedensten Reaktionen erlebt. Eine Freundin sagte mir gerade neulich: »Ob du den Gendefekt weitervererbst, ist doch egal. Das Kind kann damit leben, so wie du es ja auch tust.« Aber mir ist es nicht egal, dass ich einer Tochter mit einer immerhin fünfzigprozentigen Wahrscheinlichkeit das Brustkrebsgen vererben könnte. Natürlich kann darüber jeder denken, wie er will. Aber ich vermute, dass viele meiner Freunde und Bekannten einfach nicht richtig verstanden haben, was diese genetische Veranlagung tatsächlich bedeutet. Das sehe ich ja schon an den Reaktionen der Menschen, wenn wir auf dieses Thema zu sprechen kommen: Fast niemand fragt da nach, meistens hören es sich meine Gesprächspartner schweigend an – und wechseln dann das Thema. Ich kann den Impuls durchaus nachvollziehen. Wahrscheinlich glaubt man, dass es mir als Betroffener wehtun würde, darüber zu berichten. Man möchte mich vielleicht schonen und nicht in offenen Wunden bohren. Aber leider richtet diese Reaktion eigentlich nur Schaden an. Durch das Schweigen fühle ich mich schlecht, ja – und Tino hat mir bestätigt, dass es ihm ähnlich ergeht – fast wie eine Aussätzige, die ihr Gegenüber mit ekligen Details einer abstoßenden Krankheit belästigt. Und Fakt ist, dass auch meine Gesprächspartner so nie richtig verstehen werden, unter welcher Belastung ich stehe und mit welchen Problemen ich zu kämpfen habe.

Wenn das Gespräch auf die Mastektomie kommt, gibt es manchmal eine spontane Reaktion. »Um Gottes willen, das kannst du doch nicht machen!«, höre ich dann fast immer. Aber leider folgt kein Gespräch darüber, was denn an Alternativen besteht, wie mein Erkrankungsrisiko genau aussieht, welche Form von Krebs ich im Erkrankungsfall bekomme (nämlich einen sehr agressiven!). Den meisten Menschen ist das Ganze viel zu heikel – und deshalb schweigen sie nach diesem spontanen Ausruf lieber und wechseln bei nächster Gelegenheit das Thema. Außerdem hat fast jeder in der weiteren Familie einen Brustkrebsfall. Das sind eben die »ganz normalen« zehn Prozent Erkrankungsrisiko, die da zuschlagen. Mit dem Unterschied, dass dieser Brustkrebs, vorausgesetzt er wird rechtzeitig erkannt, heutzutage oft heilbar ist. Was also habe ich denn bitte für ein Problem? Wie gesagt, ich kann diese Reaktion durchaus nachvollziehen. Aber leider, leider, leider hilft sie niemandem. Was wirklich hilft, ist: sich interessieren, nachfragen, offen und ohne falsche Scham, sodass die Betroffenen endlich darüber reden können und sich nicht so verdammt einsam fühlen mit diesem Damoklesschwert über ihrem Kopf.

Klaus bildet da eine sehr erfreuliche Ausnahme. In den vergangenen Sommerferien schickte er mir zum Beispiel per E-Mail einen Link zu einer Reportage auf *Spiegel*-Online, in der über die Mastektomie einer jungen Frau berichtet wird. Ich habe mir das dann angeschaut: Von der Methode des Wiederaufbaus, ein sogenannter DIEP-Flap aus dem Bauch, hatte ich vorher noch nie gehört. Dabei wird der Betroffenen Fettgewebe aus dem Bauch entfernt und dieses in die ausgehöhlte Brust implantiert, wo es direkt wieder an den Blutkreislauf angeschlossen wird. So ist da kein Fremdköper im Busen, im Gegensatz zu Silikon, das sich wohl anfühlt, »als würde man auf einer Wärmflasche liegen«, wie es mir irgendjemand mal beschrieben hat. Die Langzeitprognosen sind wohl sehr gut, das Gewebe lebt einfach mit mir weiter, ohne dass es zu Spätfolgen wie bei den Silikontransplantaten kommt. Und: Die Ergebnisse sind auch kosmetisch sehr hochwertig. Tatsächlich hatte die abgebildete Frau einen schönen Busen – und das nach der OP.

Das klingt alles richtig gut, auch wenn ich im Augenblick eine deutlich zu sportliche Figur für eine solche Entnahme hätte. Hier lese ich zum ersten Mal von einem Spezialisten in München, Professor Axel-Mario Feller, der diese Operationen seit vielen Jahren durchführt. Professor Feller kritisiert im *Spiegel*, dass sogar viele behandelnde Ärzte noch nie etwas von diesen Methoden gehört hätten. Also, ich weiß definitiv noch nichts davon. Den Artikel hefte ich sofort zu meinen Unterlagen. Wer weiß, ob ich die Infos irgendwann brauche. Aber so ist Klaus: einfach klasse!

Inzwischen sind wir auf die Autobahn Richtung Norden abgebogen. Noch ist es verhältnismäßig leer, die meisten anderen Autos sind wohl Pendler wie wir.

»Und, gibst du das Formular ab?«, fragt Klaus.

Es geht um den Antrag auf Versetzung, der bis Ende Januar bei unserem Rektor eingereicht werden muss.

»Ich denke schon. Wahrscheinlich wird es sowieso nicht genehmigt. Aber wenn ich überhaupt eine Chance haben will, dann muss ich es jedes Jahr von Neuem probieren.«

Das ist bei uns Lehrern so: Man sagt, dass man in der Regel um die fünf Jahre auf eine Versetzung warten muss. Dazu kommt, dass ganz Südbaden gerne nach Freiburg möchte.

»Willst du wirklich weg aus Oberkirch?«

Gute Frage! Ich will eigentlich nicht wirklich weg. Aber die Fahrerei ist anstrengend und zeitraubend. In letzter Zeit geht mir das alles ganz schön an die Substanz. Ich weiß nicht, ob ich das ewig schaffe.

»Und du?«, frage ich zurück.

»Ich stelle keinen.«

Klaus hat ja recht. Eine Versetzung von der Schule weg zu stellen birgt schon ein paar echte Risiken. Konkret: eine neue Schulleitung – und besser als im Moment können wir es nicht treffen. Da sind wir uns einig. Trotzdem: täglich 180 Kilometer und fast zwei Stunden Fahrtzeit sind ein Wahnsinn. Da muss ich mich doch nicht wundern, dass ich kaputt bin. Auch wenn ich die Fahrten mit Klaus genieße, passen unsere Stundenpläne nicht immer so gut zusammen. Und wenn Elternabend ist oder sonstige Sonderveranstaltungen, verbringe ich entweder endlos lange Tage an der Schule oder ich fahre abends nochmal hin – das sind dann vier Stunden Autofahrt! Das Arbeiten in der Schule kann man mit dem zu Hause nicht vergleichen. Es fehlt mein Material aus dem Arbeitszimmer – und wenn ich wirklich an alles denke und es mitschleppe, damit ich arbeiten kann, dann ist der logistische Aufwand enorm. Zudem ist so ein Lehrerzimmer auch kein abgeschlossenes Einzelbüro, immer wieder geht die Tür auf, treffen sich Kollegen, bequatschen irgendwelche Probleme, haben Fragen an mich und so weiter.

Ich kann es drehen und wenden, wie ich will: Es ist nicht

optimal, und mir geht es definitiv nicht gut damit. Von daher sollte ich den Antrag einfach abgeben.

Wir biegen ein auf den Schulparkplatz, heute Morgen hat alles prima geklappt, wir sind früh dran. Das ist super, denn das bedeutet freien Zugang zum Kopierer sowie Zeit, das eine oder andere zu regeln. Und für mich heute konkret die Zeit, meinen Versetzungsantrag abzugeben. Der Chef sitzt ebenfalls schon in seinem Büro. Ich reiche ihm die Formulare, und er nickt mir kurz zu. Natürlich kennt er die Zwickmühle, in der ich mich befinde. Wir haben bereits darüber gesprochen. Trotzdem bin ich sehr froh, dass ich ohne schlechtes Gefühl die Papiere bei ihm abgeben kann. Im vergangenen Jahr, nachdem ich den Antrag zum ersten Mal gestellt hatte, habe ich keinerlei Konsequenzen zu spüren bekommen. Dass das nicht selbstverständlich ist, kann man sich denken. Aber mein Chef lässt mich auch weiterhin auf Fortbildungen gehen, bezieht mich in die Schulentwicklung mit ein – und das, obwohl dabei Unterricht ausfällt und immer die Gefahr besteht, dass er für seine Schule letztlich gar keinen großen Nutzen hat, weil ich schon im nächsten Schuljahr auf Nimmerwiedersehen weg bin. Tja, eben so ein guter Chef, dass man eigentlich nicht weg will.

Nachdem ich sein Zimmer verlassen habe, fallen mir schon wieder tausend Dinge ein, die jetzt noch vor Schulbeginn erledigt werden müssen. Ich hetze weiter und vergesse den Antrag augenblicklich. Es wird ja sowieso nichts bringen.

DER DRUCK STEIGT

August 2004

Ein neuer Vorsorgetermin steht an. Meine Freundin Meike will mich unbedingt begleiten. Wir haben Sommerferien, sie ist auch Lehrerin, und wir kennen uns noch aus gemeinsamen Studientagen. Mir ist es von Anfang an nicht recht, aber Meike lässt sich davon nicht beeindrucken. Und ich bin nicht klar genug, lehne ihr Angebot nicht deutlich genug ab. Bei mir ist es aber auch der Gedanke: Ist ja eigentlich schön, dass ich so tolle Freundinnen habe. Das kann ich doch jetzt nicht zurückweisen. Wir haben während des Studiums viele gemeinsame Probleme im Chemielabor gelöst, haben viel zusammen gelacht, viel unternommen. Sie ist lange Jahre eine richtig enge Freundin gewesen. Warum also nicht auch den Vorsorgetermin mit ihrer Unterstützung? Trotzdem – es bleibt ein Unbehagen zurück. Und es gibt tatsächlich einen Reinfall: In Köln verhält sie sich wie eine besorgte Mutter, was ich völlig daneben finde. Während der Untersuchungen ist sie nervös und angespannt, was mir unangenehm ist, weil ich es ebenfalls völlig übertrieben finde. Ich lebe mit dem sicheren Gefühl, dass noch nichts ist, und lasse die Untersuchungen entsprechend ungerührt über mich ergehen.

In den Wartezeiten zwischen den Terminen fällt es mir wahnsinnig schwer, mit Meike zu reden. Die Gespräche kommen mir oberflächlich vor und haben einen gekünstelten Ton. Ich würde lieber schweigen, aber schaffe es nicht, das jetzt hier mit ihr anzusprechen. So quäle ich mich mit ihr über die Zeit.

Nachdem ich alle Untersuchungen hinter mich gebracht habe, fahren wir zurück in die Stadt. Ich wäre lieber gelaufen, aber das ist mit Meike nicht drin, dazu ist sie zu schlecht zu Fuß. Dafür startet sie zur üblichen Stadtbesichtigung durch. Für Meike ist jetzt alles rum. Die Ultraschalluntersuchung ergab keinerlei Auffälligkeiten, der erste Blick des Arztes auf die Kernspinbilder versprach auch nur Gutes. Bei mir stellt sich dagegen kein Gefühl der Erleichterung ein. Die Kernspindiagnose hat den Nachteil, dass man einen Tumor mit endgültiger Sicherheit erst in zwei Wochen ausschließen kann. Die Auswertung nimmt viel Zeit in Anspruch. Ich werde also noch Post bekommen. Klar, höchstwahrscheinlich ist alles in Ordnung. Aber: Selbst wenn jetzt nichts ist, wie geht es weiter? Ich trotte hinter Meike her und will eigentlich nur meine Ruhe. Als sie ins Museum am Dom möchte, kommt mir das gerade recht. Ich lasse sie ziehen, und wir verabreden uns zwei Stunden später wieder. Ich kann jetzt bestimmt keine Bilder, Daten oder Fakten aufnehmen. Ich will einfach nur rumlaufen, mich treiben lassen und zu mir kommen. Seltsamerweise fühle ich mich dann auch einsam. Das ist widersprüchlich. Es sind Menschen da, ich lehne sie ab und fühle mich gleichzeitig einsam. Erst viel später wird mit klar: Das sind die Momente, in denen mir meine Mutter richtig fehlt. Und schließen kann diese Lücke keiner.

Es hatte sich ja schon länger angekündigt, dass Tino nicht ewig bei der Bank bleiben würde. Wir beide hatten es als eine Art Experiment gesehen, das ziemlich schnell scheiterte. Tino hat lange Jahre im Verlag gearbeitet, er wollte mal etwas anderes sehen, aber der Ausflug in die Finanzwelt hat ihm schnell gezeigt, wo er eigentlich hingehört: zurück in die

Buchbranche. Intellektuell fühlt er sich völlig unterfordert, und auch seine Kreativität ist nicht gefragt. »Das ist ein goldener Käfig«, sagt Tino eines Abends. »Da werde ich nicht glücklich.«

Es ist klar, dass sich etwas ändern muss, und wir diskutieren inzwischen, ob er sich als Lektor selbständig machen soll. Das wird vor allem eine starke finanzielle Einbuße darstellen, da er ganz realistischerweise nur einen Bruchteil dessen verdienen wird, was er in der Schweiz bekommt. Zudem sind die ersten Jahre einer Selbständigkeit ja immer die schwersten: Man hat noch keinen Kundenstamm, ist noch nicht lange am Markt und so weiter. An eine Festanstellung ist in Freiburg aber auch nicht zu denken – zu wenige Verlage gibt es hier, zu wenige freie Stellen. Natürlich könnte er sich auch in einer anderen Stadt bewerben, aber wir beide haben das Gefühl, dass eine zusätzliche Belastung durch Wochenendbeziehung nicht das ist, was wir im Moment brauchen. Im Oktober wird uns langsam klar, dass er den Schritt Anfang nächsten Jahres wagen sollte.

Im Herbst 2004 feiere ich auch meinen neunundzwanzigsten Geburtstag. Wir machen eine kleine Party in unserer Wohnung. Aber irgendwie kann ich alles nicht mehr so genießen wie noch in den vergangenen Jahren. Mir wird immer klarer, dass ich langsam in das wirklich riskante Alter komme. Schon in einem Jahr steht die Drei vorne dran. Falls ich Mutationsträgerin bin, ist dann Schluss mit lustig. In unserer Familie sind alle Anfang bis Mitte dreißig erkrankt. Das Blut von Oma müsste jetzt seit gut einem Jahr in Köln sein. Die Professorin hatte ja schon erklärt, dass es mindestens ein Jahr dauern würde, da immer erst einige Blutproben zusammenkommen müssen. Zudem ist es durchaus nicht trivial, den entsprechenden Defekt zu finden. Es gilt, eine lange Latte an Mutationen, die sich über verschiedene Orte des Erbgutes erstrecken, abzugleichen. Außerdem wissen die

Wissenschaftler nicht, ob BRCA1 oder 2. Also jede Menge Variablen, die in mühevoller Kleinarbeit abgearbeitet werden müssen. Immerhin: Bei der Vorsorge im August war alles in Ordnung.

Ende Januar 2005 habe ich immer noch keine Nachricht aus Köln erhalten. Nun habe ich definitiv kein gutes Gefühl mehr, wehre mich aber noch dagegen, das alles so richtig wahrzunehmen. Hat vielleicht doch etwas mit Omas Blut nicht geklappt? Aber dann hätte man mich informiert. Wenn aber nicht? Ich sollte doch einmal anrufen. Ich versuche, mir gut zuzureden. Ein Anruf kostet nun wirklich fast nichts. Auch Tino drängt mich, in Köln nachzufragen. Er hat ja auch recht. Zudem muss ich einen neuen Vorsorgetermin bei Doktor König ausmachen – wenn ich da anrufe, kann ich auch gleich noch in Köln anrufen.

Nach einigen weiteren Verzögerungsmanövern meines Unterbewusstseins ringe ich mich schließlich durch und habe sogar Glück: Ich bekomme eine Ärztin direkt ans Telefon. Sie erklärt mir noch einmal, dass für einen Test immer mehrere Personen zusammenkommen müssen, quasi als Qualitätskontrolle. Von daher könnte es gut sein, dass es von Zeit zu Zeit Verzögerungen gibt. Allerdings ginge demnächst eine neue Testreihe los, da wäre ich dann bestimmt dabei.

Ich lege auf und habe das Gefühl, dass mir ein Stein vom Herzen fällt. Am Grad der Erleichterung merke ich erst, wie sehr es mich beschäftigt hat.

In den kommenden Wochen höre ich weiterhin nichts aus Köln. Der Gang zum Briefkasten wird immer unangenehmer. Tino ist seit wenigen Wochen tatsächlich als freier Lektor selbständig tätig. Jetzt bevölkern wir zusammen unser Arbeitszimmer, die Schreibtische bilden ein »L« in der Mitte des Raums. Das ist noch etwas ungewohnt, aber eigentlich ganz nett. Noch passiert nicht viel in seinem neuen Laden, und er schlägt sich mit so unerfreulichen Dingen wie Kaltakquise herum.

Meistens hat Tino den Briefkasten längst geleert, bis ich nach Hause komme. Wenn ich selber runtergehe, dann grummelt ein ungutes Gefühl in der Magengegend. Im März 2005 ist dann der Vorsorgetermin bei Doktor König in Freiburg. Leider ist es nicht möglich, an einem Nachmittag Doktor König und Frau Doktor Binder zu sehen. Von daher stehen gleich zwei Termine an. Gar nicht so leicht, sich da noch gesund zu fühlen. Zum Zahnarzt sollte ich auch noch zweimal im Jahr. Und meine kurzsichtigen Augen wollen ebenfalls hin und wieder kontrolliert werden. Die Augenhintergrunduntersuchung, die mir mein Augenarzt schon vor drei Jahren empfohlen hat, steht ebenfalls noch auf der Liste unerledigter Dinge. Diese Ärzterennerei kostet mich mehr und mehr Kraft.

Bei der Untersuchung komme ich mit dem Arzt auf den DNA-Test zu sprechen.

»Was werden Sie tun, wenn Sie die Mutation haben?«, fragt er.

»Ich überlege, ob ich mich einer Mastektomie unterziehe.«

Woraufhin er mir erzählt, wie viel Tumore er jährlich operiert. Außerdem schwärmt er mir von den tollen Ergebnissen vor, die er beim Wiederaufbau mit Silikon erzielt.

»Muss man denn Silikontransplantate nicht nach einigen Jahren wieder reoperieren?«, frage ich vorsichtig nach. Ich hatte gelesen, dass eine Verhärtung des umgebenden Gewebes, eine sogenannte Kapselfibrose, eine relativ häufige Komplikation bei einem Wiederaufbau mit Silikon sei – vor allem, da bei jungen Frauen die Transplantate über hoffentlich dreißig oder vierzig Jahre im Körper sein werden. Doktor König streitet das jedoch ab: »Es hätte doch für Sie auch enorme Vorteile, hier in Freiburg operiert zu werden.«

Das klingt natürlich verlockend. Ich wäre in einer vertrauten Umgebung, meine Freunde wären in der Nähe, der Aufwand wäre insgesamt geringer, und vielleicht wären die Operationen sogar in den großen Ferien machbar. Aber irgendetwas stößt mir bei dem Angebot des Arztes unangenehm auf – ja, genau, ich merke, dass er gerade von den ganzen Tumoren sprach, die er jährlich operiert. Ich habe aber gar keinen Tumor und möchte es auch nicht so weit kommen lassen. Ist er dann überhaupt der richtige Chirurg für meine Operationen?

Ziemlich verwirrt verlasse ich seine Praxis. Alles war in Ordnung, aber ich kann mich nicht richtig darüber freuen. Das Gefühl von Erleichterung fehlt. Mein Fahrrad lehnt um die Ecke an der Mauer, ich schließe es auf und gehe wieder ein paar Schritte zu Fuß, um den Kopf klar zu kriegen. Ich muss so langsam einfach wissen, was los ist. Immer öfter stelle ich mir auch die Frage, was ich eigentlich mache, wenn sie bei Oma keine der beiden Mutationen finden. Wie kann ich damit umgehen, dass man mir nicht definitiv sagen kann, ob ich positiv oder negativ bin? Eine Möglichkeit ist dann ja, mit dieser engmaschigen Vorsorgestrategie weiterzumachen. Aber schaffe ich es, zweimal jährlich diese Prozeduren und die entsprechenden Ängste über mich ergehen zu lassen? Vielleicht würden mich meine Freunde und Kollegen aber auch für verrückt erklären, wenn ich eine Mastektomie ohne einen positiven Gentestbefund durchführen ließe. Aber nur so hätte ich Ruhe. Schließlich habe ich bei BRCA3 oder 4 immerhin noch ein rechnerisches Risiko von rund vierzig Prozent. Das ist viermal so hoch wie bei normalen Frauen.

Ich seufze unwillkürlich, während ich mein Rad durch die Altstadtgassen schiebe. Es wäre viel leichter eine Entscheidung zu treffen, wenn ich endlich wüsste, was Sache ist. Die Gedankenspirale verläuft immer in den gleichen Bahnen. Erneut entschließe ich mich, in Köln anzurufen und nachzufragen.

Dieses Mal habe ich kein Glück: keine der Ärztinnen ist zu sprechen. Die nette Sekretärin verspricht mir aber, mein Anliegen auf jeden Fall weiterzuleiten, und versichert mir, dass ich in Kürze zurückgerufen werde. Das stimmt mich hoffnungsfroher. Und ein paar Tage später ist tatsächlich eine Nachricht einer Kollegin der Professorin auf dem Anrufbeantworter, als ich aus der Schule komme. Allerdings kann sie mir auch keine weiteren Informationen geben, sondern vertröstet mich auf einen späteren Zeitpunkt. Nun gut, ich habe getan, was ich konnte. Schließlich kann ich den Test ja nicht selber durchführen. Trotzdem fühle ich mich etwas alleingelassen.

SCHLAFLOS

April 2005

Kaffeetrinken mit Corinna – das ist jetzt bestimmt das Richtige. Wir haben uns gestern verabredet, sie hatte angerufen. Die Unterrichtsvorbereitungen für morgen sind zwar noch nicht ganz abgeschlossen. Aber vielleicht hilft es mir, wenn ich auch unter der Woche mal mehr unternehme. Ich mache regelmäßig Sport und treffe dabei auch Leute. Aber vielleicht ist das Sozialprogramm noch nicht ausreichend. Es fällt mir zunehmend schwer, mich regelmäßig zu verabreden. Immer ist da der Gedanke: Wer weiß, was es alles zu tun gibt? Wer weiß, wie ich geschlafen habe? Die Frage bekommt in letzter Zeit immer mehr Raum. Aber vielleicht ist es gar nicht die Lösung meines wachsenden Unwohlseins, einfach keine Termine zu haben. Einfach mal in die Stadt gehen, obwohl noch Arbeit ansteht. Wenn ich das noch ohne schlechtes Gewissen schaffe, ist es bestimmt eine gute Ablenkung. Und heute kann ich die gut gebrauchen. Die vergangene Nacht war wieder komplett für die Katz. Ich merke das immer schon abends. Ich liege im Bett, und mein Puls schlägt schnell und stark. Das sind die eindeutigen Anzeichen dafür, dass an Einschlafen nicht zu denken ist. Als die Schlafprobleme anfingen, so vor einigen Monaten, habe ich mich nachts immer furchtbar aufgeregt. Inzwischen habe ich kapiert, dass es alles nur noch schlimmer macht.

Deshalb: Aufregung war gestern. Heute weiß ich, dass ich den nächsten Tag überlebe. Es ist zwar eine richtige Quälerei, aber ich kann meiner Arbeit nachgehen – der Tag geht schließlich vorbei.

Leider hat diese etwas gelassenere Haltung nicht den Effekt, dass ich deswegen besser schlafen könnte. Ich kann es einfach nur akzeptieren, dass ich die Nacht wach sein werde, und darauf vertrauen, dass ich am darauffolgenden Abend wie abgeschossen schlafen werde. Denn das gab es bisher noch nicht: dass ich mehrere Nächte hintereinander nicht geschlafen hätte. Wenn Tino neben mir im Bett endgültig einschläft, ist es immer besonders hart für mich. Kurz darauf fange ich an, alle möglichen Kirchturmglocken im Umkreis zu hören. Was würde ich darum geben, sie alle abzustellen! Besonders quälend ist das Zwölf-Uhr-Läuten. Ich höre mindestens zwei Kirchen, die auch noch leicht zeitversetzt beginnen. Das geht dann minutenlang so. Automatisch rechnet mein Hirn die verbleibende Zeit bis zum nächsten Morgen durch: noch fünfeinhalb Stunden. Dabei habe ich die Glocken als Kind geliebt. Zu Hause wohnten wir direkt hinter einem Kirchturm. Der hat Oma Winzker immer den Schlaf geraubt – was mir als Kind völlig unverständlich war. Ich versuchte Oma immer zu überzeugen, wie schön sie klingen. Heute kann ich sie nur zu gut verstehen.

In der Zwischenzeit habe ich einiges gelesen, was man gegen Schlafprobleme machen kann. Das klingt alles immer ganz einfach. Eine Regel besagt, dass man nicht zu lange wach im Bett liegen soll. Denn dann verbindet man das Bett mit etwas Negativem. Sozusagen eine negative Konditionierung. Als wir im vergangenen Sommer die Wohnung renoviert haben, haben wir uns glücklicherweise ein gutes Schlafsofa gekauft, das jetzt im Wohnzimmer steht. Regelmäßig packe ich demnach nachts meine Decke und das Kissen und wandere ins Wohnzimmer. Allerdings zeigt der Ortswechsel bei mir keinerlei Wirkung. Auch hier liege ich wach. Der einzige Vorteil ist, dass ich Tino nicht störe.

In diesen endlosen Stunden empfinde ich einfach nur Leere. Es ist nichts. Keine Gedankenspiralen oder Ähnliches. Nur diese verdammte Leere, von der ich nicht weiß, wo sie herkommt. Jeder schläft mal schlecht, das ist normal, wenn man aufgeregt ist, etwas Neues im Leben ansteht. Sicherlich verbringt jeder Mensch auch mal grübelnd eine Nacht. Aber diese Leere kann ich überhaupt nicht einordnen. Es gibt schon noch einen Ausweg: Schlaftabletten. Ihr Ruf ist bekanntlich nicht der beste. Das schreckt mich ab. Und ich kann mir nur zu gut vorstellen, wie man von dem Zeug abhängig wird. Diese schlaflosen Nächte sind einfach die Hölle. Wenn man das vermeiden kann mit einer Tablette. Für den äußersten Notfall habe ich mir schließlich auch Schlaftabletten verschreiben lassen – für Nächte, in denen ich nicht mehr ruhig bleiben kann, wenn der Schlaf ausbleibt. Bevor mich die völlige Verzweiflung überkommt, nehme ich dann eine Tablette. Leider oder auch zum Glück, das weiß ich noch nicht so genau, wirken diese Dinger bei mir nur begrenzt. Ich habe danach nicht das Gefühl, geschlafen zu haben. Der einzige Effekt ist der, dass die Nacht etwas schneller vorbeigeht. Aber nicht mal dafür gibt es eine Garantie. Ich habe auch schon erlebt, dass sie gar keine Wirkung hatten. Nun gut, die letzte Nacht ist Vergangenheit, heute Abend werde ich sicherlich schlafen. Und jetzt freue ich mich erst einmal auf einen Kaffee mit Corinna, koffeinfrei versteht sich.

Ich schwinge mich auf mein Stadtrad und radle zum Schwabentor. Hier schließe ich das Rad ab und laufe bis zum Bertholdsbrunnen. So viel Zeit muss sein. Ich habe noch nicht ganz verstanden, warum sich Corinna unbedingt in der Stadt treffen will. Wir verbringen sehr viel Zeit gemeinsam, sowohl in Freiburg als auch im Urlaub. Mit Corinna habe ich schon viele Ecken der Welt gesehen. Legendär ist unser Florida-Urlaub. Da waren wir mit einem Kanu auf einem Trip durch die Everglades leicht vom Weg abgekommen. Nachdem wir dann beide etwas panisch wurden, kam schließlich ein Einheimischer auf einem anderen Boot vorbei, den wir nach dem Weg fragen konnten. Er schaute uns an, blickte in die Richtung, in die wir die letzte halbe Stunde gepaddelt waren, und sagte: »Oh, you're on the way to Cuba!« Dann erklärte er uns den Weg zurück. Aber dieser Satz wurde zu einem Running Gag zwischen uns.

Wir telefonieren stundenlang, gehen gemeinsam Radfahren, Joggen, Spazieren, Kochen gemeinsam, tauschen Material für die Schule aus, denn Corinna ist ebenfalls Lehrerin. Oder wir ziehen gemeinsam zum Stadtbummel los. Letzteres allerdings eher in den Ferien, deshalb ist mir nicht ganz klar, warum sie mich heute unbedingt in der Innenstadt sehen will. Sie hatte es am Telefon richtig dringend damit. Für mich wäre ebenso denkbar gewesen, eine Runde spazieren zu gehen. Egal, ich werde sicherlich noch eine Erklärung bekommen.

Als ich zum Treffpunkt komme, wartet sie schon unter der Uhr an der Ecke Kajo–Bertholdstraße. Der beliebteste Treffpunkt in der Stadt: am Bertholdsbrunnen unter der Uhr. Wir umarmen uns. Schön, sie zu sehen. Dann diskutieren wir kurz, in welche Lokalität wir uns zurückziehen. In Erinnerung an unseren Amerika-Aufenthalt landen wir schnell bei Starbucks. Das ist nur einige Meter die Kajo runter.

Wir holen uns ein paar Heißgetränke und finden einen gemütlichen Platz am Fenster. Wir besprechen erst einmal die neuesten Ereignisse. Bei mir geht es leider auch mal wieder um schlaflose Nächte, Teil 29. Ihr kann ich das alles erzählen. Ich habe das Gefühl, dass sie mich versteht. Vielleicht liegt es daran, dass es ihr seit einiger Zeit nicht so viel besser geht. Sie hat zwar andere Beschwerden als ich, aber es läuft eben nicht so, wie man sich das mit dreißig vorstellt. Sie kämpft mit heftigen Allergien, hat häufig Atemnot und leidet unter den damit verbundenen Ängsten. Das Gefühl, mit unseren Kräften ständig am Anschlag zu sein, teilen wir. Gelegentlich lachen wir auch darüber und stellen uns vor, uns würde jemand zuhören. Wahrscheinlich hätte er das Gefühl, hier unterhalten sich zwei achtzigjährige Omas. Obwohl unser Gespräch heute wie immer läuft, bekomme ich das Gefühl nicht los, dass irgendetwas zwischen uns steht.

»Sollen wir noch durch die Stadt schlendern?«

Der Vorschlag von Corinna kommt ziemlich unvermittelt.

»Okay.«

Wir verlassen das warme Café und tauchen in die kühle Frühlingsluft ein. Für einen Wochentag ist in der Stadt sehr viel los. Ich fühle mich fehl am Platz, und außerdem ist irgendetwas mit Corinna nicht normal. Unser Gespräch bekommt einen schrägen Unterton. Das strengt mich an, und eigentlich will ich jetzt gerne nach Hause.

»Lass uns doch zum Schwabentor gehen, da steht mein Fahrrad«, sage ich.

Corinna stimmt zu. Kurz vor dem Stadttor rückt sie dann mit der Sprache heraus.

»Ich muss dir noch etwas sagen. Ich wollte es dir schon die ganze Zeit sagen, aber es geht dir ja nicht gut«, sie wirft mir einen schnellen Blick zu, »und da habe ich mich nicht getraut.«

Was soll das? Mir geht es wie immer in letzter Zeit, sie jammert doch auch die ganze Zeit. Und ich höre mir ihre Probleme genauso an wie sie sich meine. Warum muss sie jetzt plötzlich auf mich Rücksicht nehmen? Das habe ich nie von ihr verlangt.

»Ich habe schon gemerkt, dass irgendetwas los ist«, sage ich.

»Ich wollte dir sagen, dass ich schwanger bin.«

Schwanger – das haut mich jetzt um. Mir schießen die Tränen in die Augen, keine Ahnung, warum. Mir war schon klar, dass sie irgendwann Kinder will. Aber dass der Wunsch aktuell ist, wusste ich nicht. Außerdem geht es ihr doch auch nicht gut.

»War das geplant?«

»Ja klar, ich wollte schon immer ein Kind. Warum weinst du?«

Ja, warum weine ich eigentlich? Ich könnte mich doch auch einfach für sie freuen. Aber in mir ist nur Schwärze. Nach ein paar Minuten habe ich mich etwas beruhigt und sage: »Ich bin traurig, weil es mir momentan viel zu schlecht geht, um ein Kind bekommen zu können. Außerdem habe ich natürlich auch noch andere Sorgen.«

»Aber das ist ja das Tolle!«, beruhigt mich Corinna. »So ein Kind gibt doch total viel Sinn im Leben. Da wird alles andere überflüssig.«

Ein Kind soll Sinn ins Leben bringen? Da hat das Kind aber gleich ganz schön viele Aufgaben. Es muss den Job übernehmen, den eine erwachsene Frau selber nicht schafft. Neben der Trauer über meinen eigenen Zustand merke ich, dass ich diese Einstellung völlig daneben finde. Aber das kann ich jetzt alles nicht erklären, denn ich muss immer noch weinen.

»Ich bin gerade ziemlich verwirrt«, stammle ich schließlich, »es ist mir alles zu viel. Ich muss erst einmal meine Gedanken ordnen.«

Nach einer knappen Verabschiedung gehe ich nach Hause. Aber der Weg zurück ist zu kurz. Nur über die Schwabentorbrücke, in die nächste Querstraße, und schon bin ich zu Hause. Da ist noch nicht viel Klarheit. Zum Glück ist Tino da. Ich erzähle ihm erst einmal alles.

»Ich kann einfach nicht begreifen, wie Corinna in ihrer Situation ein Kind haben will«, beklage ich mich bei ihm. »Ich habe immer gedacht, dass wir uns gegenseitig kennen und verstehen.«

Waren ihre Beschwerden überhaupt so ernst, wie sie das immer dargestellt hat? Hat sie einfach nur übertrieben? Das kann ich nicht glauben. Aber wenn es ihr tatsächlich so schlecht geht: Will sie es den Rest ihres Lebens hinnehmen, dass ihr immer alles zu viel ist, dass sie für meine Begriffe psychosomatische Beschwerden hat?

Ich verstehe die Welt nicht mehr. Ich fühle mich einsam – das bekannte Gefühl, das ich nicht verstehen kann. Tino versucht zwar, mich zu trösten, aber diese Schwangerschaftsverkündung hat einfach zu viel bei mir ausgelöst. Meine Tränen münden in völlige Erschöpfung. Die schlaflose Nacht, das angespannte Kaffeetrinken, dieser Abschluss – zu heftig! Ich bin einfach nur noch kaputt.

Ein paar Tage später ruft abends unser Freund Horst an. Er arbeitet in einem Unternehmen, das klinische Studien im Bereich Onkologie durchführt.

»Am Mittwoch ist ein Vortrag von Professor Kaufmann aus Frankfurt in Freiburg. Er spricht zum Thema Brustkrebs. Ich muss beruflich dorthin. Wäre das nicht etwas für euch?«

Es ist Montag, das fällt ihm ja früh ein! Aber eigentlich spricht nichts dagegen. »Können wir da einfach so mitkommen?«

»Klar, dass ist zwar für Ärzte und Pharmazeuten. Aber da kontrolliert keiner, woher ihr seid. Wir treffen uns einfach um kurz vor acht vor dem Loretto-Krankenhaus und gehen dann gemeinsam rein.«

Typisch Horst denke ich, der kennt da keine Skrupel.

»Okay, abgemacht. Bis dann.«

Das Loretto-Krankenhaus liegt im Herzen des idyllischen Stadtteils Wiehre, in dem wir auch wohnen, leicht erhoben auf dem Lorettoberg. Aus den Fenstern des Vortragssaals blickt man über die Stadt mit dem Münsterturm und den ersten Hügeln des Schwarzwaldes dahinter. Tatsächlich hat es keinen Menschen interessiert, ob wir eingeladen wurden, oder woher wir kommen. Zwar waren wir einige Minuten zu spät – das ist mit Horst eigentlich nicht zu vermeiden –, aber liegen damit voll im Trend. Wir setzten uns in die Mitte des gut gefüllten Saals, auf dessen Stühlen ein großes Pharmaunternehmen Schreibblöcke und Infomaterial verteilt hat. Mit der üblichen akademischen Viertelstunde Verspätung werden wir vom Veranstalter begrüßt.

Ich stutze kurz, und dann beuge ich mich zu Tino hinüber.

»Das ist Doktor König!«, flüstere ich ihm ins Ohr.

Was für ein Zufall, dass genau mein Frauenarzt den Vortrag organisiert hat.

Er begrüßt die Anwesenden. »Unter Ihnen haben sogar einige den weiten Weg von Offenburg auf sich genommen«, betont Doktor König dabei.

Ich kann mir ein Grinsen nicht verkneifen. Meine tägliche Pendelstrecke geht noch über Offenburg hinaus in den Norden. Nun gut, ich bin ja nicht hier, um etwas über den Wirkungsradius von Doktor König zu erfahren. Der Redner, Professor Kaufmann, betritt das Pult, und die nächste Stunde verstehe ich nur sehr wenig. Es geht hauptsächlich um die verschiedenen Chemotherapien und Medikamentationen bei Brustkrebs. Immer wieder betont er den Fortschritt, den die Medizin in der Heilung gemacht hat. Tino deutet stumm auf den Schreibblock mit dem Logo des Pharmakonzerns, und ich nicke. Das ist sicher kein Zufall, dass hier so positiv von den Krebsmedikamenten geredet wird. Trotzdem klingt es aufbauend, dass die Forschung angeblich vorwärtskommt. In der Diskussionsrunde zum Schluss wird es kurz richtig spannend. Ein Gynäkologe meldet sich mit der Frage, was man Brustkrebspatientinnen mit familiärem Hintergrund empfehlen könne. Der Professor antwortet knapp: »Am wirksamsten ist eine prophylaktische Mastektomie, da die Heilungschancen vor allem bei BRCA1 relativ gering sind.«

Das war deutlich! Und das, obwohl er gerade die Fortschritte in der Therapie erklärt hat. Es ist hilfreich, das in dieser Deutlichkeit von einem weiteren ausgewiesenen Fachmann zu hören. Also hat es sich doch noch gelohnt, hierher zu kommen.

Wir stehen noch einige Minuten bei den Getränken und Häppchen herum, die nach Ende des Vortrages gereicht werden, und diskutieren mit Horst, was wir eben gehört haben. Er ist ein schlauer Kopf und Querdenker. Seine Ansichten sind manchmal zwar abgedreht, oft aber auch bereichernd.

»Habt ihr denn inzwischen was von Köln gehört?«, will er wissen.

»Nein, die warten wohl darauf, dass einige Tests zusammenkommen.«

»Aber das dauert doch jetzt schon ziemlich lange ...«

»Fast zwei Jahre«, sage ich.

Horst guckt erstaunt: »Ihr wisst schon, dass auch das Uniklinikum Freiburg testen würde, und die brauchen nur einige Wochen für den Test!«

Nein, daran haben wir noch nicht gedacht. Aber ich bin nicht begeistert. Nochmal von vorne anfangen mit der Prozedur – darauf habe ich überhaupt keine Lust. Horst erklärt, dass das über die humangenetische Beratungsstelle laufen würde.

Kurz erscheint mir diese Variante aber doch als echte Alternative. Bis mir einfällt, warum es in Köln so lange dauert: Sie untersuchen zuerst Omas Blut; nur so kann man mich definitiv entlasten. Ein negativer Befund von der Uniklinik Freiburg würde mich also keinen Schritt weiterbringen.

»Lasst uns aufbrechen«, sage ich nur, »ich bin müde.«

In diesem Schuljahr unterrichte ich zum ersten Mal nach dem neuen Bildungsplan das neue Fach Naturwissenschaftliches Arbeiten, kurz NWA. Das bedeutet für mich einen ordentlichen Mehraufwand, da ich für die neuen Inhalte und Lernziele teilweise komplett neue Stunden konzipieren muss. Als junge Lehrerin kämpfe ich natürlich auch mit den fehlenden Routinen, die den alten Hasen den Alltag erleichtern. Außerdem bin ich zum ersten Mal Klassenlehrerin einer fünften Klasse, und auch das stellt eine Menge ungeahnter Anforderungen.

Es fällt mir nicht leicht, das zuzugeben, aber im Moment wächst mir alles irgendwie über den Kopf.

Ich hangele mich von Ferien zu Ferien. Das Lachen ist mir schon seit einigen Monaten fast komplett vergangen. Zudem kann ich immer öfter nachts nicht mehr schlafen. Und das, obwohl ich eigentlich völlig erschöpft bin. Das ist sehr unheimlich, ich quäle mich durch endlose Nächte, ohne zu wissen, warum. Es ist dann wieder diese Leere da, die ich mir nicht erklären kann. Gleichzeitig werden die Aufgaben, die am nächsten Tag auf mich warten, immer größer, weil ich mich ja so nie erholen werde! Ich bekomme immer mehr Angst vor dem nächsten Tag, alles erscheint mir als unlösbar. Gleichzeitig raubt mir diese Angst nur noch mehr den Schlaf. Und spätestens am nächsten Abend bekomme ich Angst vor der folgenden Nacht und möchte am liebsten gar nicht ins Bett gehen, obwohl mir oft schon beim Abendessen alles wehtut und ich mich elend und matt fühle. Es ist ein Teufelskreis, der sich da aufgebaut hat, und im Frühjahr 2004 stecke ich bis über beiden Ohren darin fest. Ich zeige die typischen Symptome eines Burn-outs. Obwohl ich noch nicht mal drei Jahre im Schuldienst bin.

Ein paar Tage später, ich habe den Vortrag erfolgreich verdrängt, kommt Tino nochmal darauf zurück: »Was willst du denn jetzt wegen Köln machen?«

»Was ich machen will?«, ich schaue ihn etwas ärgerlich an. »Ich kann doch nichts machen! Anrufen bringt nichts. Ich bin im August ja eh schon wieder dort.«

Tino weiß natürlich, dass es mir immer schlechter geht. Meine schlaflosen Nächte belasten ihn auch.

»Wir könnten ihnen doch einen bösen Brief schicken und versuchen, auf diese Weise Druck zu machen«, schlägt er vor.

»Einen Brief? Von mir aus. Aber nur, wenn du ihn schreibst.«

Mir ist das schon wieder zu viel, und ich habe wenig Hoffnung, dass das funktioniert. Tino merkt das.

»Wir adressieren ihn direkt an die Professorin und drohen damit, aus der Studie auszusteigen. Und das Ganze geht dann als Einschreiben raus.« Er grinst mich an. »Die weiß sicher nicht so genau, was da bei den einzelnen Studienteilnehmerinnen abgeht. Aber so wahnsinnig viele werden sie auch nicht haben.«

Das klingt sogar einigermaßen Erfolg versprechend. Die Studie, die von den Brustkrebszentren durchgeführt wird, halte ich weiterhin für eine absolut sinnvolle Sache. Natürlich will ich da nicht ernsthaft aussteigen, aber man kann ja sozusagen prophylaktisch damit drohen. Auf diese Idee wäre ich nicht gekommen, das kann sogar klappen. Tino setzt sich gleich an den Computer und verfasst in meinem Namen einen höflichen, aber bestimmten Brief. Am Schluss bittet er um eine umgehende Stellungnahme. Ich lese ihn durch und unterschreibe. Tino sprintet noch zur Post, damit das Schreiben morgen früh in Köln ist.

Keine vierundzwanzig Stunden später klingelt das Telefon, und Köln ist in der Leitung. Na, geht doch, denke ich.

Es habe leider die Einverständniserklärung von Oma gefehlt, sodass das Labor das Blut von ihr gar nicht bearbeitet hatte. Die Ärztin bittet mich mehrfach um Entschuldigung dafür, dass ich darüber nicht informiert wurde. Ja, das verstehe ich schon, ich kam direkt in der Umzugsphase des Zentrums von Bonn nach Köln dazu, da geht schon mal etwas verloren. Aber das spielt auch keine Rolle mehr, ich muss die Unterschrift besorgen. Dann werde ich in absehbarer Zeit mehr wissen. Das ist die Hauptsache.

RAUS AUS ALLEM

Juni 2005

Eines meiner Lieblingsrestaurants in Freiburg heißt witziger-
weise Omas Küche. Es liegt gegenüber dem alten Wiehre-
bahnhof, an dem schon seit vielen Jahren keine Züge mehr
halten. Dafür ist das hübsche kleine Bahnhofsgebäude nun
Kulturzentrum und beherbergt das Kommunale Kino. Der
ehemalige Bahnhofsplatz ist längst mit Bäumen bepflanzt,
und wo früher Bahndamm war, ist nun an zwei Tagen ein
bunter Wochenmarkt mit allen möglichen Biobauern. An
lauen Sommerabenden treffen sich die Wiehrebewohner gerne zum Boulespielen und einem Glas Rotwein. Nirgendwo
ist Freiburg französischer als hier.

Omas Küche ist quasi mein Balkon. Dort kann man draußen sitzen, auf dem Trottoir, mit Blick über den Platz. Wir
wohnen in einer ziemlich kleinen Drei-Zimmer-Wohnung.
Der größte Raum ist unser Arbeitszimmer, die zwei Schreibtische und viele Regale füllen ihn komplett aus. Und da wir
unter dem Dach wohnen, haben wir keinen Balkon. Für mich
als Wärme- und Sonnenliebhaberin ist das schon ein gewis-
ses Opfer. An den Tagen im Jahr, an denen andere auf ihrem
Balkon sitzen, gehe ich deshalb gerne dort auf einen Kaffee
oder eben zum Mittagessen hin.

Es ist Anfang Juni, das Schuljahr geht langsam seinem
Ende zu. Noch knapp zwei Monate bis zu den großen Ferien.

Es ist Freitagmittag, ich hatte früher Schule aus, sodass ich ausnahmsweise zur üblichen Mittagessenszeit in Freiburg bin. Ich bin mit meiner Freundin Katja in Omas Küche verabredet. Katja ist auch Lehrerin, an einer Grundschule.

Ich bin noch vor Katja da und suche mir zielsicher einen Platz in der Sonne. Noch hat sie nicht ihre volle sommerliche Kraft, und es ist noch erträglich ohne Schatten. Kurze Zeit später kommt meine Freundin um die Ecke. Wir entscheiden uns zwischen den beiden Mittagsmenüs und tauschen die üblichen Schulgeschichten aus. Eigentlich sollte jetzt alles leicht und locker sein, so kurz vor Ende des Schuljahres. Aber wieder merke ich, dass es mich sogar anstrengt, hier zu sitzen und mit Katja zu reden. Die Pfingstferien liegen nur wenige Wochen zurück, ich sollte also auch noch erholt sein. Aber Fakt ist, dass ich das nicht bin, sondern mich immer noch und immer mehr ziemlich kaputt fühle.

Schließlich kommen unsere beiden Teller. Nachdem wir alles aufgefuttert haben, wirft mir Katja einen langen Blick zu. Dann sagt sie: »Evelyn, man merkt dir an, dass du völlig kaputt bist.«

Hoppla, ist das so offensichtlich? Oder hat Katja einfach nur genau hingeguckt?

»Ja, das stimmt«, sage ich zögerlich. Aber dann bricht es fast aus mir heraus. »Meine Power reicht mir zurzeit gerade so für die Woche. Und freitags bin ich dann komplett erledigt. Ich weiß gar nicht, was ich machen soll.«

Die Kellnerin räumt die Teller ab und erkundigt sich, ob es denn geschmeckt hat.

»Hast du schon einmal über eine Kur nachgedacht?«, fragt Katja, als sie wieder weg ist.

Nein. Ich bin baff. Auf diese Idee bin ich noch nie gekommen. Der Gedanke ist mir völlig neu.

»Das würde dir bestimmt guttun, raus aus allem, abschalten.«

Das muss ich mir durch den Kopf gehen lassen. Es klingt auf jeden Fall verlockend. Eine Auszeit, einfach aus der täglichen Tretmühle flüchten. Wir lassen das Thema wieder fallen und unterhalten uns über andere Dinge. Trotzdem setzt sich die Idee in meinem Kopf fest.

Zu Hause erzähle ich Tino sofort von Katjas Vorschlag. Er sitzt im Büro und hackt auf seiner Tastatur herum. Jetzt ist gerade Hochsaison für freie Lektoren, denn das Herbstprogramm ist in der Mache. Tino hat einige Aufträge an Land gezogen, aber da ist schon noch Luft nach oben. Das Geld reicht irgendwie, aber gerade auch, weil unsere Wohnung so billig ist. »Die Fixkosten niedrig halten«, ist entsprechend unser momentanes Motto.

Auch Tino ist überrascht von dem Gedanken.

»Und was soll das für eine Kur sein?«

»Keine Ahnung, ich kenne mich da nicht aus«, sage ich. »Ich merke nur einfach, dass es so nicht weitergeht. Vielleicht würde es mir helfen, in den Sommerferien eine Kur zu machen. Einen Urlaub haben wir ja sowieso nicht geplant.«

Tino kann nicht weg, schließlich könnte jederzeit ein Auftraggeber anrufen. Aber der Gedanke einer Kur scheint ihm einzuleuchten: »Warum denn erst in den Sommerferien?«

»Hey, du weißt genau, dass ich nächste Woche mit meinen Fünftklässlern ins Schullandheim muss«, sage ich wütend. »Außerdem kommen bald die Zeugnisse, dafür müssen die ganzen Noten gemacht werden, außerdem muss ich vorher noch etliche Klassenarbeiten schreiben. Ich kann jetzt nicht weg.«

Muss, muss, muss. Das ist zurzeit der Refrain aller meiner Sätze.

Die Diskussion ist damit zunächst beendet. Jetzt muss ich dringend an den Schreibtisch. Ich setze in der Küche Teewasser auf und fahre im Arbeitszimmer meinen Rechner hoch: Erst mal die Schulsachen in Ordnung bringen. Tino bearbeitet wieder seinen Laptop.

Beim Sortieren meiner Unterrichtsmaterialien kreisen meine Gedanken aber wie von selbst weiter um diese neue Möglichkeit. Mir wird immer klarer, dass ich im Prinzip nur noch funktioniere. Ich weiß überhaupt nicht mehr, warum. Liegt es alles an dem fehlenden Gentestergebnis? Ist es das, was mich so fertigmacht? Das wäre in meinen Augen aber ziemlich übertrieben. Oder bin ich der klassische Fall von Lehrer-Burn-out? Gleich mal die Quote erfüllt, nach nur drei Jahren im Schuldienst? Klar, der Job ist anstrengend, die Zeit als Referendarin war aufreibend, immer unter dem Druck, gute Noten haben zu müssen, damit man anschließend eine der raren Stellen im Staatsdienst ergattern kann. Aber eigentlich macht mir die Schule richtig Spaß. Bis auf das vergangene halbe oder dreiviertel Jahr. Oder rede ich mir das nur ein? Bin ich in Wahrheit Lehrerin geworden, weil es der Beruf meiner Mutter war und ich da irgendetwas nachholen möchte? Ist es am Ende sogar die falsche Wahl gewesen? Habe ich gar keine »Lehrerpersönlichkeit«, die man aber dringend braucht, um die hohen Anforderungen bei der Arbeit vor einer Klasse mit über dreißig Kindern und Jugendlichen zu erfüllen? Dann wäre die ganze Mühe umsonst gewesen, vier Jahre Studium, anderthalb Jahre Referendariat für die Füße, bloß weil ich völlig unreflektiert so sein wollte wie meine tote Mutter!? Ach Quatsch, das kann nicht sein. Ich wollte schon immer etwas mit Kindern machen, das ist sicher, und das hat auch nichts mit Mama zu tun. Das fühlt sich auch immer noch stimmig an. Nur, was macht mich dann so fertig?

Nach einer halben Stunde meint Tino plötzlich: »Du könntest in eine psychosomatische Reha.« Er schaut mich über den Rand seines Bildschirmes an. Offensichtlich hat er das gerade im Internet recherchiert. »Das klingt so, als wäre es das Richtige. Es gibt eine, die liegt nur eine Stunde von Freiburg entfernt irgendwo im Hochschwarzwald.«

Ich stehe auf und schaue mir das an. Tino hat noch andere Kliniken gefunden, und wir klicken uns durch alle möglichen Homepages. »Wie läuft das ab, wie beantragt man so einen Klinikaufenthalt? Wie lange sind die Wartezeiten?«, frage ich.

Tino hat sich schon schlaugemacht: »Es gibt Akutkliniken, da könntest du sofort hin. Die anderen haben Wartezeiten. Das geht dann ein paar Wochen, aber davor muss die Krankenkasse den Aufenthalt erst noch genehmigen.«

Das klingt wieder nach viel Aufwand. Ich seufze.

»Ich kann mir ja nach dem Aufenthalt im Schullandheim einen Termin bei unserem Hausarzt geben lassen. Jetzt muss ich aber dringend weiterarbeiten.«

Beim Frühstück am nächsten Morgen kommen wir wieder darauf zu sprechen. Auch heute Morgen kommt mir die Kur-Idee als gute Sache vor. Tino findet es aber weiterhin unnötig, bis zu den Sommerferien zu warten. Wir führen die bereits bekannte Diskussion: Schullandheim, Noten und so weiter. Plötzlich klingelt das Telefon. Mein Mitfahr-Kollege Klaus ist dran.

»Wie sieht es am Montag aus? Kann ich bei dir zur ersten Stunde mitfahren?«

»Ich denke schon.«

Klaus stutzt: »Was heißt das: du denkst schon?«

Ich bin selbst etwas überrascht. Irgendetwas in mir hat da offensichtlich schon Zweifel, ob ich nächste Woche überhaupt noch in der Schule bin.

»Wenn sich etwas ändert, rufe ich dich an«, sage ich schnell.

Klaus lässt aber nicht locker. Schließlich kennt er mich inzwischen ziemlich gut.

»Was soll sich ändern, warum kannst du es nicht mit Sicherheit sagen? Bist du krank?«

»Nein, es ist nur so, dass … ach egal«, stammele ich.

»Evelyn«, er klingt jetzt fast etwas ärgerlich, »das ist nicht egal. Was ist los?«

»Ich bin einfach ziemlich kaputt«, rücke ich schließlich raus. »Irgendetwas stimmt nicht, und ich überlege, ob ich in stationäre Behandlung soll. Also, eine psychosomatische Reha oder so etwas. Aber eigentlich will ich erst in den Sommerferien.«

Eigentlich weiß ich selbst nicht mehr so genau, ob ich noch so lange warten kann. Klaus merkt das sofort.

»Evelyn, wenn du am Montag in die Schule kommst, rede ich kein Wort mit dir. Das kannst du mir glauben. Du bist fertig, also mach etwas. Die Schule läuft auch ohne dich!«

»Aber –«

»Vergiss es, bleib daheim, kümmere dich um die Genehmigung und alles, und halte mich auf dem Laufenden. Ich sage am Montagmorgen in der Schule Bescheid, dass du nicht kommst. Tschüs.«

Ich schaue den Telefonhörer etwas ungläubig an. Er hat tatsächlich einfach aufgelegt. Das ist typisch Klaus. Klar, der hört sich dieses ganze Schullandheimgedöns nicht an. Und er hat ja vollkommen recht. Und seine Drohung, dass er nicht mit mir redet, macht er am Ende noch wahr. Mal ganz abgesehen davon, dass ich die übrigen Schulwochen vermutlich alleine fahren muss. Mist, das setzt mich jetzt richtig unter Druck! Ich kann doch nicht einfach – was denken die Eltern – wie ist das für meine Schüler – ich habe mich doch auch darauf gefreut. All das schießt mir durch den Kopf. So ein Aufenthalt im Schullandheim ist immer ein Highlight für die Kids, das bleibt denen ewig im Gedächtnis. Und auch für mich als Lehrer ist es eine tolle Sache, ich lerne meine Jungs und Mädels besser kennen, außerhalb des 45-Minuten-Takts, ohne Notendruck, ohne den Stoffverteilungsplan im Nacken. Einfach nur die Schüler und die Klassengemeinschaft. Klar, es ist anstrengend, denn die Jugendlichen machen garantiert die Nacht zum Tag, und es ist anstrengend, dort 24 Stunden im Dienst zu sein. Aber man bekommt als Lehrer viel zurück, und vor allem hinterher, in der Schule, ist es ein ganz anderes Arbeiten. Das ist in jedem Fall ein Aufwand, der sich für uns alle lohnt.

Wobei ich mir eingestehen muss, dass ich im Moment eher Angst vor dieser Woche habe. Wenn ich dort auch nicht schlafen kann, die wenigen Stunden, die ruhig sind – Hölle, Hölle, Hölle! Und danach parallel zum Schuljahresende auch noch eine Genehmigung für den Klinikaufenthalt bei den Ärzten und Krankenkassen durchsetzen? Wer weiß, ob ich dann pünktlich zu Ferienbeginn überhaupt weg kann … Hilfe, das geht alles nicht. Soll ich mich doch gleich krankschreiben lassen?

Im Nachhinein ist es mir klar: Ich war schließlich in einer Situation gelandet, in der ich es einfach nicht mehr allen recht machen konnte. Nach dem Tod meiner Mutter war aber genau das fast zu meinem Lebensmotto geworden: Es immer allen recht machen. Ich musste und wollte einfach funktionieren, vielleicht auch, um die Trauer zu verdrängen, die bei uns zu Hause sowieso nie Thema war. Meine beiden kleinen Geschwister, teilweise der Haushalt, daneben Gymnasium und später Abitur, es gab immer so viel zu tun. Ich war so früh für so vieles komplett allein verantwortlich. Und wenn etwas nicht klappte, bekam mein Vater nur seine idiotischen Wutanfälle, anstatt mir etwas Druck zu nehmen. Danach ein Studium ohne finanzielle Unterstützung durch ihn, immer mit der Angst im Nacken, später keinen Job zu bekommen, und also der Anspruch, nur die besten Noten abzuliefern: Druck, Druck, Druck – das läuft nun schon seit fünfzehn Jahren so … Komischerweise ging es mir dabei nicht so schlecht wie im Moment, wo es eigentlich gar keinen großen Druck mehr gibt. Aber inzwischen ist meine Energie aufgebraucht.

Ich drücke mich noch den halben Samstag herum, aber eigentlich weiß ich, dass ich in eine Reha will – und zwar so schnell wie möglich.

Am Nachmittag schaue ich mir nochmals die verschiedenen Internetportale der Kliniken an. Tino ist immer noch von der Einrichtung in der näheren Umgebung überzeugt. Da kann er mich unter der Woche locker mal besuchen. Das stimmt natürlich, und auch für mich gäbe es beispielsweise im Schwarzwald weiterhin die Möglichkeit zu radeln – und ohne Fahrrad gehe ich bestimmt nirgendwo hin. Trotzdem überzeugt mich das Ganze nicht. Irgendetwas passt nicht, ich weiß selbst nicht genau, warum. Ich suche also weiter. Ich stoße auf eine Klinik im Allgäu, das klingt ganz gut. Aber da gibt es nur zuckerfreies Essen und Frischkornzeug. O nein, das geht mal gleich gar nicht. Ich ernähre mich bereits gesund und habe Spaß am Essen. Der würde mir da sicher vergehen, wenn ich so enge Vorschriften hätte. In einer Klink am Bodensee sind Partner die ersten vier Wochen unerwünscht. Was denkt ihr denn, wie lange ich kommen will!? Noch glaube ich, dass das alles in zwei oder drei Wochen erledigt sein könnte. Nein, nein, das geht auch nicht. Schönau am Königssee – wo ist das? Bei Berchtesgaden, direkt am Watzmann, Oberbayern, in der Nähe von Salzburg. Das Konzept gefällt mir: Da steht auch »Umgang mit Krebserkrankungen«. So weit bin ich ja noch nicht, aber eben auch nicht mehr weit davon entfernt. Mal auf die Bahnverbindungen gucken: Ach du Schande, das ist ja am anderen Ende Deutschlands. Sieben Stunden mit einer schnellen Zugverbindung. Wartezeit auf ein Bett: drei bis vier Wochen. Das ist zu lange! Ich kann doch nicht hier herumsitzen und auf einen Platz warten, während ich in der Schule gebraucht werde. Aber Schönau wäre schon gut: Es gibt schöne Berge, es ist keine allzu kleine Klinik, es gibt neben der psychosomatischen noch andere Abteilungen, das Personal sieht auch nett aus. Ja, und es ist weit weg. Plötzlich wird mir klar, dass es genau das sein muss. Raus aus allem, und zwar so schnell wie möglich! Tino unterstützt mich immer so gut er kann, aber vielleicht sollte das gerade mal wegfallen. Nur ich. Vielleicht bekomme ich allein besser klar, was eigentlich das Problem ist. Instinktiv weiß ich, dass das die richtige Entscheidung sein wird. Jetzt ist mir klar, was ich will. Tino ist nicht gerade erfreut darüber, dass ich ans andere Ende von Deutschland möchte. Das kann ich gut verstehen, schließlich wird die Besucherei richtig aufwendig. Und das im Sommer, wenn er saisonal viele Aufträge hat. Trotzdem versteht er meine Argumente und findet es gut, dass ich ein Gefühl dafür habe, was ich brauche. Ich greife zum Telefonhörer und frage in der Klinik an, wie lange die Wartezeiten sind. Man gibt mir die Standardantwort: drei bis vier Wochen, nachdem der Antrag durch ist. Mist.

Am Montagmorgen geht es nach dem Frühstück direkt zu meinem Hausarzt. Ich will ihm von meinem Entschluss berichten und ihn bitten, mir möglichst schnell einen Antrag zu schreiben. Es ist ein junger sympathischer Mann mit enormem Fachwissen, der sich immer sehr viel Zeit für seine Patienten nimmt. Nur der Schriftkram, das ist nicht gerade seine Stärke. Von daher weiß ich, dass es gar nicht so leicht sein wird, ihn zu schnellem Handeln zu bewegen. Um es möglichst einfach zu machen, habe ich alle wichtigen Infos dabei: die Adressen, an die der Antrag bei Krankenkasse und Beihilfe muss, und die Adresse der Klinik. Inzwischen bin ich hundert Prozent sicher, dass ich nach Schönau will. Da lasse ich nicht mehr mit mir verhandeln. Wenn ich mich bemühe, bekomme ich vielleicht auch früher einen Platz.

Mein Hausarzt findet die Idee einer Kur sehr gut. Schon länger macht er sich Sorgen, weil ich seit einiger Zeit oft kränkle: hier eine Erkältung, da ein Magen-Darm-Infekt, dann zur Abwechslung eine Bänderdehnung und so weiter und so fort. Er kennt meine Geschichte und weiß, unter welchem Druck ich lange Jahre stand. Er fragt ausführlich nach, warum dieses Haus, und ob ich mir andere angeschaut hätte – aber ich lasse keinen Zweifel an meiner Entscheidung aufkommen. Ich habe auch nicht den Eindruck, als wolle er mich davon abbringen. Wahrscheinlich will er es einfach verstehen. Schließlich erklärt er sich bereit, einen Antrag zu stellen, und ich mache gleich mal Dampf: »Können Sie den Antrag bitte möglichst schnell abschicken?«

»Frau Heeg, es gibt da doch sowieso Wartezeiten.«

»Das weiß ich, aber ich möchte halt trotzdem möglichst schnell weg. So sitze ich zu Hause, während ich in der Schule gebraucht werde. Das ist ein ziemlich blödes Gefühl. Wenn ich in der Klink wäre, dann wäre das alles klarer.«

»Okay, ich verspreche Ihnen, dass ich mich noch heute Abend darum kümmere.«

Ja, eigentlich sollte ich gerade in der Schule sein. Das ist schon verdammt weit weg. Dabei habe ich noch nicht einmal mit meinem Chef gesprochen.

Zu Hause rufe ich gleich nochmal in der Klinik an – mit einer anderen Taktik: Ich berichte, dass der Antrag bereits läuft und dass die Genehmigung nicht lange dauern wird, da es sehr dringend sei. Kleine Notlüge.

»Alles klar, Frau Heeg, ich notiere mir Ihre Daten und setze Sie auf die Warteliste. Dann bekommen Sie von uns Bescheid, sobald ein Bett frei wird.«

»Und wie lange dauert das?«

»Das kann schon nächste Woche sein, kann aber auch noch einige Tage dauern.«

Mit einem Gefühl der Erleichterung lege ich auf. Vielleicht schon nächste Woche – das ist doch eine gute Nachricht.

Am Nachmittag läutet das Telefon in einer Tour. Das war

ja klar, so kurz vor dem Schullandheim wollen die Eltern wissen, was mit der kranken Klassenlehrerin los ist. Was soll ich ihnen sagen? Ich weiß ja selber nicht, wie alles geregelt sein wird. Klaus hat mich in der Schule als krank abgemeldet und durchgegeben, dass ich für das Schullandheim ausfalle. Mein Anruf beim Chef steht noch bevor, ich konnte ihn vorhin in der Schule nicht erreichen.

Mit Tino vereinbare ich, dass er alle Elternanrufe erst mal abwimmelt. Ich bin nicht zu sprechen, schließlich bin ich krank. Wie das klingt: »Ich bin krank.« Na ja, eigentlich bin ich es ja auch. Es klingelt wieder, Tino hält mir den Hörer fragend hin, es ist eine Kollegin.

»Evelyn, es ist alles geregelt, die Unterlagen fürs Schullandheim gibst du Peter mit, der wohnt ja bei dir um die Ecke, wir haben das hier schon organisiert.«

Das ist toll, ich bedanke mich bei ihr. »Ist denn die Klasse schon informiert?«

Aber das weiß die Kollegin nicht.

Wir reden noch eine Weile über das Organisatorische, aber es kommt kein Vorwurf, was mich überrascht. Irgendwie hatte ich damit gerechnet, schließlich bereite ich meinen Kollegen gerade eine Menge Scherereien. Jemand anderes muss super kurzfristig mit auf Klassenfahrt, die Notenabgabe für mich muss umorganisiert werden, ganz zu schweigen von den ganzen Vertretungsstunden, die jetzt anfallen. Da ich die Kollegin auch privat etwas kenne, erzähle ich ihr, wie es zu meinem Entschluss gekommen ist, und sie reagiert sehr positiv und verständnisvoll.

»Hast du schon mit dem Chef geredet?«, will sie noch wissen.

»Ich habe ihn in der Schule nicht mehr erreicht.«

»Ruf ihn doch heute Abend privat an.«

»Ist das denn okay?«

»Ich glaube schon.«

Ich lege auf und bin froh, dass sie so reagiert hat. Das macht mir Mut für das Gespräch mit meinem Rektor, obwohl der sicher ebenfalls Verständnis haben wird. Also erst einmal die ganzen Unterlagen in den Briefkasten zu dem Kollegen, der ein paar Straßen weiter wohnt. Es ist richtiggehend erleichternd, die Sachen einzuwerfen. Immer wieder schießt mir der Gedanke durch den Kopf: »Was die jetzt von mir denken?« Aber hauptsächlich fällt Spannung von mir ab.

Die letzte Hürde, der Anruf bei meinem Chef, ist keine große Sache mehr. Ich erreiche ihn direkt, erkläre ihm mein Vorhaben, mich in stationäre Behandlung zu begeben. Er fragt auf eine sehr verständnisvolle Art nach. Wieder keinerlei Vorwürfe. Das ist schon eine neue Erfahrung für mich. Schließlich war das immer die Reaktion meines Vaters gewesen, wenn ich einen Fehler gemacht hatte oder sonstwie »versagt« hatte: Vorwürfe, Brüllerei und später sogar Ohrfeigen. Das alles steckt anscheinend noch tief in mir drin. Egal, das Schuljahr wird nun tatsächlich ohne mich zu Ende gehen. Ich werde die Notenlisten richten, die Klassenarbeit auf meinem Schreibtisch noch korrigieren, den Stand im Stoffverteilungsplan mitteilen – und ansonsten erst mal nach mir schauen.

Geschafft, ich sitze im Zug nach Schönau. Vergangene Woche kam endlich die Nachricht, dass ein Bett frei ist. Oder besser gesagt ein ganzes Zimmer. Bewilligt sind sechs Wochen. Sechs Wochen!

So kann ich genau zwei Wochen nach meinem Entschluss tatsächlich auf die lange Reise nach Oberbayern gehen. Es ist an sich schon sehr seltsam, für anderthalb Monate auf Kur zu fahren. Zusätzlich habe ich mein Mountainbike bei mir, verpackt in einer großen Tasche. Das ist relativ schwer und sperrig, sodass Ein- und Aussteigen sowie das Laufen auf dem Bahnsteig keine richtige Freude sind – denn auf dem Rücken habe ich auch noch meinen großen Rucksack. Den Rest habe ich mit dem Bahngepäckservice aufgegeben, der das Gepäck morgen nachliefern wird. In Freiburg hat mir Tino noch geholfen, und jetzt sitze ich im ersten Zug Richtung Norden. Um von Freiburg nach München zu gelangen, muss man zunächst 140 Kilometer in die falsche Richtung fahren, erst in Karlsruhe führt die Verbindung dann nach Osten.

Jetzt sitze ich am Fenster und schaue in die Rheinebene. Die zwei Wochen Wartezeit gingen letztlich sehr schnell um. Zuerst noch die ganzen Formalitäten: Überall haben wir auf die Dringlichkeit aufmerksam gemacht, das war nervig, aber hatte Erfolg. Dann habe ich die Schulsachen erledigt. Meine Freunde und Verwandten wollten auch von meiner Entscheidung unterrichtet sein. Bei Oma in Stuttgart waren wir sogar nochmal zu einem kurzen Besuch. Sie findet meine Entscheidung zwar gut, aber leider mussten wir dafür einen anderen Plan aufgeben: Für die Sommerferien hatten wir Karten für das Abba-Musical in Stuttgart besorgt. Der Plan sah vor, dass wir uns »Mamma mia« anschauen und danach bei Oma »wohnen«, wie sie es genannt hat: also bei ihr übernachten. Das machen wir sonst nie, denn Stuttgart ist nur knapp zwei Stunden Autofahrt von Freiburg entfernt, und Tino schläft dann lieber im eigenen Bett. Aber im Sommer sollte es eben etwas anders sein, und sowohl Oma als auch ich haben uns schon sehr darauf gefreut. Daraus wird nun nichts. Sechs Wochen sind genehmigt und wahrscheinlich werde ich die auch brauchen. Das ist unvorstellbar lange, aber es ist sowieso gerade vieles unvorstellbar. Und: Ich habe ja auch noch kein Gentestergebnis.

Dass wir im Sommer nicht kommen werden, hat Oma sichtlich enttäuscht. Ich möchte das natürlich nachholen, aber Oma ist sich nicht sicher, ob daraus noch etwas wird. Sie ist zweiundachtzig, hatte schon Darmkrebs und hat jetzt ja den Brustkrebs – klar, dass sie davon ausgeht, dass ihre Tage gezählt sind. Mir tut es leid, ich kann es im Moment aber nicht ändern. Außerdem lasse ich die Vorstellung, dass ihre Tage gezählt sind, lieber nicht an mich ran. Wir vermachen die Karten meinem Onkel und meiner Tante, sodass sie wenigstens nicht verfallen müssen.

Ansonsten waren die Reaktionen meiner Freunde und Kollegen für mich überraschend: Viele hatten gar nicht gemerkt, dass es mir schlecht geht. Ich habe das natürlich auch überspielt. Andererseits scheint es einfach dazuzugehören, dass man Stress hat und darüber jammert. Sonst macht man einfach keinen guten Job! Ich glaube, für manche war es einfach normal, dass ich mich immer am Anschlag gefühlt habe. Und meine Reaktion darauf, nämlich in Kur zu gehen, fanden sie leicht übertrieben. Das hat mir niemand so offen ins Gesicht gesagt, aber manche unwillkürliche Reaktion, mancher Blick oder manche sehr erstaunte Nachfrage ließen das vermuten. Egal, ich weiß jedenfalls, dass es die richtige Entscheidung war, auch wenn ich mich hier im Zug gerade ziemlich einsam fühle. Das bekannte Gefühl.

Hinter Ulm setzt starker Regen ein. Damit hatte ich nicht gerechnet. Am Wochenende war es noch schön gewesen, wir hatten sogar mit einigen Freunden einen Ausflug in die Vogesen gemacht, wo gerade die Tour de France durchkam. Gestern standen wir noch am Col de la Schlucht in der Sonne, und die bunte Karawane der Tour rauschte an uns vorbei. Nun herrscht hier graue Tristesse. Je weiter wir fahren, desto stärker regnet es. Eigentlich gießt es bereits wie aus Kübeln. Einige Wiesen stehen unter Wasser, hier scheint es schon länger heftigen Niederschlag zu haben. Ich bin eben doch ein gutes Stück von Freiburg weg. Den Münchner Hauptbahnhof erreichen wir bereits mit einer ordentlichen Verspätung. Nur mit viel Glück schaffe ich jetzt den Anschlusszug. Also Rucksack auf, die Tasche mit dem Fahrrad so gut es geht über die Schulter hängen und losspurten! Draußen herrscht der ganz normale Wahnsinn eines Bahnhofs in einer Millionenstadt. Ich laufe so gut es geht den Bahnsteig bis zum Ende und schaue dann auf die große Anzeigentafel: Mist. Der Regionalzug fährt von einem Gleis außerhalb des Bahnhofs. Vielleicht doch lieber kurz einen Gepäckwagen schnappen – und weiter geht's. Mit Karacho kurve ich durch die Halle, Slalom durch die Menschenmenge, und ab um die Ecke – wo ich meinen Regionalzug gerade noch abfahren sehe.

Der hat offensichtlich nicht auf mich gewartet. Schlecht. Ich fingere das Handy heraus und gebe in der Klinik Bescheid, dass ich nicht wie geplant ankomme: Den Abholdienst brauche ich eine Stunde später. Ich weiß ehrlich gesagt eh nicht, wie die in Schönau auf mein Rad reagieren werden. Das bereitet mir schon etwas Bauchschmerzen. Aber vorher fragen wollte ich auch nicht, denn am Ende hätten sie es mir vielleicht verboten. Umso unangenehmer, jetzt gleich mal mit Verspätung zu starten.

In einer Stunde geht es weiter. Ich gönne mir eine Latte macchiato, die ausgesprochen gut schmeckt. Ansonsten cruise ich mit meinem Gepäckwagen ein bisschen durch den Hauptbahnhof, bis es wieder Zeit wird. Überraschenderweise verkehrt dieser Zug aber angeblich nicht bis Berchtesgaden, wie ich auf der Anzeigentafel lese. Warum das? Ich schaue mich suchend um, aber weit und breit ist kein Schaffner zu finden. Ein Mitreisender meint, wir sollten trotzdem einsteigen: »Bis Bad Reichenhall kommen wir auf jeden Fall.« Und wie geht es von da weiter?

Während wir im Zug sitzen, sickern langsam neue Informationen durch. Es gäbe Hochwasser, die Strecke zwischen Reichenhall und Berchtesgaden sei überschwemmt. Das kann ich mir schon vorstellen. Nur weiß ich nicht, wie ich von da in die Klinik kommen soll. Also rufe ich wieder an und gebe den neuesten Stand durch. Währenddessen füllt sich der Zug immer weiter, die Luftfeuchtigkeit im Abteil ist extrem hoch, und die Stimmung leicht gereizt. Wir hätten eigentlich schon längst abfahren sollen, und schließlich verlassen wir München schon wieder mit deutlicher Verspätung. Zugegeben, es sieht überall nach sehr viel Wasser aus. Wir halten immer wieder, auch auf offener Strecke, und machen so nicht gerade Zeit gut. Die Gerüchteküche brodelt, und neben den üblichen Durchsagen verbreiten Mitreisende Neuigkeiten über die Strecken- und Straßenverhältnisse. Ich komme mir ziemlich verloren vor. Schließlich kenne ich die Gegend hier nur sehr grob und kann nicht sagen, ob es für mich von Bedeutung ist, wenn irgendeine Landstraße zwischen Blabla und Blabla gesperrt ist oder nicht. Vielleicht hilft Musik, denke ich und hole den Disc-Man heraus. Allerdings darf die Musik nicht zu depressiv sein. Gute-Laune-Musik wäre aber auch fehl am Platz, dazu fühle ich mich zu leer. Ich entscheide mich für Bruce Springsteen, und das vertreibt mir die Zeit, während wir weiter durch den Regen nach Osten tuckern.

Schließlich kommt Bad Reichenhall in Sicht, und tatsächlich ist hier Endstation. Für die Fahrgäste Richtung Berchtesgaden hat die Bahn einen Schienenersatzverkehr mit Bussen auf die Beine gestellt. Wir kommen aus dem Bahnhof und sehen: mit genau zwei Bussen, auf die jetzt der Sturm beginnt. Und ich stecke, schwer bepackt mit Rucksack und Fahrradsack, zwischendrin. Uns allen ist nicht klar, ob später weitere Busse auftauchen. Das macht die Stimmung natürlich nicht entspannter. Ich muss es also irgendwie da rein schaffen – und es gelingt mir auch. Ich lande auf einem Sitz mitten in einer Schulklasse auf dem Weg ins Schullandheim. Wie passend, denke ich. Mein Gepäck habe ich neben mir untergebracht. Die Kinder finden das alles ziemlich witzig, was mir hilft, mich abzulenken. Sie interessieren sich natürlich für meine komische große Tasche.

»Was ist da drin?«

»Ein Fahrrad.«

Das glauben sie mir nicht und denken, ich will sie verschaukeln.

Ich mache den Reißverschluss etwas auf und lasse sie reingucken. Das überzeugt sie dann.

»Kommst du zum Radfahren hierher?«, will ein besonders vorwitziger Junge wissen.

Nun ja, so kann man das eigentlich nicht sagen. Aber was antworte ich ihm? Ich entscheide mich für die Halbwahrheit: »Nicht nur zum Radfahren.«

Wenn die wüssten, dass ich gerade von einem Schullandheim hätte zurückkommen sollen. Ich frage sie dann ein bisschen über ihren geplanten Aufenthalt aus. Sie haben überhaupt keine Lust auf die Berge. Witzig, ich gehe freiwillig hin, ja, fahre dafür sogar durch die halbe Republik. Zumindest versuche ich es.

Es ist verdammt eng hier drin, die Luft ist warm und voller muffiger Gerüche nach feuchten Klamotten und verschwitzten Menschen. Durch die beschlagenen Scheiben sehe ich nur verschwommen, dass die Bäche über die Ufer getreten sind. Ab und zu taucht die Bahnlinie auf, die meist parallel zur Straße verläuft. Tatsächlich sind die Gleise an manchen Stellen überschwemmt. Na ja, der Straßenzustand ist auch nicht gerade beruhigend. Zudem regnet es munter weiter.

Wir erreichen Berchtesgaden. Kurze Zeit ist der kleine Bahnhof randvoll mit lärmenden Kindern und gestressten Reisenden. Ich schlängele mich nach draußen. Auch dort herrscht überall Chaos: Hoteltaxis holen Gäste ab, manche Reisende schnappen sich ein Taxi, die Schulklasse nimmt einen weiteren Bus. Als sich der Trubel legt, ist noch immer weit und breit kein Auto zu sehen, das die Aufschrift des Klinikums trägt. Meine genaue Ankunftszeit konnten sie ja auch nicht wissen, denke ich.

Ich warte.

Und warte.

Und nach einer weiteren Viertelstunde denke ich: Vielleicht sollte ich mal wieder anrufen? Oder mir einfach ein Taxi nehmen? Aber was, wenn dann extra jemand kommt und ich schon weg bin?

Noch ein bisschen warten.

Irgendwann rufe ich doch an und bekomme die Info, dass ein Wagen unterwegs sei. Gut.

Nach weiteren zwanzig Minuten verstehe ich es aber echt nicht mehr. Das Klinikum ist meines Wissens höchstens vier oder fünf Kilometer entfernt. So lange kann das nicht dauern! Also rufe ich wieder an, zum zigten Mal, wie es mir vorkommt.

»Klinikum Schönau, guten Tag.«

»Hallo, Evelyn Heeg schon wieder.«

»Ah, Frau Heeg, der Kollege hat sie in Reichenhall nicht gesehen und ist dann mit den anderen Patienten schon gefahren.«

In Reichenhall, ja, klar, da habe ich mich am Massensprint auf die beiden Busse beteiligt.

»Ich stehe jetzt in Berchtesgaden. Da müssen wir uns missverstanden haben ...« Kein Problem, ich soll einfach ein Taxi nehmen und mir die Rechnung geben lassen.

Ich lege auf. Unglaublich, die Dame am Telefon war immer noch freundlich, trotz dieser Neverending Story.

Der Taxistand vor dem Bahnhof Berchtesgaden ist gerade leergefegt. Aber das sollte kein Problem sein. Die Rufnummer steht fett an der Wand, da melde ich mich einfach an. Keine fünf Minuten später ist ein Taxi da, der Fahrer packt meine große Radtasche ohne Murren ein, alles ganz easy. Ich lasse mich in die Ledersitze fallen und schnaufe durch. Jetzt nur noch einchecken.

Die Klinik liegt auf einer kleinen Anhöhe inmitten der Ortschaft Schönau am Königssee. Das weitläufige Gebäude ist keine Schönheit, aber wirkt hell und freundlich. Vor allem die Abteilung für Privatpatienten ist nett eingerichtet, ein schöner Ohrensessel steht an der Balkontür, und aus dem Fenster blickt man über die Weiden Richtung einer kleinen Bergkette, die wegen ihrer Form »Schlafende Hexe« genannt wird. Das alles kann ich im Moment noch nicht so richtig genießen, denn hier in meinem neuen Domizil liege ich erst mal auf dem Bett und bin total erledigt. Eigentlich hätte ich direkt zum Abendessen gehen sollen. So hat es mir die Dame am Empfang aufgetragen. Aber nach dem ganzen Stress ist das so ziemlich das Letzte, worauf ich jetzt Bock habe. Ich will erst mal kurz meine Ruhe! Nach einer Viertelstunde raffe ich mich dann auf und gehe hinunter in den Speisesaal, der bald schließen wird. Das Essen ist eine freudige Überraschung, es gibt überbackenen Camembert mit Preiselbeeren, das habe ich schon ewig nicht mehr gegessen. Ich sitze mit drei Frauen an einem Tisch. Die Kommentare über das Essen sind das übliche Frotzeln von Frauen: Alles viel zu fettig. Ich sage nichts, finde es aber total lecker.

Beim Essen schaue ich mir meine Tischgenossinnen etwas genauer an und komme ins Grübeln: Sind das Patientinnen – oder Angestellte hier im Haus? Für Patientinnen sind sie echt noch jung. Eine meiner Befürchtungen war, dass ich in einer Kurklinik absolut die Jüngste sein würde. Aus den Gesprächen höre ich schließlich heraus, dass es Patientinnen sein müssen. Außerdem sind sie fröhlich. Aber was erwarte ich eigentlich? Erstens sind hier auch noch andere Abteilungen neben der psychosomatischen. Und zweitens darf man doch als psychosomatischer Patient auch fröhlich sein, oder? Na ja, ich bin ja schon hier, weil mir das Lachen ziemlich vergangen ist.

Nach dem Essen mache ich mich auf den Weg zurück zur Rezeption, wo ich noch mein verpacktes Fahrrad abgestellt hatte, als mich eine junge Frau anspricht: »Hallo, ich bin Sina. Ich bin seit fünf Wochen hier und bin deine Patin. Ich zeige dir das Haus, und wenn du Fragen hast, bin ich jederzeit für dich da.«

Jetzt verstehe ich, was der Name der Patin auf meinem Aufnahmeformular eigentlich sollte.

»Willst du erst mal ankommen, und wir treffen uns in einer halben Stunde?«

»Ja, das klingt gut«, sage ich, denn ich muss das Rad noch versorgen.

»Treffen wir uns wieder hier?«

An der Rezeption erfahre ich, dass es tatsächlich einen Radkeller gibt. Ich hätte mir also gar keinen Kopf machen brauchen, wenn ich gleich gefragt hätte. Sina zeigt mir später das Haus und erklärt mir alles. Sie ist sehr nett und bemüht sich um mich. Die Zeit nach dem Treffen mit meiner Patin verbringe ich damit, mich auf meinem Zimmer so gut es geht häuslich einzurichten. Ich räume alle Klamotten in den Schrank, die große Tasche mit allem weiteren soll ja morgen von der Bahn angeliefert werden. Als ich damit fertig bin, ist es noch ziemlich früh am Abend, aber meine Erschöpfung hat nun eher wieder zugenommen. Und ich habe den Verdacht, dass es mich überfordert, so freundlich und fürsorglich empfangen zu werden. Als Kind ging mir alle Geborgenheit mit dem Tod meiner Mutter verloren, ab da war ich selbst in der Situation, meiner deutlich jüngeren Schwester so etwas wie Geborgenheit geben zu wollen und zu müssen. Seither kann ich solche Angebote auch nicht mehr so gut annehmen – aus Angst davor, dass das zu sehr wehtun könnte. Aber hier kann ich es nicht ablehnen, dass Menschen versuchen, mir Geborgenheit zu geben, und das haut mich völlig um.

So allein im Zimmer, überkommt mich plötzlich das heulende Elend. Ich fühle mich total leer und traurig. Ein Anruf bei Tino macht die Sache nur schlimmer. Völlig erschlagen schlafe ich früh ein. Immerhin, ich schlafe! Das war in Freiburg ja alles andere als selbstverständlich.

SIE WISSEN DOCH, WAS SIE WOLLEN

Am nächsten Morgen gibt es nach dem Frühstück die ersten Gespräche mit den Ärzten. Warum bin ich hier? Tja, gute Frage. Mir geht es nicht gut. Ich erzähle also meine Geschichte. Das ist ja nicht das erste Mal, dass ich von der Krankheit und vom Tod meiner Mutter erzähle, der Zeit danach als Älteste von drei Kindern, der Verantwortung, der vielen Arbeit, den Ängsten vor einer möglichen erblichen Belastung. Aber zum ersten Mal ist mir dabei richtig elend zumute. So geweint wie während dieses Gespräches habe ich – glaube ich – noch nie. Das ist sehr anstrengend, aber ich lerne gleich eine erste Lektion: Es ist okay, hier zu sein, fertig mit der Welt zu sein, eine Auszeit zu brauchen. Während mir die Ärztin das klarmacht, merke ich, wie sehr ich bisher den Anspruch hatte und immer noch habe, anstandslos zu funktionieren.

Das Gespräch war ziemlich aufwühlend, und wie immer in solchen Situationen hilft es mir, spazieren zu gehen. Auf meinem Rundgang um die Klinik kann ich zum ersten Mal das volle Bergpanorama sehen. Das ist schon sehr eindrucksvoll. Die Berge lassen mich sogar für einige Zeit meine Traurigkeit vergessen. Sie strahlen Kraft und Ruhe aus. Schon früh gibt es Mittagessen, ich muss wieder zurück in die Klinik, und danach stehen weitere Programmpunkte auf meinem Therapieplan. Das Ding ist ganz schön voll und erinnert fatal an einen Stundenplan. Und er gilt nur für die erste Woche! Ich habe gehört, dass da noch so einiges dazu kommen soll.

Ich habe schon beschlossen, mich dagegen zu wehren, dass mein Leben hier so verplant sein soll. Von einem Termin zum nächsten zu hetzen: Schon der Gedanke löst bei mir Stress aus. Und nach so bewegenden Gesprächen wie dem gerade eben kann ich nicht einfach nahtlos weitermachen.

In den nächsten Tagen zieht die Regenfront ab, und das Wetter wird richtig schön. Ich schwinge mich auf mein Rad, schaue mir den Königssee an, der idyllisch zwischen beeindruckenden Felswänden liegt. Ohne genaue Planung komme ich mit dem Mountainbike nicht sonderlich weit. Im Gegensatz zum heimischen Schwarzwald, wo man auf fast jedem Wanderweg auch mit dem Bike vorwärtskommt, muss ich hier die auf den Karten eingezeichneten Mountainbikestrecken suchen. Die Wanderpfade sind einfach zu alpin, um sie mit dem Rad zu bezwingen. Allein Touren zu suchen ist schon ziemlich ungewohnt.

Bevor das Radfahren mit der ganzen Orientierung zum Stress wird, setze ich mich auf eine blühende Bergwiese und lasse die Gedanken schweifen. Es ist schon ein komischer Film. Ich bin hier mitten im Grünen, weg von jeglichem Alltag, konfrontiert mit meiner eigenen Geschichte. Es ist eine Zeit zum Trauern, zum Abschiednehmen, die ich nie hatte. Das war nach dem Tod meiner Mutter einfach kein Thema bei uns. Mein Vater hat das wohl alles mit sich selbst ausgemacht – oder einfach verdrängt. Keine Ahnung, jedenfalls galt für uns Kinder das Motto: Immer so tun, als sei nichts passiert. Aber natürlich ist etwas passiert, etwas Unfassbares, das wir gar nicht kapieren konnten.

In der Gegenwart kommt da noch die Angst dazu, dass sich das alles so wiederholen könnte. Dass ich auch Brustkrebs bekommen könnte. Nein, nicht genauso, ich habe keine Kinder und werde zunächst auch keine bekommen. Das möchte ich in dieser Situation nicht verantworten. Als Erstes brauche ich Gewissheit, ob ich Mutationsträgerin bin oder nicht. Falls ich den Gendefekt trage, wäre eine Mastektomie möglich. Danach könnte ich Kinder bekommen. Ich könnte sie nicht stillen, klar. Aber das ist wohl das kleinste Problem. Stillende Mütter sind zwar immer überzeugt davon, dass das Stillen das einzig Richtige für ihr Kind ist, besonders im grünalternativen Freiburg. Tatsächlich gibt es Studien, die belegen, dass Stillen wichtig ist, um etwa Allergien vorzubeugen. Mal abgesehen von diesen eher technischen Details bleibt aber immer noch die Frage, ob ich das Risiko der Weitervererbung eingehen möchte oder nicht. Für meine Mutter war das noch keine Frage. Sie wusste nichts davon, hatte keinen Schimmer von einer erblichen Belastung, ich dagegen kann es nicht ignorieren.

Ich genieße die warme Sonne, und schließlich packe ich mein Rad, um wieder zurück in die Klink zu fahren. Langsam habe ich kapiert: Dort ist jetzt mein Lebensmittelpunkt.

Nach rund zwei Wochen hat sich der Klinikalltag eingestellt: Ich habe eine gute Balance gefunden zwischen Therapieanwendungen der verschiedensten Arten, freier Zeit zum Spazieren oder Radfahren und anregenden Gesprächen mit Mitpatienten. Die ersten vierzehn Tage sind richtig schnell vergangen. Das hätte ich vorher nicht geglaubt. Schade, das Wetter spielt in diesem Sommer nicht mit. Nach dem kurzen Zwischenhoch ist es richtig kühl, und immer wieder regnet es. Dann verschwinden die Berge in den grauen Wolken, und selbst das saftige Grün der Wiesen wirkt matt. Das Erstaunliche ist, dass das Wetter mich nicht herunterzieht. Schließlich bin ich eine ausgesprochene Sonnen- und Wärmeanbeterin. An tristen Tagen in Freiburg nahm das Gefühl der Leere oft überhand. Das Gefühl gibt es hier in Schönau nicht mehr. Wenn, dann bin ich hier traurig. Aber dann weiß ich wenigstens auch, warum. Es ist nicht mehr so unspezifisch, wie noch in den vergangenen Monaten. Ich habe bereits einiges kapiert, und es fühlt sich gut an zu wissen, was in mir abgeht. Viel zu lange Jahre habe ich das alles ignoriert. Ich habe außerdem eingesehen, dass es sicher nicht anders gegangen wäre. Ich musste als Jugendliche verdrängen, um weiterleben zu können.

Jetzt dagegen ist der Raum da, etwas zu ändern. Ich verbringe viel Zeit mit mir selbst – und trotzdem fühle ich mich inzwischen nicht mehr einsam. Es tut sehr gut, dass dieses endlose Einsamkeitsgefühl endlich verschwunden ist!

An einem Mittag werde ich aus meinem gemütlichen Therapietrott herausgerissen. Ein Brief liegt in meinem Postfach im Erdgeschoss der Klinik. Ich drehe den Umschlag in meinen Händen, er ist vom Oberschulamt, meinem Dienstherren. Was wollen die denn? Beim Hochgehen lese ich und stolpere vor Erstaunen fast über meine eigenen Füße: Meinem Versetzungsantrag wurde doch stattgegeben! Ich komme an eine Schule, die deutlich näher an Freiburg liegt. Moment, der Antrag war doch längst abgelehnt worden, das ist sicher schon fast drei Monate her, seit ich den negativen Bescheid bekam. Natürlich hatte ich damit gerechnet, außerdem ging es mir damals zusehends schlechter, deshalb habe ich mich nicht mehr groß um diese Absage gekümmert. Ich werfe mich in meinem Zimmer auf das Bett und lese nochmal ganz genau. Wenn ich der Versetzung zustimme, steht da in dem Brief, muss ich das Formular unterschrieben zurückschicken. Was ist passiert? Ich denke darüber nach, und schnell wird mir klar, dass sich mein Rektor für mich ins Zeug gelegt haben muss. Anders kann es nicht sein. Aber das wäre wirklich der Hammer – ich falle total kurzfristig in der Schule aus, er hat nur Ärger mit mir, und trotzdem hilft er mir bei der Versetzung. Kann eigentlich nicht sein.

»Weißt du, was da los ist?«

Ich habe Tino an der Strippe.

»Nee, keine Ahnung … aber das ist doch klasse!«

Klar, es soll mir natürlich recht sein! Ich nehme mir vor, demnächst bei meinem Chef anzurufen und nachzufragen, wie das denn alles zustande gekommen ist. In jedem Fall ist es überwältigend. Mannomann, tausend Gedanken jagen mir durch den Kopf: Da muss ich in der neuen Schule ja gleich mal sagen, dass ich keine Ahnung habe, wann ich eigentlich wieder einsatzfähig sein werde. Hier bin ich zwar nach den Sommerferien draußen, aber was ist mit dem Gentestergebnis? Sollte ich positiv sein und operiert werden müssen, dann mache ich das doch am besten gleich, oder? Aber will ich überhaupt operiert werden? Da waren sie wieder, die immer gleichen Fragen. Ich schwanke zwischen Bestimmtheit und Zweifel. Erst mal die Gedanken sortieren, denke ich mir. Das geht am besten auf dem Rad. Auf dem Weg nach draußen treffe ich einen Mitpatienten, einen Mann im mittleren Alter, der als Taxifahrer arbeitet. Mit ihm war ich bei diversen Gruppentherapiesitzungen aneinandergeraten. Er hat eine ausgeprägte Aversion gegen Beamte, die ich ein paar Mal volle Breitseite abbekommen habe. Zu meiner Verwunderung spricht er mich an: »Hey, Evelyn, was ist los: Du siehst ja total glücklich aus.«

»Ja, das bin ich eigentlich auch. Also … bis auf die Tatsache, dass ich es noch gar nicht fassen kann.«

Ich berichte ihm von meiner erst abgelehnten und jetzt doch bewilligten Versetzung. Er ist sichtlich beeindruckt, wie kompliziert manches auch als Beamtin sein kann. Und: Er freut sich richtig mit mir. Das ist wirklich schön, und wir sind beide erleichtert, scheint es mir. Durch diesen kurzen Austausch und seine nette, mitfühlende Reaktion konnten wir diese unsinnige Mauer zwischen uns beseitigen. Sie hatte mich nie groß belastet, aber ohne ist es doch schöner. Völlig aufgewühlt fahre ich das idyllische Flusstal in Richtung Ramsau entlang. Als ich auf einer Wiese einen alten Baumstumpf sehe, mache ich dort erst mal eine Pause und versuche, meine Gedanken in geordnete Bahnen zu lenken.

Die Versetzung ist einige Tage später auch in meinem nächsten Gespräch mit der Chefärztin Thema. Jede Woche bin ich bei ihr zu einer kurzen Visite. Und von diesen wenigen Minuten profitiere ich fast am meisten. Alles, was sie sagt, hat Hand und Fuß – auch wenn es gelegentlich schmerzhafte Dinge sind, mit denen sie mich konfrontiert. Aber deshalb bin ich ja hier – um nicht mehr vor irgendetwas wegzulaufen oder etwas zu verdrängen. Beim Thema Versetzung geht es jetzt darum, dass ich immer noch nicht weiß, was ich denen an der neuen Schule über meine mögliche Rückkehr sagen soll. Denn das hängt natürlich vom Ergebnis des Gentests ab. Ich fange mal wieder an mit meinen Wenns und Abers, während mich die Ärztin ruhig anschaut. Als ich fertig bin, sagt sie: »Frau Heeg, Sie wissen doch eigentlich genau, was Sie wollen. Warum lassen Sie sich immer verunsichern?«

Wow, da hat sie mal wieder so einen Hammer herausgehauen.

Ich muss erst mal schlucken. Und dann eingestehen, dass sie völlig recht hat. Bei einem positiven Befund will ich eine Mastektomie mit Wiederaufbau, wie auch immer die aussehen wird. Eine erschreckende, aber auch erleichternde Klarheit macht sich in meinem Kopf breit.

Wir reden noch darüber, was mich eigentlich immer wieder zweifeln lässt. Oder genauer gesagt: zumindest so tun lässt, als ob es noch Zweifel gäbe. Ich erzähle ihr von dem Sozialpädagogen, der in der Klinik die Gestaltungstherapie anleitet. Der hatte mir vor ein paar Tagen doch tatsächlich anhand eines von mir gemalten Bildes eine »Krebspersönlichkeit« angedichtet. Ich müsste nur die wuchernden Teile meiner Persönlichkeit ändern, und dann hätte ich auch kein Krebsrisiko mehr. Das hat mich damals gar nicht so sehr getroffen, aber als ich es Tino erzählte, regte der sich ziemlich auf. Und da merkte ich auch, was für eine ungeheure Unterstellung in dieser Aussage versteckt war: Im Grunde wäre ich ja selbst daran schuld, wenn bei mir der Krebs ausbrechen würde. Das ist natürlich eine eklatante Grenzüberschreitung, gerade von einem Betreuer in einer solchen Situation. Und auch fachlich völliger Mumpitz. Eine »Krebspersönlichkeit« gibt es nicht. Punkt.

Das sieht auch die Chefärztin so, und sie ist gar nicht erfreut, so etwas von ihren Kollegen zu hören. Ich erzähle ihr aber auch, wie die Menschen schockiert und ablehnend auf meine Gedanken reagieren, mir die Brust vorsorglich entfernen zu lassen. Der übliche Satz eben: »Willst du das wirklich tun?« Ja, ich will es tun! Da hat die Chefärztin recht. Sie macht mir klar, dass ich nicht darauf angewiesen bin, dass mich jeder versteht. Solange ich die Entscheidung reflektiert getroffen habe, ist sie in Ordnung. Ich merke, wie sich in mir etwas klärt, wie etwas einfacher wird, deutlicher.

Mit einem richtig guten Gefühl verlasse ich ihr Zimmer. Die Vorgehensweise steht jetzt für mich fest: Ich werde in der neuen Schule anrufen und mit offenen Karten spielen. Es ist natürlich total blöd für eine Schulleitung, wenn sie nicht weiß, welches Personal ihr zum nächsten Schuljahr zur Verfügung stehen wird. Aber ein paar Wochen mit neuen Klassen anzufangen, um dann gleich wieder für einen längeren Zeitraum auszufallen, ist auch nicht besser. Es besteht ja immer noch die Hoffnung, dass ich bald Bescheid weiß. Nicht zuletzt ist da diese Chance von fünfzig Prozent, dass mir meine Mutter den Gendefekt nicht vererbt hat, dass ich negativ bin. Das vergesse ich immer wieder.

Am nächsten Mittag erwartet mich nach der Krankengymnastik ein Blumenstrauß auf meinem Zimmer. Ich schaue auf die beiliegende Karte: Meine Oma hat an mich gedacht. Wie schön, das freut mich wahnsinnig. Ich muss sie gleich anrufen!

Meine Hoffnung auf eine baldige Info über das Ergebnis wird an einem der nächsten Nachmittage allerdings schlagartig vernichtet. Ein Anruf aus Köln: Das Blut meiner Großmutter ist nicht mehr verwendbar. Die DNA sei zu fragmentiert, vielleicht ein Problem der Lagerung. Das ist nicht euer Ernst! Wie soll ich denn jetzt hier von Oberbayern aus neues Blut von Oma bekommen? Die ist zudem gerade selber in Kur, in Isny im Allgäu. Ach, ich könnte heulen. Aber es hilft nichts, ich muss Oma anrufen. Sie erzählt mir erst mal, dass es ihr gar nicht gut gehe, da sie an einem Magen-Darm-Virus laboriere. Zum Glück sei der Arzt im Haus sehr nett. Ich werde hellhörig, ein Arzt im Haus, wie praktisch! Ich lasse Oma noch ein wenig ihr Herz ausschütten. Ist ja auch ärgerlich, sie hat sich so auf die Tage gefreut. Zu Hause läuft immer ein volles Programm, mit Bestrahlung gegen den Brustkrebs, Lymphdrainage wegen dem geschwollenen Arm und so weiter. Ich kann es sehr gut verstehen, dass sie davon auch mal Urlaub will. Aber der wird ihr nicht vergönnt. Und jetzt muss ich ihr auch noch in die Suppe spucken. Schließlich ist sie aber durch: »Und wie geht es dir?«

Ich hole tief Luft: »Ganz gut. Aber ich habe ein Problem. Die Uniklink Köln, die den Gentest durchführt, hat angerufen. Sie brauchen nochmal Blut von dir.«

»Kind, wie soll ich das machen? Das geht nicht. Ich bin ja gar nicht zu Hause. Und ich brauche doch auch Urlaub. Nein, das geht jetzt nicht. Bei aller Liebe nicht.«

Jetzt kommt mein Trumpf: »Oma, du musst doch nochmal zu dem Arzt im Haus, oder? Ich schreibe ihm einen Brief, in dem alles steht. Du musst dich um nichts kümmern.«

»Ich muss da aber morgen schon hin, der Brief dauert doch Tage.«

Das stimmt. Ich denke kurz nach.

»Ich kann das Schreiben an die Klinik faxen! Dann hat er es morgen früh gleich.«

»Ich kann dir keine Faxnummer geben.«

»Musst du auch gar nicht. Ich kümmere mich drum. Du gehst einfach morgen früh zum Arzt.«

»Wenn du wirklich meinst … ich gehe morgen hin, und vielleicht kann er dir ja dann helfen.«

»Ja, mehr musst du nicht machen. Danke, Oma.«

»Schon gut, ich kann dir halt nicht viel helfen.«

Oje, was habe ich da versprochen, mit dem Fax und allem. Wie soll ich das hinkriegen? Soll ich Tino anrufen? Nein, eigentlich habe ich doch alles, was ich brauche: Unten sind für Patienten mehrere Computer mit Internetzugang, ich kenne den Namen der Klinik, in der Oma ist. Ich werde ein Fax aufsetzen und an der Rezeption fragen, ob sie es für mich durchschicken.

Ob das alles so klappen wird?! Ich habe meine Zweifel. Jetzt kann ich allerdings nicht lange darüber nachdenken, denn ich habe selber noch Anwendungen und muss los.

Gleich danach erobere ich einen Computer und schreibe das Fax. Die Faxnummer von Omas Klinik lässt sich problemlos im Internet herausfinden. So, einmal drucken bitte, und ab damit an die Rezeption. Mal sehen, was passiert. Ob mich Oma morgen anruft? Vielleicht wartet sie darauf, dass ich mich melde. Da war sie wieder: die nervige Warterei.

Am nächsten Mittag klingelt mein Telefon, und eine völlig vergnügte Oma ist dran. Der Arzt habe ihr Blut abgenommen und organisiere den Transport, berichtet sie mir im Plauderton. Und im Übrigen fände er es total klasse und sehr mutig, was ich da mache. Er hat sie wohl ewig lange über ihre Enkelin ausgefragt. Oma ist hörbar stolz auf mich. Was für eine Überraschung, damit hätte ich nun wirklich nicht gerechnet. Aber schön: Jetzt habe ich sogar Oma auf meiner Seite.

Die ersten Wochenenden habe ich in Schönau bisher allein verbracht. Das ist zwar hier kein Muss, vielmehr hat es sich so ergeben, und ein bisschen habe ich mich eben auch selber dazu entschieden. Und: Es war tatsächlich richtig gut für mich. Tino hat da deutlich mehr gelitten. Was vor allem daran lag, dass ich bei den Telefonaten immer viel erzählt habe, was in den Gesprächen vorher Thema gewesen ist – und entsprechend viel weinen musste. Er hat mich also hauptsächlich in emotionaler Auflösung erlebt. Dabei ging es mir natürlich gar nicht den ganzen Tag so an die Nieren. Im Gegenteil, im Grunde wusste ich immer, dass das jetzt alles seine Ordnung hat, dass ich hier loslassen kann und dass das enorm wichtig ist für mich. Nur für ihn muss sich das schon etwas anders dargestellt haben. Dazu ist er allein in der Wohnung zurückgeblieben und machte sich entsprechend Sorgen um mich. Die Situation belastete ihn sehr, aber natürlich wäre es nicht mehr so weitergegangen wie vorher. Das ist ihm auch klar.

Nach den ersten beiden Wochen war Tino dann noch mit einem Freund einige Tage paddeln. Das hat ihm sehr gutgetan, und nach einer langen anstrengenden Zeit konnte er selbst mal wieder etwas Kraft schöpfen. Das hatte er auch dringend nötig.

Nun sind fast vier Wochen vergangen, sein erster Besuch in Schönau steht für dieses Wochenende an. Eigentlich freue ich mich auf ihn, aber es sind auch ein paar bange Gefühle dabei. Würden wir uns nach vier Wochen überhaupt auf Anhieb wieder so gut verstehen? Für meine Begriffe habe ich mich schon verändert in dieser Zeit. Wir haben ja vieles am Telefon besprochen. Aber wie wird es sein, wenn wir uns wiedersehen? Zusätzlich gibt es ein paar organisatorische Problemchen. Für ein Gästeklappbett in meinem Zimmer will die Klink ein halbes Vermögen. Dafür könnten wir locker in ein Vier-Sterne-Hotel gehen. Tinos Auftragslage ist ganz gut, aber noch schwimmen wir nicht im Geld. Und über allem steht die große ungeklärte Frage, wer eigentlich die Mastektomie bezahlen soll, wenn es denn dazu kommt. Bisher wissen wir nur, dass die Krankenkasse grundsätzlich keine prophylaktischen Operationen finanziert. Wir diskutieren das vorher per Telefon.

»Glaubst du, dass im Herbst noch einige Aufträge kommen?«

»Normalerweise ist um und nach der Buchmesse ein ordentliches Loch, aber ich hoffe, dass im Dezember noch etwas passiert.«

»Also, das mit dem Zimmer hier ist ziemlich teuer. Die wollen über 90 Euro pro Nacht.«

»Das sind dann ja 270 Euro für das Wochenende!« Tino will Freitagabend kommen und am Montagfrüh wieder abreisen. Mit Benzin kostet das ganze Wochenende dann sicher 350 Euro.

»700 Mark!«, sagt Tino. Wir rechnen gelegentlich immer noch um. »Das ist ja ein Haufen Geld!«

»Du könntest noch in eine billige Pension gehen, da gibt es welche ab 30 Euro die Nacht.«

»Darauf habe ich aber keinen Bock«, sagt Tino.

Ja, eigentlich will ich das auch nicht. Das sowieso schon kurze Wochenende gleich mal mit einem getrennten Frühstück beginnen, nein danke.

»Und wie wäre es mit einer Isomatte in deinem Zimmer?«

»Ob das erlaubt ist?«

»Merkt doch keiner.«

»Hm, wenn du morgens vor dem Blutdruckmessen schon verschwindest …«

»Wie sieht das da bei euch aus? Komme ich aus dem Laden raus, ohne an der Rezeption vorbeigehen zu müssen?«

Ich denke kurz nach: »Das geht schon. Über das Treppenhaus kommst du direkt in die Tiefgarage. Und von da kannst du ganz normal durch den Haupteingang wieder hereinspazieren.«

»Das ist doch super. Machen wir so!«

Außerdem gibt es sowieso keine festen Besuchszeiten. Und überhaupt: Wer soll da ein Interesse haben, uns Ärger zu machen, selbst wenn jemand etwas mitkriegt? Eben! Frühstücken können wir dann wieder gemeinsam, an der Rezeption kann man Marken für die Gäste kaufen.

»Wann kommst du genau?«

»Ich fahre am Freitagmorgen los. Keine Ahnung, wie lange ich brauche, der Routenplaner sagt irgendetwas mit sieben Stunden.«

Am Freitagnachmittag ist er dann da. Ich stehe in der Eingangshalle, als er zur Türe hereinkommt. Sieht ganz schön müde aus. Es waren insgesamt doch ein bisschen mehr als sieben Stunden Gurkerei. Wir begrüßen uns, aber irgendwie stimmt die Wellenlänge einfach nicht. Ich kann gerade nicht richtig auf ihn zugehen. Wir haben uns am Vorabend am Telefon über einer Nichtigkeit gestritten, und das steht auch jetzt noch zwischen uns. Wir gehen kurz auf mein Zimmer, dann beschließen wir, aufs Rad zu steigen. Vielleicht löst sich dabei die krampfige Stimmung. Ich ziehe mich um, und dann gehen wir in die Tiefgarage, wo unser alter Golf steht, vollgepackt mit Tinos Rad und seinem ganzen Gepäck. Wir wollten nicht irgendwelche Riesentaschen in mein Zimmer schleppen, das wäre vielleicht doch etwas auffällig gewesen. Tino schaut sich gründlich um und legt dann einen Strip hin, um danach in Radhose und Trikot zu steigen. Ich hole derweil mein Mountainbike aus dem Radverhau um die Ecke. Noch kurz das Vorderrad in Tinos Rad einbauen, und es kann losgehen.

»Sollen wir auf die Gotzenalm fahren?«

»Keine Ahnung, ich kenne mich hier nicht aus.«

Die Tour ist relativ kurz, und man hat immer wieder traumhaft schöne Ausblicke. Nachdem wir kurz bergab gerollt sind, geht es bergauf – wie immer in den Alpen: im Prinzip direkt senkrecht den Berg hoch. Ich habe mich in den vergangenen Wochen komplett an diese Steigungen gewöhnt und fahre sowieso gerne die Berge hoch. Das Profil hier ist für mich schon so normal wie eine x-beliebige Hausstrecke im Schwarzwald. Ich rechne überhaupt nicht damit, dass sie Tino Schwierigkeiten bereiten könnte. Tut sie aber, er läuft rot an, schnauft, und seine Stimmung wird immer gereizter. Durch die lange Autofahrt ist er kreislaufmäßig völlig runtergefahren, die Woche hat ihn zusätzlich angestrengt – und so macht ihm die Steigung ziemlich zu schaffen. Irgendwann wird er richtig böse.

»Hast du die Strecke eigentlich extra ausgesucht, um mich fertigzumachen?«, giftet er mich an.

Ich erkläre ihm, dass es hier immer so hochgeht und dass ich ihn damit nicht unnötig quälen will.

Tino stößt ein paar halblaute Verwünschungen aus.

Aber komischerweise klärt dieser kleine Ausbruch die schlechte Stimmung, Tinos Kreislauf kommt in Schwung, und es läuft besser. Wir kommen in einen gemeinsamen Rhythmus, den wir beim Bergfahren sonst auch finden, diesen Flow, wenn alles zwar nicht wirklich leicht geht, aber der Geist langsam freier wird. Der Weg ist zunächst asphaltiert, mündet dann in einen breiten Schotterweg. Fahrtechnisch ist das alles nicht anspruchsvoll. Jetzt queren wir eine Weide, um dann in einigen letzten supersteilen Kurven nach oben zu keuchen. Jetzt fließt wirklich alles, der Atem, der Schweiß, die Landschaft um uns herum. Oben eröffnet sich der Blick auf eine sanft geschwungene Hochebene. Kühe, eine Berghütte, und dahinter das mächtige Watzmann-Massiv im rötlichen Abendlicht. Phantastisch! Es hat sich gelohnt, auch wenn die Tour bei Tino von nun an den Spitznamen »Kotzen-Alm« weg hat.

Wir stehen stumm da, spüren, wie der Atem sich langsam

beruhigt, und genießen die Aussicht, die wenigen Geräusche der abendlichen Alm, den Geruch nach Bergwiese und Sommerluft.

Wir gehen noch einen schmalen Pfad zu einem Aussichtspunkt, von dem man direkt auf den Königssee sieht, der still etliche hundert Höhenmeter unter uns liegt. Hier ist eben alles steil. Danach ziehen wir die Jacken über und stürzen uns auf demselben Weg zurück ins Tal.

Am Samstagmorgen ist klar: Der Wetterbericht hat recht gehabt. Es gießt mal wieder wie aus Kübeln. Tino hat auf seiner Isomatte vor meinem Bett geschlafen – zumindest den zweiten Teil der Nacht, als es dann wirklich zu eng wurde auf neunzig Zentimetern. Eine Runde Joggen ist da noch drin, aber ansonsten gibt es eben keinen Sport. Nach dem Frühstück beschließen wir, ein bisschen durch Berchtesgaden zu bummeln und anschließend im örtlichen Thermalbad die Sauna unsicher zu machen. Es hat gerade mal vierzehn Grad. »Das ist in Finnland ja vielleicht Hochsommer«, knurrt Tino.

»Da ist die Sauna doch passend«, finde ich.

Ähnlich ruhig verläuft auch der Sonntag, denn die Wetterlage ändert sich nicht. Regen, Regen, Regen. Schon etwas schade, schließlich sind wir umgeben von einer beeindruckenden Bergwelt, in einem der schönsten Winkel Deutschlands. Von dem Tino am Freitag ja schon einen kleinen Eindruck bekommen hat. Egal, wir genießen den Sonntag trotzdem, und montags nach dem Frühstück macht er sich auf den Rückweg, während auf mich wieder mein Therapieplan wartet. Ich bringe ihn zum Wagen, aber der Abschied ist weniger schlimm als erwartet. Irgendwie ist es okay, hier zu sein. Auch wenn es immer wieder richtig hart ist, so mit sich selbst konfrontiert zu sein.

RIESENFORTSCHRITTE

Heute geht es mir nach einem Einzelgespräch richtig schlecht. Es kommen so viele Erinnerungen an meine Mutter hoch. Ich erinnere mich, dass wir meinen Vater oft von der Arbeit abgeholt haben. Sei es, dass wir zu Fuß zum Bahnhof sind – oder auch mit dem Auto. Einmal hat meine Mutter prompt einen kleinen Auffahrunfall verursacht. Sie war sowieso keine begnadete Autofahrerin. Eine besondere Spezialität von ihr war das Fahren bis zum letzten Tropfen Benzin. Sie hat das immer bis zum Äußersten ausgereizt. Klar, dass das auch mal schiefgeht. Damals blieben wir dann einfach stehen. Aber glücklicherweise war eine Tankstelle schnell zu Fuß erreichbar.

Eines Nachmittags kam sie viel zu spät von der Schule heim. Wir Kinder warteten sehnlichst auf das Mittagessen. Ich hatte kein gutes Gefühl. Da war bestimmt etwas passiert. Tatsächlich hatte sie damals einen Unfall gehabt, allerdings war der andere schuld, der ihr beim Ausparken voll in die Seite gefahren ist. Kurz danach wurde ihr der erste Knoten aus der Brust und den Lymphknoten entfernt. Später habe ich irgendjemanden sagen hören, dass der Unfall den Krankheitsverlauf beschleunigt habe, weil der Sicherheitsgurt bei meiner Mutter genau an der Stelle des unentdeckten Tumors eingeschnitten hätte. Ich habe keine Ahnung, ob das stimmt. Das habe ich als Jugendliche alles immer nur so aufgeschnappt.

Scheiße, sie fehlt einfach. Ich habe das Gefühl, dass mich die Trauer zerreißen wird, dass ich das alles nicht aushalte.

Ich weiß, dass Corinna in den Ferien quasi immer erreichbar ist. Wir haben oft telefoniert in den vergangenen Wochen. Allerdings ging es mir nie so dreckig wie gerade. Bei ihr kann ich aber sicher auch in diesem Zustand anrufen. Ich möchte nicht schon wieder Tino damit konfrontieren. Er hört mir zwar immer geduldig zu, aber die Situation ist auch für ihn alles andere als leicht. Schließlich schnappe ich mir den Hörer und rufe bei ihr an.

»Was ist los, Evelyn?«

Ich kann minutenlang nichts anderes als schluchzen. Dann legt sich mein Weinkrampf etwas, und ich versuche, ihr von meiner unstillbaren Trauer um meine gestorbene Mutter zu berichten.

»Es tut so weh«, sage ich, »ich weiß gar nicht, wo das all die Jahre gewesen ist.« Ich merke, dass es mir guttut, mit ihr zu sprechen.

Als ich mich schon wieder ziemlich gefangen habe, sagt Corinna etwas zögerlich: »Ich will dir da ja nicht reinreden – aber irgendwie glaube ich nicht, dass das sinnvoll ist, was du da gerade machst.«

Ich bin baff. Corinna scheint mein Schweigen als Zustimmung zu werten. Jedenfalls fährt sie mit festerer Stimme fort: »In der Klinik machen sie doch alles noch viel schlimmer. Das kann doch nicht gut sein!«

Früher hätte ich jetzt wahrscheinlich weiterhin meinen Mund gehalten. Aber jetzt sage ich plötzlich: »Was habe ich denn für eine Alternative? Soll ich etwa mein ganzes Leben Schlafstörungen haben?«

»Das meine ich nicht. Aber so ist es doch noch viel schlechter.«

»Klar geht es mir im Moment nicht gut«, ich muss schlucken, weil ich merke, dass wieder Tränen kommen, »aber das ist doch auch okay so. Ich kann einerseits richtig weinen, ich kann aber auch wieder richtig lachen. Das habe ich ewig nicht mehr gemacht. Ich schlafe besser, ich kann auch mal Raum und Zeit vergessen. Das sind Riesenfortschritte, auch wenn ich gerade einfach traurig war.«

»Es geht dir aber oft nicht gut. Wie soll das weitergehen?«

»Wenn du mir die Wahl geben würdest – zurück zu dem Zustand vorher oder den jetzigen Zustand –, würde ich nie mehr anders entscheiden. Wenn es mir hier schlecht geht, weiß ich wenigstens, warum. Die Leere ist gefüllt.«

Corinna ist nicht überzeugt: »Das musst du wissen.«

Nach einer kurzen Pause erkundige ich mich noch, wie es ihr geht, aber sie antwortet ausweichend. Schließlich beenden wir das Gespräch.

Diese Bemerkung von Corinna beschäftigt mich anschließend lange – in der Klinik machen sie alles doch viel schlimmer. Offensichtlich ist es schwer zu verstehen, dass die Trauer um meine Mutter nie stattgefunden hat – und dass ich genau das jetzt nachholen muss. Ich habe auch nicht das Gefühl, dabei eine Wahl zu haben. Über anderthalb Jahrzehnte habe ich das alles verdrängt, weil es nicht sein durfte, kein Raum dafür vorhanden war, und weil ich als Jugendliche auch einfach nicht wusste, wie man mit diesen Gefühlen leben kann. Aber Corinna kann mich auf dem Weg, den ich hier gehe, nicht unterstützen. Obwohl ich ihr doch auch schon oft am Telefon erzählt habe, dass es mir so viel besser geht, dass ich in Schönau wieder richtig lachen konnte, dass ich viel mehr wahrnehmen kann, dass ich schlafen kann.

Registriert sie das gar nicht? Im vergangenen Jahr war meine Lebensfreude im absoluten Minusbereich. So will ich bestimmt nicht weiterleben. Aber das weiß Corinna alles.

Zumindest von dem, was sie mir immer so sagt, geht es ihr ja nicht viel besser. Mir wird klar, dass das wahrscheinlich genau der Punkt ist: Wir beide stecken in einer ganz ähnlichen Situation. Doch sie wählt einen komplett anderen Weg, damit klarzukommen. Sie will sich gerade nicht damit beschäftigen, was sie bedrückt, welche Ereignisse sie belasten. Stattdessen wird sie schwanger. Kein Wunder also, dass wir beide unsere Handlungen jeweils als Kritik am anderen auffassen müssen.

Es ist Feiertag in Bayern: der 15. August, Maria Himmelfahrt. In Baden-Württemberg ist dieser katholische Festtag zum Glück kein Feiertag mehr. Nicht weil ich arbeiten möchte, zu der Zeit sind sowieso immer Sommerferien. Aber es ist der Geburtstag meiner Mutter. Und den kann ich besser ignorieren, wenn es ein ganz normaler Tag ist, *business as usual.* Eigentlich besitze ich sowieso die etwas zweifelhafte Gabe, dass ich nie weiß, welches Datum wir haben. Der Geburtstagskalender, den mir eine Freundin mal geschenkt hat, ist von daher auch keine richtig große Hilfe.

Aber hier im tiefsten Bayern, in Schönau, in meinem Zimmer in der Klinik, wo alles auf Feiertagsbetrieb läuft, keine Anwendungen oder Therapien stattfinden und auch sonst nicht gerade der Bär steppt (außer wenn mal wieder einer illegal aus Italien einwandert), komme ich heute nicht darum herum, dass dies für mich ein sehr schmerzlicher Tag ist. Als Mama noch lebte, rückte an diesem Tag immer die versammelte Verwandtschaft an. Da meine Mutter vier Geschwister hatte, diese wiederum jede Menge Kinder, gab es immer eine ordentliche Party. Meistens spielte auch das Wetter mit, es gab leckere selbstgebackene Kuchen und einfach viel Trubel.

Heute regnet es Bindfäden. Bei Sonnenschein hätte ich natürlich viele Möglichkeiten, den Tag zu gestalten. Aber bei dem Regen bleiben mir eigentlich nur meine vier Wände in der Klinik.

Nach dem Frühstück telefoniere ich mit Tino und halte ihn ein bisschen vom Arbeiten ab. Meine Laune ist erstaunlich gut. Er ist etwas misstrauisch.

»Was hast du denn heute vor?«

»Du Scherzkeks, ich brauche nichts vorzuhaben: Wenn das so weiterregnet, erlebe ich hier das zweite Hochwasser. Was soll ich da denn machen? Das Einzige ist, dass ich sicher irgendwann spazieren gehe, egal wie nass ich werde.«

Aber das beruhigt ihn nicht: »Kannst du nicht noch etwas anderes unternehmen?«

»Nein, das ist schon in Ordnung. Wenn mir die Decke auf den Kopf fällt, kann ich noch schauen, was die anderen Patienten machen. Aber ich glaube, es ist auch allein okay. Jedenfalls fühlt es sich ganz gut an.«

Ich bin selber erstaunt, dass ich es einfach so stehen lassen kann: Es ist der Geburtstag meiner Mutter, es ist traurig, dass wir ihn nicht mehr feiern können. Und es ist in Ordnung, wenn ich traurig bin – aber es wirft mich nicht komplett aus der Bahn. Meine Stimmung hat sich in den vergangenen Wochen deutlich verändert: Ich weiß ja inzwischen, warum ich traurig bin. Deshalb kann ich das auch zulassen, kann dann wieder weggehen und im Hier und Jetzt etwas Schönes machen und mich über die Dinge freuen, außer vielleicht über das Wetter. Es ist kein so diffus schlechtes Gefühl mehr. Der Nebel löst sich langsam auf. Klar, manchmal tut es dafür richtig, richtig weh, und ich weiß gar nicht, wie ich das aushalten soll. Das habe ich sicher vermeiden wollen all die Jahre. Aber das sind Gefühle, die wohl der Situation angemessen sind. Und inzwischen weiß ich zum Glück auch, dass solche Momente vorbeigehen und ich hinterher mit weniger Ballast rumlaufe. Ich schnüre meine Schuhe, weil ich nach Berchtesgaden laufen will.

Am nächsten Morgen erwartet mich abermals Post: ein Brief aus Köln! Das Ergebnis von Omas Gentest, fährt es mir durch den Kopf. Ich kann es kaum erwarten, den Brief zu lesen. Ich versuche, möglichst ruhig den Umschlag zu öffnen, und zerre den Brief raus. Das Ergebnis liegt vor! »Bitte vereinbaren Sie einen Termin in Köln«, steht da. Muss ich dafür jetzt wirklich nach Köln fahren? Bitte nicht. Ich bin hier doch auch in ärztlicher Betreuung. Mit dem Brief in der Hand marschiere ich direkt zur Chefärztin. Ich habe Glück, sie hat gerade keinen Termin und nimmt sich kurz für mich Zeit. Wir vereinbaren, dass sie in Köln nachfragt, ob sie mir stellvertretend das Ergebnis mitteilen darf. Hoffentlich klappt das alles. Morgen kommt Tino, es wäre gut, wenn wir Bescheid wüssten.

POSITIVE NACHRICHTEN

Es sind die letzten Meter mit unserem treuen alten Golf. Hundertdreißigtausend Kilometer stehen auf dem Tacho, und bis vergangenen Sommer stand er sogar noch richtig gut da. Aber dann kam ein fantastischer Winter, viel Schnee im Schwarzwald, und wir waren fast jedes Wochenende auf der Loipe. Das ganze Salzwasser auf den Straßen ging allerdings nicht spurlos an unserem Auto vorbei. Einige Roststellen waren sogar für mich als Laien deutlich zu sehen. Unser Automechaniker schüttelte jedenfalls energisch sein weises Haupt, als ich ihn vorsichtig fragte, ob wir im Herbst nochmal problemlos über den TÜV kommen würden.

Also musste ein neues Auto her. Gerade auf den acht Stunden Autofahrt nach Oberbayern zeigte der VW auch deutliche Schwächen. Die Stoßdämpfer im Eimer, Straßenlage wie ein Wackelpudding, ein uraltes Radiogerät – selbstverständlich ohne CD- oder wenigstens Kassettenteil! –, denn das stammte tatsächlich aus dem Golf I meiner Eltern, von wo sie es voller Liebe in den neuen Golf II einbauen ließen. Nur der Stauraum ist immer noch enorm groß für so ein Mittelklasse-Auto. Bei unserem üblichen Pfingsturlaub am Gardasee bekommen wir neben dem massiven Hauszelt, der kompletten Campingausrüstung auch locker unsere beiden Mountainbikes in die olle Kiste. Ein echtes Platzwunder eben.

Wir hatten bereits darüber diskutiert, ich suchte etwas im Internet herum, und schließlich entschlossen wir uns für einen Jahreswagen von Peugeot, einen 206er als Kombi. Nach einigem Suchen fand ich in Stuttgart einen Wagen, der unser Budget nicht zu sehr belasten würde. Das passte mir gut, bei einem der ersten Besuche in Oberbayern schaute ich mir das Auto an, absolvierte eine kurze Probefahrt, warf einen pseudo-fachmännischen Blick unter die Motorhaube – und jetzt will ich ihn kaufen. Der nächste Besuch bei Evelyn bietet sich dazu an, die Autos in Stuttgart einfach zu tauschen. Natürlich hätte ich den Golf auch hier verkaufen können. Aber das zu organisieren, ist mir im Moment eindeutig zu viel. Es genügt, dass ich zu Hause den Haushalt allein schmeißen muss, weil Evelyn in Kur ist. An den Wochenenden bin ich sowieso ständig in Oberbayern, unter der Woche arbeite ich viel. Also, keinen unnötigen Stress!

Alles ist entsprechend vorbereitet, ich freue mich gerade wie ein kleiner Junge auf den neuen Wagen, das lenkt mich auch schön von den anderen, weniger erbaulichen Themen in unserem Leben ab. Das Autohaus liegt in einem der Stuttgarter Industriegebiete, ich kenne den Weg noch ungefähr von meinem ersten Besuch, hier geht es rechts, dann die Straße mit den Bahnschienen von der Tram, genau – da klingelt mein Handy und ich sehe Evelyns Nummer. Obwohl das nicht sehr schlau ist, melde ich mich, während ich fahre.

»Oma ist positiv!«

Evelyn weint. Meine erste Regung ist Erleichterung.

»Das ist doch gut«, entgegne ich.

Evelyn ist weiterhin völlig aufgelöst, was ich gerade nicht wirklich nachvollziehen kann. Mir ging dieser Sommer ordentlich an die Nieren. Ich musste mich zu Hause alleine durchschlagen, gleichzeitig ging es Evelyn in der Klinik immer wieder richtig schlecht. Natürlich hoffte ich, dass alles dazu beiträgt, dass es ihr hinterher besser geht. Aber: eine Garantie hat man natürlich nicht. Mit diesem Gefühl musste ich weitgehend allein klarkommen. Dazu kam das Geduldsspiel mit dem Gentest, das auch an meinen Nerven gezerrt hat. Evelyn war am Ende fast gar nicht mehr in der Lage, sich darum zu kümmern, und so habe ich ihr viel abgenommen. Das ging überhaupt nur, weil ich als Selbständiger meine Zeit frei einteilen konnte.

Ich merke, dass wir jetzt länger reden müssten. Dazu müsste ich an die Seite fahren und mir richtig Zeit zum Telefonieren nehmen. Aber ich bin jetzt auch einfach erleichtert, dass das Ergebnis da ist – und so ausfällt. Das ist für mich einfach fantastisch. Ich schaffe es nicht, jetzt ein längeres Gespräch mit Evelyn zu führen und sie zu trösten. Dazu sind unsere Befindlichkeiten einfach zu unterschiedlich. Ich beende das Gespräch schnell und konzentriere mich wieder auf die Straße.

Der Händler erwartet mich, wir klären einige Fragen, für meinen alten VW bekomme ich noch zehn symbolische Euro. Das ist nicht schön, aber andererseits habe ich so ein Problem weniger. Der Händler wirft nur einen etwas mitleidigen Blick auf den Wagen, der noch immer die groben Winterreifen aufgezogen hat, obwohl es schon längst Sommer ist. Das Umladen geht schnell, mein Mountainbike und meine Reisetasche kommen in den Peugeot. Dann bin ich zurück auf der Straße, tanken, und weiter geht's Richtung Oberbayern. Eine meiner ersten Taten im Auto: eine CD einlegen und ganz laut aufdrehen. Autofahren und Musikhören sind für mich zwei untrennbare Dinge. Manche Augenblicke sind unauslöschlich in meinem Gedächtnis eingegraben. Als ich nach meiner Ausbildung zum Studieren aus meiner Heimatstadt wegzog, fuhr ich einen riesigen Umzugswagen, während mein Bruder und ein Freund in seinem Auto nachkamen. Nachdem ich die Stadtgrenze hinter mir hatte, schob ich eine Kassette ins Autoradio. Sheryl Crow sang wenig später »Leaving Las Vegas«, und mich durchströmte ein intensives Gefühl, das irgendwo zwischen Glück und Freiheit lag.

Jetzt war es eine CD von Gretchen Wilson, die ich auf der Fahrt rauf und runter hörte. Countryrock aus den USA, nicht sonderlich subtile, aber unglaublich kraftvolle Musik. Und außerdem hat diese Frau eine wahnsinnig gute Stimme.

So langsam kommt mir zu Bewusstsein, was Evelyn vorhin gesagt hat: Oma ist positiv. Das ist durchaus auch wörtlich zu verstehen, zumindest für mein Empfinden. Das heißt schließlich, dass sie definitiv entlastet werden kann durch einen Test. Also ist ab jetzt alles möglich. Und ich glaube fest an die Fifty-Fitfty-Chance, die wir haben. Ich merke, dass Evelyn da anders denkt. Sie hat das Gefühl, dass sie die Mutation ebenfalls hat. Sie würde es nie zugeben, dass sie so denkt. Aber ich merke es ihr an. Ich schüttele unwillkürlich den Kopf, während ich auf der Autobahn Richtung Albtrauf fahre. Woher soll sie das denn wissen? Gene kann man nicht fühlen, da bin ich mir hundertprozentig sicher. Natürlich wünsche ich mir, dass uns das jetzt erspart bleibt. Irgendwie wäre das doch auch gerecht, oder? Nach allem, was Evelyn durch den Tod ihrer Mutter schon durchmachen musste? Aber an eine Art höhere Gerechtigkeit will ich auch nicht wirklich glauben. Also bleiben einfach die nackten Zahlen: fünfzig Prozent. Das ist doch eine ganze Menge, mache ich mir Mut.

Einige Stunden später ruft Evelyn nochmal auf dem Handy an. Wo ich bleibe, will sie wissen. Ich bin auf den letzten Kilometern Autobahn, die Abfahrt Bad Reichenhall ist schon in Sichtweite. Eine gute halbe Stunde später biege ich in die Klinikeinfahrt. Evelyn kommt mir schon entgegen, und wirft einen Blick auf das neue Auto. Sie steigt ein, und wir fahren zusammen in die Tiefgarage.

»Du hast eine neue Sonnenbrille«, sagt sie.

»Meine alte finde ich nicht mehr.«

Na ja, so richtig gesucht habe ich danach auch nicht. Man

kann schon sagen, dass ich einen kleinen Sonnenbrillentick habe.

Als wir in Evelyns Zimmer sind, fängt sie wieder an zu weinen. Sie wirkt wahnsinnig erschöpft, und ich bin auch aufgrund der langen Fahrt entsprechend müde. Nur mühsam erklärt sie mir in den nächsten Stunden, was sie gerade so fertigmacht. Es sind vor allem zwei Dinge: Trauer um ihre Mutter, die keine Chance hatte, weil sie diese Diagnose nie bekam. Angst um Oma, die ja seit einigen Jahren wieder Brustkrebs hat.

»Ich habe mich immer noch an dieser Unsicherheit festgehalten«, sagt sie.

Da ticke ich definitiv anders, das halte ich für unlogisch. Aber vielleicht auch nur, weil es nicht mein Körper ist, um den es hier geht. Ich bin jedenfalls immer noch froh und sage das auch.

Später hat sie sich etwas beruhigt, und wir drehen noch eine Runde zu Fuß. Wir gehen hinter der Klinik über die Felder, in der Ferne ist die Schlafende Hexe zu sehen, die Abendsonne taucht die Berge in ein rötliches Licht.

DER MOMENT, AUF DEN ICH LANGE
GEWARTET HABE

September 2005

»Bis gleich.« Tino gibt mir einen Kuss und späht dann vorsichtig aus dem Zimmer. Die Luft scheint rein zu sein, er dreht sich kurz um und winkt knapp, dann ist er weg. Es ist Montagmorgen, Tino versucht mal wieder, unauffällig die Station zu verlassen. Das Wochenende war trotz der Differenzen am Freitag noch sehr harmonisch und schön geworden. Ich hatte mich am Samstagmorgen auch wieder etwas gefangen. Es waren so viele Gefühle hochgekommen. Aber es war auch einfach Erschöpfung und eine Art Verzweiflung, die ich selbst nicht richtig einordnen konnte.

Doch inzwischen ist mein Kopf wieder klar. Ich liege noch ein paar Minuten im Bett, dann muss ich auch aufstehen. Zum Blutzapfen. Das wird dann direkt nach Köln geschickt. Ich ziehe mich an, gehe ins Stationszimmer und mache meinen Arm frei. Es ist soweit, es ist der Moment, auf den ich lange gewartet habe. Der Arzt, der mir heute Morgen das Blut abnimmt, ist normalerweise nicht für mich zuständig. Ich kenne ihn aber bereits von einigen Gruppensitzungen. Er hat – wie immer – gute Laune.

»Wofür brauchen Sie denn das Blut?«

Ich gebe ihm die Kurzzusammenfassung, während er eine Kanüle nach der anderen abfüllt.

»Und was machen Sie, wenn Sie auch positiv sind?«

155

»Dann werde ich mich einer prophylaktischen Mastektomie unterziehen.«

Zack, ohne zu Zögern, wie aus der Pistole geschossen, kommt das inzwischen.

»Das hört sich doch gut an«, sagt er lächelnd. Und er redet fröhlich weiter: Wenn ich doch mal Kinder möchte, dann müsste ich mir keine Gedanken machen. Er wüsste von einer Studie in Österreich, die herausgefunden hat, dass Kinder, die nicht gestillt werden, sogar weniger Allergien hätten. Also das genaue Gegenteil der landläufigen Meinung.

Erleichtert gehe ich runter in die Eingangshalle. Tino hat sich in der Zwischenzeit eine neue Essensmarke gekauft, sodass wir noch gemeinsam frühstücken können, bevor er sich auf den Weg nach Freiburg macht. Jetzt fängt das Warten wieder an. Aber wenn es gut läuft, sind es nur zwei Wochen. Die Wissenschaftler wissen jetzt ganz genau, was sie in meinem Erbgut zu suchen haben, entsprechend flott sollte das vonstattengehen.

Das nächste Wochenende habe ich besucherfrei, und dann hat sich meine Schwester angekündigt. Darauf freue ich mich sehr. Sie hat zwei Auslandssemester in Mexiko verbracht, wo wir sie in den Pfingstferien auch besucht haben. Aber das war das einzige Mal, dass wir uns in diesem Jahr gesehen haben. Das ist für uns beide eine extrem niedrige Quote. Auch die sonst hohe Telefonfrequenz mussten wir deutlich herunterfahren. Die Zeitverschiebung machte es schwer. Außerdem absolvierte sie in Mexiko ein enormes Arbeitspensum. Sie studiert Lebensmitteltechnologie und forschte – ganz passend zum mittelamerikanischen Land – an Bohnen. Ich bin wahnsinnig gespannt, was meine Kleine erzählt und wie sie sich verändert hat.

Am Donnerstagmorgen gibt es aber noch eine Überraschung: »Frau Heeg, das Ergebnis Ihres Gentestes ist da. Die

Kolleginnen aus Köln haben mich informiert.« Ich sitze im Zimmer der Chefärztin und bin beeindruckt: Das ging jetzt aber schnell. Wie erwartet bleibt es dabei: für diese Bekanntgabe muss ich nach Köln. Das Ergebnis von Oma war mir ausnahmsweise noch über die Ärzte in Schönau vermittelt worden.

»Und wie läuft das jetzt ab?«

»Sie sollen in Köln anrufen und dort einen Termin vereinbaren«, sagt die Chefärztin.

Alle möglichen Gedanken schießen mir durch den Kopf. Zurück im Zimmer schnappe ich mir gleich das Telefon, und die nette Sekretärin gibt mir einen Termin am kommenden Montag, also in vier Tagen. »Ja, ist gut, dann komme ich Montag.« Ich atme tief durch. Das geht jetzt wirklich schnell, aber schließlich habe ich lange genug gewartet, eigentlich könnte ich es auch schon sofort hören. Jedenfalls müssen einige Planänderungen her, aber ich habe da schon eine Vorstellung: Anettes Besuch kürzen wir einfach ab, dafür kann sie am Montag mit mir zusammen nach Köln fahren, denn sie muss ja sowieso nach Bonn. Vielleicht geht sie ja sogar mit zur Verkündung der Testergebnisse? Ich werde sie später gleich mal anrufen. Jetzt rufe ich Tino an, der soll die Zugverbindungen heraussuchen.

Praktischerweise sitzt er direkt vorm Rechner: »Deutsche Bahn, Fahrplanauskunft, was kann ich für Sie tun?«, witzelt er. Auch ihn beflügelt die Aussicht, dass das Warten zu Ende gehen wird.

»Unglaubwürdig – zu freundlich«, halte ich dagegen.

Er gibt mir die Verbindung durch.

»Und danach fahren wir dann nach Freiburg?«, fragt er.

»Oje, das kann ich mir gar nicht vorstellen. Ich bekomme sowieso nur einen Tag in der Klinik frei – dann sitze ich am Montag ja über acht Stunden im Zug, und muss am Dienstag von Freiburg aus wieder acht Stunden zurückfahren.«

»Ja, aber es ist doch auch doof, wenn ich gleich wieder nach Freiburg fahre und du nach Schönau.«

»Ich weiß, dass wir gerade nicht viel Geld haben, aber können wir nicht eine Nacht im Hotel verbringen?«

Ich möchte irgendwie nicht in unsere Freiburger Wohnung. Wenn ich da erst mal bin, will ich nämlich vielleicht überhaupt nicht mehr nach Schönau! Ach, ist das alles kompliziert.

»Bis wann ist denn dein Aufenthalt genehmigt?«

»Bis Mittwoch meine ich.«

»Und wenn du einfach schon früher rausgehst?«

»Ich weiß nicht … keine Ahnung, wie ich auf das Ergebnis reagiere. Ich möchte eigentlich schon nochmal zurück. Vielleicht geht es mir total beschissen. Ich glaube zwar nicht, aber ich hätte auch nicht gedacht, dass ich auf das Ergebnis von Oma so reagiere. Außerdem komme ich mit meinem Geraffel, dass sich inzwischen hier angesammelt hat, nicht mehr mit dem Zug zurück: Mountainbike, Wanderzeug, deine Isomatte, Schlafsack …«

Tino bucht schließlich für Montagnacht ein Hotel in Köln, und ich werde am Dienstag nach Oberbayern zurückfahren. »Ich hole dich dann am nächsten Freitag mit dem Auto in Schönau. Dann müssen wir eben die Tage selber bezahlen.«

»Ja, so wäre es mir am liebsten.«

Am Samstagmorgen hole ich Anette am Bahnhof in Berchtesgaden ab. Sie hat den Nachtzug genommen, aber nur einen Platz im normalen Abteilwagen. Ich hatte ihr angeboten, einen Teil der Fahrt zu bezahlen, damit sie zumindest Liegewagen fahren kann. Aber aus Kostengründen wollte sie es so. Ob es denn unbedingt der Nachtzug sein müsse, wollte ich dann wissen. »Evelyn, das ist einfach die beste Tagausnutzung, wenn ich nachts fahre.« Gut, das kann ich schon verstehen. Ein Liegewagen hätte meiner Meinung nach aber deutlich mehr Nachtausnutzung geboten.

Aber diese Diskussion bringt nichts. Da bin ich dann einfach die große Schwester, der sie jetzt widersprechen muss. Vielleicht liegt es auch daran, dass unser Verhältnis manchmal eher ein Mutter-Kind-Verhältnis ist als ein schwesterliches. Ich weiß es nicht, ich weiß ja selber nicht mehr so richtig, wie sich ein Mutter-Kind-Verhältnis anfühlt. Außer, dass ich mir inzwischen klar bin, dass mir das Gefühl von Geborgenheit fehlt, weiß ich nichts darüber. Ich bin auf jeden Fall froh, dass ich mich mit meiner Schwester die meiste Zeit einfach nur gut verstehe. Und selbst wenn ich sie teilweise behandele, als wäre sie mein Kind, dann mache ich es doch gern und freue mich, an ihrem Leben teilhaben zu dürfen.

Als Anette aus dem Zug steigt, sieht sie doch etwas gerädert aus. Ich verkneife mir einen klugscheißerischen Spruch, das führt uns nicht weiter. Wir umarmen uns. Dann präsentiert sie mir stolz ihren Rollkoffer, den sie in Mexiko gekauft hat. Hmm, besticht auch nicht gerade durch Handlichkeit, denke ich mir. Er ist nämlich ziemlich riesig, gerade im Vergleich mit meiner körperlich doch kleinen Schwester. Obwohl ich die Ältere bin, überrage ich sie locker um einen halben Kopf. Oft ist es ja gerade umgekehrt.

Eigentlich wollte ich mit ihr nach Schönau laufen, aber das können wir gerade mal knicken. Jetzt muss halt ein Taxi her.

Schon auf der Fahrt erzählt mir Anette die neuesten Geschichten aus ihrem Leben, und im Zimmer angekommen, lümmeln wir uns aufs Bett und führen das gegenseitige Update fort. Irgendwann bin ich an der Reihe und zeige ihr meine neuen Schuhe.

»O Evelyn, Schuhe! Das ist ein gutes Stichwort. Ich brauche unbedingt neue Schuhe. Die müssen wir hier zusammen kaufen.«

»Ja, das hättest du in Berchtesgaden sagen müssen. Hier in Schönau gibt's nur Bergschuhe. Außerdem sind wir nicht in der Großstadt, die Läden schließen samstags um zwei Uhr.«

»Um zwei?« Anette macht große Augen.

»Wir sind auf dem Land! Los komm, wir machen uns gleich auf den Weg. Das reicht schon noch. Muss das Mittagessen hier eben ausfallen. Ich würde nur vorschlagen, dass wir nach Berchtesgaden laufen. Taxifahren ist nicht so billig wie in Mexiko.«

»Laufen?«, meine Schwester ist entsetzt. »Dahin willst du laufen: die ganze Strecke, die das Taxi gefahren ist?«

»Ja, mach schon. So weit ist das nicht.«

Auf dem Weg muss ich mir immer wieder anhören, dass es doch ein ganz schönes Stück sei. Passenderweise fährt gerade, als wir am Hauptbahnhof in Berchtesgaden vorbeigehen, ein Bus mit der Aufschrift »Schönau« vor. Anette bleibt stehen: »Evelyn, es hätte einen Bus gegeben?«

»Ja, klar, aber ich habe keine Ahnung, wann die fahren. Wir können ja für den Rückweg schauen«, versuche ich sie zu beruhigen.

Anette schaut sichtlich gequält aus der Wäsche. In solchen Momenten kann ich es immer nicht glauben, dass wir wirklich Schwestern sind. In dieser Beziehung sind wir uns einfach überhaupt nicht ähnlich, denn ich habe einen enormen Bewegungsdrang und mache für mein Leben gerne Sport. Aber trotz aller Widrigkeiten erreichen wir das Städtchen noch zu Ladenöffnungszeiten.

Der Sonntag vergeht rasend schnell. Bis auf eine kurze Joggingrunde, die ich allein absolviere, sind wir die ganze Zeit am Reden. Es gibt so viel zu erzählen, hauptsächlich über Anettes Aufenthalt in Mexiko. Nur der Montag ist kein großes Thema zwischen uns. Seltsamerweise bin ich ganz ruhig, da ist absolut keine Angst. Anette wird auch mitkommen, sodass wir in Köln zu dritt auflaufen, das hatten wir schnell geklärt. Seither umschiffen wir das Thema. Da der Zug am Montag sehr früh geht, habe ich mich ohne Widerrede zur Taxifahrt überreden lassen.

Die Zugfahrt von Berchtesgaden bis Mannheim verbringen wir mit Dösen und weiteren stundenlangen Gesprächen. Zum Glück erreichen wir heute alle Anschlusszüge. Wir werden in Köln etwa dreißig Minuten haben, um zur Klinik zu kommen. Tino hat schon angekündigt, auf jeden Fall ein Taxi nehmen zu wollen. »Da müssen wir uns doch keinen zusätzlichen Stress geben mit der Straßenbahn«, argumentierte er.

Ich kenne die Verbindung mit der Straßenbahn, eine halbe Stunde reicht da locker, aber ich merke, dass es für Tino gerade wichtig ist, dass alles glattläuft. Oder dass er alles im Griff hat. Jedenfalls habe ich ihm nicht widersprochen. Wird eben nochmal Taxi gefahren heute. Als Tino in Mannheim zu uns stößt, ist er tatsächlich nervöser, als ich es bin. Anette und ich fangen an, ihm von unserer Shoppingtour zu berichten. Tino hört zwar zu, macht aber nicht den Anschein, als würde ihn das Thema gerade brennend interessieren. Wir machen trotzdem weiter. Irgendetwas muss man ja tun.

Am Hauptbahnhof springen wir in ein freies Taxi. Auf der Fahrt frage ich mich, ob das eigentlich der direkte Weg ist, den der Fahrer nimmt. Aber das werde ich nicht herausfinden. Jedenfalls liefert er uns pünktlich ab, wir packen unsere Taschen und Koffer und stehen etwas unentschlossen vor dem Portal. Die beiden anderen sehen mich erwartungsvoll an, aber ich muss mich erst einmal orientieren. Seit das Brustzentrum in Köln ist, haben sich die örtlichen Gegebenheiten ein paar Mal geändert. Schließlich bekomme ich die Strecke wieder zusammen, und wir bahnen uns unseren Weg durch die Gänge. An der Anmeldung des Zentrums für Familiären Brust- und Eierstockkrebs begrüßt uns wieder die nette Sekretärin. Mit unserem Gepäck blockieren wir den halben

Raum. »Nehmen Sie doch erst mal im Wartezimmer Platz, die Taschen können Sie hier abstellen, ich passe schon auf.«

Das Wartezimmer hat sich inzwischen komplett verändert. Kein Vergleich mehr zu meinem ersten Besuch hier. Der Warteraum ist in einem angenehmen Gelbton gestrichen, neutrale, aber freundliche Bilder an der Wand, man möchte gar nicht glauben, dass man in der Uniklinik sitzt. Obwohl wir etwas zu früh sind, müssen wir nicht lange warten. Wir werden von einer Ärztin abgeholt, die uns durch ein Gewirr aus Gängen, Aufzügen und Türen zum Zimmer von Frau Professor Schmutzler bringt. Wir begrüßen uns, ich stelle den beiden Ärztinnen meine Schwester und meinen Mann vor, und dann muss erst mal noch ein Stuhl herangeschafft werden, denn mit diesem Personenaufgebot hatten sie nicht gerechnet. Auf dem Tisch liegen bereits einige Blätter bereit. Ich werfe einen kurzen Blick darauf und ahne schon, was jetzt kommt.

Die Professorin beginnt das Gespräch in ruhigem, aber ernstem Tonfall. Sie fasst nochmal kurz den Anlass unseres Treffens zusammen und fragt dann ein letztes Mal explizit nach, ob ich das Ergebnis meines Gentestes wirklich wissen möchte.

Nein, jetzt gibt es kein Zurück mehr. Ich habe das alles angefangen, um es auch zu Ende zu bringen. »Ich möchte das Ergebnis wissen«, sage ich mit fester Stimme. Frau Professor Schmutzler nickt und zeigt uns auf einem Scan von Omas Genen, wo bei ihr die Mutation gefunden wurde. Das hatte ich mir schon gedacht, dass das eben Omas Ergebnis ist.

»Und nun zu Ihnen, Frau Heeg: Leider haben wir diese Mutation auch in Ihrem Erbgut gefunden.«

Jetzt ist es raus. Ich bin positiv. Neben mir beginnt jemand zu schluchzen – es ist Anette. Wir kümmern uns alle etwas um meine Schwester, die die schlechten Nachrichten im Augenblick am meisten erschüttern. Für Tino und mich stand ja von Anfang an fest, dass es so kommen konnte. Tino hatte ja noch eher daran geglaubt, dass ich entlastet werden könnte. Aber dass wir nach Köln fahren mussten zur Ergebnisverkündung, hat er intern schon als schlechtes Zeichen gewertet.

Nach ein paar Minuten hat sich Anette etwas beruhigt, und die Professorin klärt mich nochmals über die verschiedenen Handlungsalternativen auf, die mir nun zur Verfügung stehen: engmaschige Vorsorge, gewisse medikamentöse Behandlungen oder eben Entfernung des Brustgewebes.

»Ich bin definitiv entschlossen, eine Mastektomie mit gleichzeitigem Wiederaufbau durchführen zu lassen«, sage ich. Nur die Mastektomie bietet eine Risikoreduktion, die diesen Namen verdient. Alles andere ist für mich Krebs auf Raten. Allein die Vorstellung, dass sich zum Beispiel direkt nach einer Vorsorgeuntersuchung ein Tumor bilden könnte. Der hätte dann ein halbes Jahr Zeit, in meinem Köper zu wachsen und zu streuen! Zudem würde ich mich definitiv die ganze Zeit krank fühlen, gerade auch wenn ich täglich irgendwelche Medikamente schlucken müsste, die das Risiko dann dennoch nicht erheblich senken können.

»Im Moment bietet doch nur die Mastektomie eine fast vollständige Reduzierung des Risikos, richtig?«

Die Ärztin bestätigt das: »Je nach Untersuchung bleibt maximal ein Restrisiko von wenigen Prozent.«

Und dann schildern sie uns erst einmal ausführlich die verschiedenen Methoden, die Brust mit eigenem Fettgewebe wieder aufzubauen. Wir lernen, dass es darauf ankommt, dass der Chirurg möglichst viel Brustgewebe entfernt. Das bestimmt dann sozusagen auch das Restrisiko, denn in diesem Restgewebe kann es eben doch noch zu Tumorwachstum kommen. Wenn der Chirurg also fünf Prozent stehen lässt, dann habe ich ein höheres Restrisiko, als wenn nur zwei Prozent übrig bleiben. Ein gewisser Rest wird immer bleiben, allerdings ist das Gewebe nicht mehr mit dem Lymphsystem verbunden, worüber die Tumoren besonders gut streuen können. Aber klar ist auch, dass ich mein restliches Leben in eine relativ engmaschige Vorsorge muss.

Tino fragt, ob sie uns denn einen Chirurgen nennen können, der die Operation durchführt. Da gibt es natürlich einige, die in Frage kommen. Frau Professor Schmutzler gibt uns einen ausführlichen Überblick über die kompetentesten Operateure und deren Methoden des Wiederaufbaus und berichtet von ihren persönlichen Erfahrungen. So erzielte ein Spezialist wohl sehr schöne optische Ergebnisse der Brust, sie musste aber in der Nachsorgeuntersuchung feststellen, dass bei der betroffenen Frau noch relativ viel Gewebe vorhanden war. Das will ich natürlich auf keinen Fall. Wenn schon, dann richtig.

»Und dann gibt es noch Professor Feller in München. Mit ihm haben wir sehr gute Erfahrungen gemacht. Sowohl optisch als auch was die Entfernung des Brustgewebes angeht.« Das ist der aus dem *Spiegel*-Artikel.

Wir fragen noch nach, wie die Rekonstruktion genau vor sich geht. Sie erklären uns, dass es meist aus Bauchfett gemacht wird. Dazu müsste ich unter Umständen noch einiges zunehmen, aber das wird der Chirurg dann mit uns im Detail klären. Zunehmen – Dinge, die die Welt nicht braucht, denke ich mir. Aber nun gut. Frau Professor Schmutzler sichert uns noch ihre Unterstützung bei Kostenanträgen zu. Die werden wir brauchen, denn normalerweise übernehmen die Kassen keine prophylaktischen Operationen.

Natürlich bedeutet das Ergebnis auch, dass ich mir mit vierzig die Eierstöcke entfernen lassen muss, weil mein Risiko für ein Ovarialkarzinom dann in die Höhe schießt – auch eine Auswirkung der Mutation. Aber das ist jetzt gerade das geringste Problem. Vorher gibt es noch viel dringlichere Baustellen. Wir machen aus, dass, wenn ich Genaueres über die

Mastektomie in Erfahrung gebracht habe, ich mich in Köln melden werde.

Wir verabschieden uns von den beiden Ärztinnen, die das Gespräch sehr einfühlsam geführt haben, und verlassen die Klinik. Jetzt ist erst mal alles geschwätzt, wie wir Schwaben sagen.

»Wir nehmen die Straßenbahn«, übernehme ich das Ruder, als wir vor der Pforte stehen. »Kein Widerspruch? Okay, dann fahren wir.« Komischerweise habe ich kein Bedürfnis, jetzt zu laufen. Irgendwie bin ich gefasst. Nun weiß ich, was Sache ist, und nun kann ich handeln. Tino hingegen ist schon enttäuscht. Wir steigen aus der Straßenbahn aus und suchen in der Kölner Fußgängerzone ein Café. Die Stadt ist wie immer gerammelt voll. Das erste Café lassen wir links liegen. Es ist nicht nach unserem Geschmack, zu sehr Spitzentischdecken und Filterkaffee. Das stellt sich bald als Fehler heraus. Wirklich üppig ist die Auswahl hier nicht. »Vielleicht sind die Mieten zu hoch«, mutmaßen wir. Oder wir sehen sie gar nicht. Anette kennt Köln etwas besser: »Es kommt gleich was. Ich weiß es!«

Nach gefühlten Stunden erreichen wir ein nettes Café im Stil der neumodischen amerikanischen Ketten, die gerade den alten Kontinent erobern, und bei Kaffee, Brownies und Muffins sieht die Welt für uns alle gleich schon wieder etwas freundlicher aus. Wir reden noch kurz über das Ergebnis, aber landen schnell bei leichteren Themen. Ich habe das Gefühl, dass es schon okay ist, so wie es ist. Wenigstens hat sich der ganze Aufwand gelohnt.

Unser Hotel muss irgendwo am Dom liegen. Wir schlagen uns zum Hauptbahnhof durch, wo wir uns von Anette verabschieden, denn sie nimmt den Zug zu ihrem Freund nach Bonn. Tatsächlich finden wir das Hotel nur wenige Straßen entfernt, an einem stillen Platz mit einer Kirche. Wir checken ein, werfen unser Gepäck in die Ecke, und ich rufe kurz bei Anettes Freund an, um ihm zu sagen, was Sache ist – und um ihm auch zu sagen, dass er meine Schwester ganz schön mitgenommen hat. Nur damit er vorbereitet ist.

Tino ist unter der Dusche, und ich schaue mir das Zimmer genauer an: Ist eigentlich gar nicht so schlecht, denke ich. Oh, ich bin froh, jetzt nicht nach Freiburg zu müssen. Es ist gut, mit dem ersten Eindruck einfach weg zu sein von zu Hause. Das ist wie eine Atempause. Nachdem ich auch geduscht habe, machen wir uns startklar für einen kleinen Stadtrundgang. Der Ladenschluss hat in der Fußgängerzone für Entspannung gesorgt. Wir schlendern an den Schaufenstern vorbei Richtung Rhein. Das ist hier schon ganz schön touristisch, aber andererseits auch richtig nett. Wir finden einen gemütlichen Italiener, bei dem wir Pizza essen können. Wir setzen uns, bestellen und beginnen langsam, die Ereignisse des Tages zu besprechen. Im Moment überwiegt eindeutig die Erleichterung über die gewonnene Klarheit, inzwischen auch bei Tino. Irgendwie ist sogar ein wenig Leichtigkeit zurückgekommen heute Abend. Erstaunlich, aber so ist es. Wir wissen ja jetzt, was zu tun ist.

Als der Kellner unsere Teller bringt und mir die Düfte in die Nase steigen, merke ich, dass es doch Zeit wird, wieder nach Hause zu kommen. Endlich mal wieder mit viel Knoblauch kochen! Ohne Rücksicht auf Verluste. In der Klink wird so etwas ja nicht gemacht, sicher wegen der älteren Patienten. Auf meine Sommerleibspeise – frisches Pesto, von Tino per Hand im Steinmörser hergestellt – habe ich viel zu lange verzichtet. Es müsste noch frisches Basilikum auf dem Markt geben, denke ich, während mir das Wasser im Mund zusammenläuft.

»Sie sind schon zurück?«

Auf dem Weg zu einer anderen Patientin treffe ich den Doc, der mir das Blut für den Gentest abgenommen hat. Es ist halb neun abends.

»Wie war's?«

Ich zeige mit dem Daumen nach unten.

Er nickt: »Sie wussten es schon.«

»Ja.«

»Sind Sie okay? Brauchen Sie noch etwas?«

»Nein, danke. Es ist gut so. Ich schaue noch nach einer Mitpatientin.«

»Dann bis morgen.«

Tino hat gleich nach seiner Ankunft in Freiburg bei Professor Feller in München angerufen. Es ist kaum zu glauben: Wir haben am Freitagnachmittag einen Termin! Das ist perfekt, Tino kommt am Donnerstagabend mit dem Auto nach Schönau, wir schnappen mein ganzes Gerümpel und fahren am Freitag nach München. Von dort aus geht es dann nach Hause.

Ich hätte es ja sowieso schon gewusst … Das stimmt schon, ich bin mir schon länger sicher. Mein Gefühl hat mir deutlich gesagt: Unternimm etwas, bevor es zu spät es! Das war jetzt also mein erstes Gespräch darüber, dass ich positiv bin. Na ja, als richtiges Gespräch kann man das nicht unbedingt bezeichnen. Aber es gibt nicht viel zu besprechen. Es ist so, ich weiß, was zu tun ist. Soll ich jetzt bei Anne klopfen? Ach, ich gehe lieber noch einmal kurz raus. Es regnet nicht – das muss man direkt ausnutzen.

Draußen ist es inzwischen richtig dunkel, am Himmel sehe ich nur einige wenige Sterne, aber es ist ein milder Abend. Noch Sommer, denke ich.

Ich kann es immer noch nicht fassen, dass es so schnell weitergehen kann. Schon am Freitag gehen wir zu Professor Feller, und ich erfahre mehr über die OP-Methode. Ich fände es nicht witzig, etliche Kilos zunehmen zu müssen. Vielleicht fühle ich mich bei dem Arzt aber auch gar nicht wohl. Dann wird es bestimmt nicht mehr so einfach, einen weiteren Spezialisten zu finden. In dem *Spiegel*-Artikel von Klaus waren weitere Namen, aber der Ausdruck des Textes liegt in Freiburg. Ich würde jetzt gerne wissen, was für Namen das waren. Muss ich mir eigentlich auf jeden Fall zwei Ärzte anschauen, oder kann ich so eine Entscheidung schon nach dem ersten Gespräch treffen? So viele offene Fragen! Aber nun gut, es geht schon am Freitag weiter. Besser hätte es nicht laufen können! Und auf Freiburg freue ich mich inzwischen riesig. Endlich wieder meine eigenen vier Wände, mal wieder selber kochen.

Ich werde einiges ändern in meinem Leben. Frisches Obst gehört in Zukunft zum Frühstück dazu. Das war hier einfach immer klasse morgens. Das muss ich in Zukunft unbedingt auch zu Hause machen. Ganz egal, wie früh es ist, ich brauche mehr als fünfzehn Minuten zum Frühstücken. Dann beginnt der Tag einfach besser. Schon verrückt, über was ich mir in den vergangenen Wochen Gedanken gemacht habe!

Ich bin wieder zurück an der Klinik. Die letzten Meter geht es steil bergauf, vorbei an dem Gasthaus. Wie wird es sein, jetzt Mitpatienten zu treffen? Was sage ich? Eigentlich ein blödsinniger Gedanke – ich sage, dass ich positiv bin. Ist ja kein Makel, oder? Ich kann ja nichts dafür. Ich gehe hinauf in den ersten Stock, und auf der Treppe spüre ich die Müdigkeit des langen Tages, die mich unwiderstehlich ins Bett zieht.

Ich habe erstaunlich gut geschlafen. Klasse, ich springe voller Elan aus dem Bett. Ab zum Frühstück! Dort bin ich wie immer eine der Ersten. Alles ist noch sehr ruhig, keine Hektik, kein Lärm. Ich hole mir eine Brezel, der Kaffee wird an den Tisch gebracht. Heute stehen diverse Arztgespräche auf dem Programm. Mal sehen, ob die heute Morgen schon Teamsitzung hatten und alle schon Bescheid wissen! Außerdem muss ich die Abreise klären. Und in der Schule anrufen. Keine schöne Nachricht, die ich meiner neuen Rektorin da mitteilen muss. Wie wird sie reagieren? Ich kenne sie ja praktisch nur von zwei kurzen Telefonaten. Komisch, seit einigen Tagen ist wieder Schule. Das ist verdammt weit weg. Viel kann ich sowieso noch nicht sagen, vielleicht weiß ich ja am Freitag mehr. Aber es wäre schon schön, zum Halbjahr wieder einzusteigen. Erzwingen kann ich das aber auch nicht. Ach, ist ja auch egal. Alles Spekulationen. Nach dem Frühstück geht's in die Gerätegestützte Krankengymnastik. Klingt wichtig, oder? Und tut auch echt gut. Meine Schulterschmerzen, die ich vor allem beim Schlafen und später dann beim Nichtschlafen hatte, sind weg. Das motiviert doch, auch wenn ich nicht weiß, ob es durch die Krankengymnastik oder durch die anderen Therapien gekommen ist. Oder durch die Gespräche mit der Chefärztin.

»Guten Morgen, Frau Heeg.«
   »Guten Morgen.«
   »Wie war Ihre Fahrt nach Köln?«
   Ich hole kurz Luft.
   »Ich bin positiv. Sie haben eine Mutation gefunden. BRCA1.«

»Wie geht es Ihnen damit?«

»Mir geht es erstaunlich gut.« Das stimmt tatsächlich. Mir fällt es gerade schon schwer, es auszusprechen, aber es ist die Gewissheit, die ich mir gewünscht habe. »Ich habe sogar schon am Freitag einen Termin in München bei einem Professor, der solche Operationen durchführt.«

»Das ist ja toll. Und, Frau Heeg, seien Sie ehrlich: Sie wussten, dass sie Mutationsträgerin sein werden.«

Also auch die Chefärztin hatte diesen Eindruck. Schon seltsam, das scheine ich ja deutlich ausgestrahlt zu haben.

Wir reden über die Tragweite dieser Informationen. Dann sagt die Ärztin: »Jetzt ist es Ihre Aufgabe, diese Behinderung in Ihr Leben zu integrieren.« Sie macht eine kleine Pause. Ich bin etwas geschockt: Behinderung. Bin ich jetzt behindert? Der Gedanke fährt mir schmerzhaft in die Magengrube.

»Ich wähle dieses Wort bewusst, Frau Heeg, weil es am besten zeigt, dass es keine Kleinigkeit ist und sein wird. Auch nach der Operation wird es schwierige Zeiten geben, körperliche Veränderungen und so weiter. Aber Sie werden es schaffen, dies alles in Ihr Leben zu integrieren.«

Ich spüre einen Kloß im Hals. Wird es so schwer werden? Es tut zwar gut zu hören, dass sie es mir zutraut. Aber hoffentlich überschätzt sie mich nicht.

Das Gespräch wendet sich nun Organisatorischem zu. Wir besprechen, dass ich am Freitagmorgen sehr früh abreisen werde. Vorher müssen ein paar Untersuchungen gemacht werden, Abschlussgespräche und so weiter. Und dann muss ich erst mal raus! Das ist schon ganz schön aufwühlend. Anderthalb Stunden bis zum nächsten Termin – nichts wie weg.

Im Laufe des Tages wird es immer mehr zur Routine, darüber zu sprechen. Langsam würde sich ein Schild um den Hals lohnen. Nein, Spaß beiseite: Die Anteilnahme der anderen berührt mich sehr. Vielen steht die Traurigkeit danach ins

Gesicht geschrieben. Komischerweise bin ich dann diejenige, die sagt: Macht euch keine Gedanken, das passt schon, ich weiß, was zu tun ist.

Der Mittwoch geht ansonsten mit weiteren Terminen herum. Am Donnerstagmorgen fange ich langsam an zu packen. Bei mir macht sich eine Nix-wie-weg-Stimmung breit. Am frühen Nachmittag mache ich mit Lorenz einen langen Spaziergang zum Königssee. Das tut gut. Er ist ebenfalls Patient hier, in der orthopädischen Abteilung. Wir sind Tischnachbarn bei den Mahlzeiten und haben uns in den vergangenen Wochen angefreundet. Er kommt aus Schönau und kennt die Gegend hier natürlich wie seine Westentasche. Beim Spazierengehen zeigt er mir noch einen neuen Weg von der Klinik zum See. Beim Gehen lassen wir die ganzen Wochen hier nochmal Revue passieren.

Danach warte ich eigentlich nur noch auf Tino, der später am Abend kommen wird.

»Vielleicht hätten wir doch den Kleinbus kaufen sollen.«

Tino ist etwas geschockt, wie viel sich in den zehn Wochen hier angesammelt hat. Er steht im Zimmer, wo schon Taschen, Tüten und Kartons herumstehen. Und unten ist ja auch noch mein Mountainbike.

Aber es wird schon klappen. Später gehen wir mit Lorenz und seiner Frau noch in Schönau abendessen. Der Abschied naht. Schon am Donnerstagvormittag war die letzte Stationsrunde: Alle Ärzte und alle Mitpatienten sitzen zusammen, und es geht um allgemeine Themen. Wie meine Verabschiedung. Abschiede sind immer traurig, für mich waren sie viele Jahre richtig traumatisch. Vielleicht, weil der Abschied von meiner Mutter so überraschend kam, oder ich als Jugendliche damit schlicht überfordert war. Aber ich hatte ja auch keine Hilfe dabei, mit dieser Trennung fertig werden zu können. Hier in Schönau ist es zum ersten Mal anders: Es tut weh, aber es ist auch gut, jetzt zu gehen. Diese schier grenzenlose Traurigkeit, die mich sonst bei Abschieden immer überflutete, ist es dieses Mal nicht.

Am Donnerstagabend liegen wir im Bett und diskutieren, was wir morgen anziehen werden. Die Praxis ist schließlich in der Maximilianstraße. Ein Plastischer Chirurg in Münchens teuerster Einkaufsstraße – da wollen wir nicht in Shorts und Badelatschen auflaufen, sonst nimmt uns da am Ende keiner ernst. Tino hat die »einfache Business-Ausstattung« dabei, graues Jackett, Hemd, schwarze Hose. Ich habe mir am Mittwoch schon Gedanken gemacht. Die beige Stoffhose und eine schwarze Bluse mit Pailletten, damit würde ich mich gut fühlen. Tino hat mir die Bluse und noch Schuhe aus dem Schrank in Freiburg mitgebracht.

Am nächsten Morgen schleicht sich Tino ein letztes Mal aus der Station. Wir nehmen das schon nicht mehr wirklich ernst, und Tino macht eine kleine Show daraus. Er linst übertrieben vorsichtig aus der Türe.

»Alles roger!«, flüstert er mit Verschwörermiene. Er hebt den Daumen und schlüpft lautlos auf den Gang. Ich sehe noch, wie er die Klinke von außen ganz langsam loslässt.

EIN NETTER ARZT

Es passte tatsächlich alles in unseren kleinen Peugeot. Inzwischen wühlen wir uns schon durch den Großstadtverkehr in München. Evelyn hat den Stadtplan auf den Knien, während ich versuche, am Steuer Ruhe und Überblick zu bewahren.

Die Homepage von Professor Feller zeigte ein schönes Eckhaus an der Maximilianstraße in München, beste und teuerste Lage in der nicht gerade billigen Landeshauptstadt. Wir überqueren die Isar, und jetzt beginnt die Parkplatzsuche. Evelyn zeigt nach rechts, ich biege ab, nein, hier geht es doch nicht, alles voll, Blinker links und zurück auf die Straße.

»Da ist ein Parkhaus angeschrieben«, sagt Evelyn ein paar Meter weiter. An der Ampel biegen wir nach links ab, und ich werfe einen Blick auf das Eckhaus: »Das hier müsste es eigentlich schon sein …«

In der Praxis dürfen wir nochmal kurz ins Wartezimmer. Alles ist sehr schick, aber nicht protzig eingerichtet. Wir wechseln noch ein paar Worte. Wie wird der Arzt sein? Natürlich wünschen wir uns, dass er nett ist, denn das würde vieles erleichtern. Aber kann man das bei einem Plastischen Chirurgen in München erwarten? Viel Betrieb herrscht auch nicht, wir sind die einzigen Wartenden hier, und wenige Minuten später werden wir aufgerufen. Auch das Zimmer des Arztes ist geschmackvoll eingerichtet, viele dunkle Farben, alles hat eine beruhigende Wirkung. Professor Feller gibt uns die Hand und bittet uns, Platz zu nehmen. Er ist schlank und vielleicht Anfang fünfzig. Sein Aussehen habe ich schon auf der Internetseite begutachten können. Aber in echt wirkt er deutlich sympathischer. Sein Händedruck ist fest, und dabei schaue ich in freundliche blaue Augen. Schon im ersten Augenblick habe ich einen sehr positiven Eindruck. Er strahlt Gelassenheit und Verbindlichkeit aus.

»Was kann ich für Sie tun?«

Evelyn beginnt zu berichten: familiärer Brustkrebs, Gentest, Uniklinik Köln, Empfehlung von Frau Professor Schmutzler – und eben jetzt der Wunsch nach prophylaktischer Amputation mit Wiederaufbau.

Der Arzt hört sich alles ruhig an und ergreift erst das Wort, als Evelyn ausgeredet hat.

»Das ist eine gute Entscheidung, Frau Heeg. Ich kann Ihnen versprechen, dass Sie danach den Kopf wieder frei bekommen.«

Ich spüre eine große Erleichterung, der Mann scheint unsere Lage zu verstehen – nicht nur medizinisch, sondern auch emotional. Was für ein Glück! Der Professor klärt uns in aller Ruhe über die Operation auf. Tatsächlich wird das Fettgewebe oft aus dem Bauch entnommen, aber eine Entnahme vom Po ist ebenfalls möglich. »Dann müssen wir aus technischen Gründen allerdings zwei Operationen durchführen.« Die beiden OPs werden meistens in einem Abstand von etwa vier Wochen durchgeführt: zuerst die eine Seite, also Entfernung des Brustgewebes, Entnahme des Fettgewebes aus dem Po und Transplantation in die Brust, wo das Gewebe wieder an die Blutgefäße angeschlossen wird. Den ersten Teil der OP muss Evelyn auf der Seite liegen. Dann vier Wochen später das ganze Prozedere auf der anderen Seite. Wegen der frischen Wunde, auf die man sie nicht lagern kann. »Bei Ihnen wird es eher auf eine Entnahme aus dem Po hinauslaufen.«

»Muss ich denn vorher noch zunehmen?«

»Nein, ich denke nicht.«

Professor Feller verschwindet mit Evelyn kurz hinter einem Paravent, um sich ihren Hintern etwas genauer zu betrachten. Kurz darauf ruft er mich, und zeigt uns beiden, dass genügend Gewebe vorhanden ist. Das hätte ich zwar nicht gedacht, aber umso besser – eine Sorge weniger.

»Wir schneiden um die Brustwarze herum, sodass auf Ihrer Brust keine Narbe zu sehen sein wird. Durch diese Öffnung entnehmen wir das Gewebe und führen auch das Fettgewebe ein.« Das ist beeindruckend: Durch eine so kleine Öffnung wird das alles gemacht!

Die Brustwarze wird komplett entfernt, das wissen wir schon, denn die Gefahr, dass sich dort ein Tumor bilden könnte, ist einfach zu groß. Stattdessen, erklärt uns der Professor, verpflanze er einen Hautlappen aus dem Po an die Stelle der Brustwarze. Wenn die Wunden komplett verheilt sein werden, modelliert er in einem kleinen ambulanten Eingriff diese Hautstücke zu Brustwarzen. Wenig später kann man diese dann pigmentieren. Wer nichts von den OPs weiß, wird später nichts davon erkennen.

»Wie sieht es aus mit dem Gefühl in der Brust?«

Eigentlich kennen wir die Antwort schon, aber vielleicht hat der Spezialist hier auch gute Nachrichten. Aber der Arzt schüttelt bedauernd den Kopf: »Hinterher haben Sie leider kein Gefühl mehr.«

Aber die Vorteile dieser Methode liegen auf der Hand: Es ist Evelyns eigenes Gewebe, das auch mit ihr weiterlebt, sprich: zu- oder abnimmt, altert und sich der Körpertemperatur anpasst.

»Wie hoch ist die Gefahr, dass etwas schiefgeht?«

»Sehr gering: Wir haben dieses Jahr noch kein einziges Transplantat verloren. Aber natürlich besteht dieses Risiko.«

Der Chirurg berichtet, dass er seit über zwanzig Jahren mit

dieser Methode operiert – das überrascht mich. Ich dachte, das wäre eine brandneue Sache, frisch importiert aus den Staaten. Was man sich eben zusammenreimt, wenn man nur ein paar Informationsbrocken hat, und die unter Umständen sogar noch falsch sind. Professor Feller gibt uns die Kopie eines wissenschaftlichen Artikels über die Operationsmethode mit und schärft uns ein, dass wir ihn jederzeit anrufen können, wenn weitere Fragen auftauchen sollten.

»Ich schaue gerade mal nach, wann wir Termine frei hätten. Nur, dass Sie Bescheid wissen und sich alles in Ruhe überlegen können.«

Der Arzt blättert in seinem Kalender und nennt uns zwei Termine, Mitte November und Mitte Dezember. »Der Krankenhausaufenthalt dauert zehn Tage: Sie würden dienstagabends einchecken in der Geisenhofer Klink am Englischen Garten, und wir würden Sie dann am Mittwochfrüh operieren.« Danach muss Evelyn erst mal zwei Tage komplett ruhig unter einer Heizdecke bei 40 Grad liegen, damit das Transplantat ohne Problem anwächst. Ein Glück, dass wir das nicht im Hochsommer planen!

Aber wieder bin ich erleichtert, denn bei einem solchen Eingriff hätte ich auch locker mit Wartezeiten von vielen Monaten gerechnet. Aber Mitte November, das ist eigentlich sehr gut.

Zum Schluss besprechen wir die finanzielle Seite: Schließlich muss das Unternehmen auch bezahlt werden. Professor Feller nennt uns den Betrag, etwa 15 000 Euro, den die beiden Operationen von seiner Seite aus kosten werden. Dazu kommen natürlich noch 20 Tage Krankenhaus plus Anästhesisten-Rechnung, also locker nochmal die doppelte Summe zusätzlich. Diese Rechnungen werden aber erst nach dem Aufenthalt fällig. Da es unsicher ist, ob und wenn ja wie viel die Kasse bezahlen wird, muss Professor Feller auf eine Überweisung vorab bestehen, wofür er bei uns um Verständnis bittet. Wir schauen uns kurz an, das ist zwar eine Menge Geld, aber wir haben noch Reserven.

»Das ist kein Problem, wir können Ihnen den Betrag vorher überweisen«, sage ich. »Können Sie uns denn helfen, den Antrag bei der Krankenkasse durchzubekommen?«

»Ich schreibe Ihnen gerne ein Gutachten.«

Damit könnte es klappen, zwei Gutachten von Professor Schmutzler, Expertin für familiären Brustkrebs, und Professor Feller, Experte für die Mastektomie mit Rekonstruktion – das wird die Krankenkasse vielleicht überzeugen. Zumindest werden wir hoffentlich einen gewissen Teil erstattet bekommen.

Der Professor betont nochmals, dass wir ihn jederzeit kontaktieren können. »Es werden sicher noch Fragen auftauchen, wenn Sie jetzt gemeinsam darüber nachdenken. Rufen Sie an, ich bin zwar oft nicht zu sprechen, aber rufe Sie dann abends zurück. Ich stelle Ihnen jetzt meinen Kollegen Doktor Heckmann vor. Er zeigt Ihnen noch ein paar Bilder von Brüsten vor der OP und nach der OP. Wenn Sie nichts dagegen haben, macht er auch gleich von Ihnen, Frau Heeg, noch ein paar Bilder.«

Wir geben Professor Feller die Hand und verabschieden uns.

Doktor Heckmann führt uns direkt in einen Fotoraum. Hier zeigt er uns am Bildschirm verschiedene Resultate. Beeindruckend. Der größte Störfaktor äußerlich sind die langen Narben am Hintern oder am Bauch. Praktischerweise befinden sie sich aber alle in der Bikinizone.

Nach einer kurzen Fotosession von Evelyn verlassen wir die Praxis.

Auf dem Weg nach unten sind wir einig: sehr sympathische Ärzte!

Einige Tage später haben sich Horst und seine Freundin Tanja zum Abendessen angekündigt. Tanja hat ihr erstes gemeinsames Kind auf die Welt gebracht, Marvin heißt der Kleine. Sie sitzen in unserer Küche, und wir bestaunen artig den Knirps. Aber der Abend steht von Anfang an unter keinem guten Stern. In aller Breite berichtet Tanja von der Geburt und geht irgendwann über zu den Segnungen des Stillens. Ich bin nie so richtig warm geworden mit ihr. Evelyn hatte sogar schon sehr früh eine herzliche Abneigung gegen sie gefasst, weil Tanja sie an ihre Stiefmutter erinnert. Ich schaue Tanja prüfend ins Gesicht: Warum schneidet sie dieses Thema ausgerechnet jetzt an? Hat sie denn wirklich keine Ahnung davon, dass das für uns total vermintes Gelände ist? Wir hatten die Diagnose, die Mastektomie ist beschlossene Sache, für Evelyn ist also seit wenigen Tagen definitiv klar, dass sie in ihrem Leben niemals ein Kind stillen wird.

Horst sitzt zufrieden dabei und scheint auch komplett im Hormonrausch versunken zu sein. Dabei weiß er das doch alles. Hat er Tanja nicht von dem Testergebnis und den OPs erzählt? Das kann ich mir kaum vorstellen. Ich versuche das Thema zu wechseln, aber Tanja ist hartnäckig. Sie lässt zwar ab von der Lobpreisung des Stillens, aber jetzt ist ein Hymne auf ihre Mutter dran: Wie toll sie unterstützt wird von ihr, wie sehr die Mutter aufblüht durch das Enkelkind und so weiter. Auch das ein Volltreffer. Das Gespräch wird langsam zum Desaster.

Da die beiden nicht nachfragen, bringen wir irgendwann die bevorstehenden Operationen aufs Tapet. Bisher sind wir immer offensiv damit umgegangen, und das wollen wir auch weiterhin so handhaben. Eigentlich ärgert es mich schon jetzt gewaltig, dass während des ganzen Abends noch keine Nachfrage nach unserem Befinden gekommen ist. Und jetzt ist zwar endlich das Geburtsthema durch – was natürlich auch seine volle Berechtigung hatte –, aber die beiden sitzen weiterhin versunken in ihr Familienglück am Tisch und zeigen noch nicht mal ein rudimentäres Interesse am wechselhaften Schicksal ihrer Gastgeber. Na gut, dann erzählen wir eben, ohne gefragt zu werden.

»Dann kannst du ja gar keine Kinder mehr kriegen!«, ruft Tanja entsetzt, als sie hört, dass Evelyn eine Mastektomie plant.

»Doch, natürlich! Wie kommst du denn darauf?«, fragt Evelyn erstaunt.

Tanja sieht das anders: »Aber du kannst doch gar nicht mehr stillen!«

Jetzt bin ich vollends fassungslos. Mit beiden Beinen und vollem Anlauf zurück ins Fettnäpfchen. Ich werfe einen fast schon flehentlichen Blick auf Horst, denn, hallo, jetzt wäre der goldrichtige Moment, um seine Freundin zurückzupfeifen. Aber der sitzt immer noch völlig zufrieden auf seinem Stuhl und verfolgt diese groteske Verhandlung regungslos.

»Das hat doch nichts mit einer möglichen Schwangerschaft zu tun«, sagt Evelyn schließlich. »Die ist weiterhin möglich.«

Sie erklärt, dass das Gewebe bei ihr aus dem Po genommen wird. Aber auch bei einer Entnahme aus dem Bauch stellen Schwangerschaften ja kein Problem dar, sobald die Narben verheilt sind.

Tanja kann das nicht mit unserem Entschluss versöhnen. Es ist fast so, als ob wir ihr jetzt den Abend verdorben hätten. Sie macht ein beleidigtes Gesicht und wendet sich schließlich wieder ihrem Baby zu. Evelyn wechselt das Thema, und wir reden noch einige Minuten mit Horst über irgendetwas Belangloses, bevor die beiden dann endlich wieder aufbrechen. Als sie gegangen sind, bleibt mir nur das blanke Entsetzen. Wie kann man so unsensibel sein? Wir schütteln beide den Kopf. Und es enttäuscht mich, wie Horst sich verhalten hat. Irgendwie ist das jetzt der emotionale Tiefpunkt. Ich habe schon den ganzen Sommer sehr wenig Unterstützung von ihm bekommen, obwohl er wusste, dass es mir auch nicht gut ging. Aber so viel Unverständnis und Ignoranz für unseren Schritt ist uns bisher noch nicht begegnet. Und das gerade von den beiden.

Am nächsten Tag klären wir noch ein paar Fragen mit Professor Feller, der tatsächlich umgehend zurückruft und auch am Telefon weiterhin sehr nett ist. Schließlich sagt Evelyn ihm, dass sie gerne die Termine im November und Dezember wahrnehmen würde. Wir hatten das auf der Autofahrt von München zurück bereits ausführlich diskutiert. Meine Meinung war zunächst gewesen, vielleicht noch einige Monate zu warten. Aber Evelyn war dafür, alles jetzt schnell über die Bühne zu bringen. Rein arbeitsmäßig wäre das auch das Beste für sie, denn die OPs werden sie sicher für drei Monate lahmlegen. »Wenn wir das gleich machen, kann ich vielleicht zum zweiten Halbjahr wieder in der Schule einsteigen.« Das habe ich schließlich eingesehen.

Professor Feller notiert sich den Termin und erklärt, dass seine Assistentin uns alle nötigen Unterlagen und Informationen zukommen lassen wird.

Als Evelyn auflegt, schaue ich in den Kalender: noch knapp vier Wochen bis zur ersten Operation.

COUNTDOWN

November 2005

Heute ist Ruhetag. Und unser vorletzter Urlaubstag. Wir haben uns nochmal eine Woche Radfahren auf Mallorca gegönnt. Nach einer langen Diskussion – denn eigentlich ist immer noch nicht klar, was finanziell eigentlich so auf uns zukommt. Es ist weder geklärt, was die ganzen Operationen insgesamt kosten werden. Und vor allem ist noch nicht klar, wer sie bezahlt. Als Beamtin bekomme ich fünfzig Prozent von der privaten Krankenkasse erstattet, und die anderen fünfzig Prozent von der sogenannten Beihilfe. Meine Erfahrung war bisher so, dass entweder beide bezahlen oder keiner. Die Klinik, in der Professor Feller operiert, ist hauptsächlich eine private Klinik. Also sicherlich nicht ganz billig. Hoffentlich können wir Krankenkasse und Beihilfe klarmachen, dass sie die prophylaktische Operation viel billiger kommt als eine Brustkrebserkrankung mit Entfernung des Tumors, Chemotherapie, anschließender Rehabilitation. Sowie einer deutlich erhöhten Wahrscheinlichkeit, in den folgenden Jahren wieder an Krebs zu erkranken und daran auch zu sterben. Was der gesunde Menschenverstand sagt, liegt ja wohl auf der Hand. Aber ob das zählt? Wahrscheinlich lässt sich das alles gar nicht mehr klären, bevor ich unters Messer komme. Die Mühlen mahlen langsam.

Anfang Oktober gingen die Briefe an Krankenkasse und

Beihilfe raus, mit den beiden Gutachten. Hoffentlich macht sich dort jemand die Mühe, das alles zu lesen. Es war auf jeden Fall ein ganz schöner Aufwand. Knapp zwei Wochen später, einen Tag nach meinem Geburtstag, lag ein Schreiben von der Beihilfe im Briefkasten. Kurz durchzuckte mich die Hoffnung: Vielleicht schenken sie mir zum Geburtstag ja die Kostenübernahme! Aber es war reiner Zufall, dass der Brief am 6. Oktober verfasst war. Die Behörde forderte mich lediglich auf, mir ein amtsärztliches Gutachten vom Gesundheitsamt zu besorgen. Ich habe durchaus damit gerechnet, dass mich der Staat durch meine lange Fehlzeit irgendwann zum Amtsarzt zitiert. Das kenne ich noch von meiner Mutter. Ist ja auch verständlich. Aber dass ihnen Gutachten von zwei Ärzten nicht reichen, um eine Kostenübernahme zu bekommen?

Egal. Ich habe also nochmal alles kopiert, in einen Umschlag gepackt und ab damit ans Gesundheitsamt. In den folgenden Wochen habe ich immer wieder bei den diversen Sachbearbeitern angefragt, was die Anträge denn so machen. Doch noch gibt es keine Neuigkeiten. Nebenher trudeln die Rechnungen von der Klinik in Schönau ein. Nicht so einfach, da den Überblick zu behalten. Normalerweise muss ich das alles ja vorstrecken, aber bei den Beträgen ist klar, dass ich erst mal Geld von der Krankenkasse und der Beihilfe brauche, bevor ich die Rechnung bezahlen kann.

Ruhe ist genau das Richtige vor unserer Königsetappe morgen. Wir wollen über den höchsten Pass Mallorcas beim Puig Major. Eine schöne, aber auch anstrengende Tour, denn bis wir dort sind, müssen wir so oder so etliche Kilometer und Höhenmeter zurücklegen. Eigentlich kein Problem, aber ein Ruhetag schadet auch nichts. Schließlich sind wir hier nicht im Straflager. Und es wird meine letzte lange Radtour vor den Operationen sein. Danach ist dann für Monate Schluss. Keine schöne Aussicht.

Ich liege auf dem Bett und lese eines jener Bücher, die mir Oma mitgegeben hat. Zu anspruchsvoll darf die Literatur nicht mehr sein, sonst schweifen meine Gedanken ständig ab, und ich denke zu viel an all die Dinge, die da kommen werden. Der Urlaub ist ebenfalls fast rum, übermorgen geht der Flieger zurück Richtung Flughafen Basel. Noch zweimal zum Abendessen. Das werde ich definitiv nicht sonderlich vermissen. Das Hotel ist wirklich in Ordnung, aber den Meerblick bezahlen wir mit etwas minderwertiger und vor allem fettiger Essensqualität. Egal, der Meerblick, das Wetter – das alles macht es locker wett. Und schließlich gibt es auch auf Mallorca Supermärkte mit einem fremdartigen, aber umso spannenderen Angebot an Keksen und anderen Süßigkeiten. Heute können wir beide sowieso den ganzen Tag futtern, denn nach sechs Tagen Radfahren will der Körper spätestens am Ruhetag die ganzen Reserven wieder auffüllen. Glücklicherweise hatten wir bisher absolutes Traumwetter: um die 30 Grad, windstill, stabile Wetterlage. Und das Ende Oktober!

Tino kommt vom Balkon herein und lässt sich neben mir aufs Bett fallen.

»Gummibärchen!«, ruft er. »Da bleibe ich doch glatt hier.«

Mir ist es draußen einfach zu anstrengend gewesen: immer das Buch hochhalten. Auf dem Bett lümmeln wir herum, entspannen die Nackenmuskulatur und lassen die Zeit einfach so verstreichen. Dann sagt Tino: »Ob das gestern Abend das letzte Mal Sex vor den Operationen war?«

»Du stellst Fragen. Nach so einer Bemerkung kannst du fast sicher sein, dass es das letzte Mal war!«

In solchen Situation schalte ich ganz schnell auf stur.

»Ist dir der Gedanke noch nicht gekommen?« Tino ist überrascht.

»Um ehrlich zu sein: Nö.« Und eigentlich will ich gar nicht darüber nachdenken. »Wenn das zur Kopfsache wird, dann kannst du das gerade mal vergessen mit dem Sex. Wenn ich daran denken muss, dann vergeht mir sofort jede Lust.«

Tino schaut mich nachdenklich an.

»Aber wie geht das weiter?«

Verdammt gute Frage.

»Woher soll ich das wissen? Irgendwie halt. Ich habe schließlich noch mehr erogene Zonen.«

Ich weiß nicht genau, aber ich denke schon, dass die ersten Male Sex nach den Operationen nicht einfach werden. Aber ich weiß das schlicht nicht. Ich habe keine Vorstellung davon, wie viel Schmerzen ich haben werde, und wie es sein wird, im Brustbereich wenig oder nichts wahrzunehmen. »Hör zu, ich will da echt nicht darüber nachdenken. Ich vertraue darauf, dass das schon wieder wird.« Außerdem: Schlimmer als im Sommer, als es mir so schlecht ging, kann es eigentlich nicht werden. Tino grinst. Er weiß, was ich meine, denn damals hätte ich mir auch ein Schild umhängen können, auf dem »Fass mich nicht an« stand.

Wir liegen noch einige Augenblicke schweigend da, und kurz darauf ist er wieder in sein Buch vertieft.

Bisher habe ich das lieber alles verdrängt. Es gibt ja keine Antworten darauf. Nicht vor Frühjahr nächsten Jahres. Ich kann nicht mal garantieren, dass ich dann überhaupt schon Nähe oder Zärtlichkeiten zulassen kann. Ich merke ja jetzt schon, dass es immer schwieriger wird.

Wir sind zurück aus Mallorca. Es sind noch zehn Tage bis zur ersten OP: Willkommen in der Realität. Der Briefkasten quillt über, aber nachdem ich alles durchgeschaut habe, bin ich enttäuscht: weder irgendeine Kostenübernahme noch eine Benachrichtigung für ein Päckchen mit der Kompressionshose. Ich brauche direkt nach der OP eine Kompressionshose, das hat uns Professor Feller gleich beim ersten Gespräch erklärt. Die Hose komprimiert das Gewebe am Po, wo die Operation große Narben hinterlassen wird, sodass sich dort keine Wundflüssigkeit einlagern kann. Feller empfiehlt uns das Fabrikat einer niederländischen Firma, das nicht so teuer ist und trotzdem seinen Zweck erfüllt. Ich habe dort per Internet erst mal ein Exemplar bestellt. Keine Ahnung, ob mir eine reichen wird. Aber ich kann ja jederzeit nachkaufen. Doch zunächst sollte die erste Hose langsam eintreffen.

Heute ist Sonntag, und entsprechend kann ich gar nichts tun. In gedämpfter Stimmung räumen wir unsere Taschen aus. Bald türmen sich Berge dreckiger Wäsche vor unserer Waschmaschine. Außerdem muss ich mich bei Oma zurückmelden. Ich seufze. Also gut, hat ja keiner behauptet, dass das alles ein Zuckerschlecken wird. Immerhin hatten wir einen Traumurlaub. Das darf ich nicht vergessen.

Am nächsten Morgen wache ich auf und weiß sofort: noch neun Tage. Nach dem Frühstück kümmere ich mich sofort um die Kompressionshose, das hat jetzt erste Priorität, da die Bestellung im Internet weiter auf sich warten lässt. Schon vor dem Urlaub hatte ich mehrfach versucht, telefonisch und per E-Mail etwas über die Lieferzeiten zu erfahren. Jetzt muss Plan B her.

»Kann ich Ihnen behilflich sein?«

Ich stehe im Sanitätshaus gleich neben dem Freiburger Stadttheater.

»Ich bräuchte eine Kompressionshose in dieser Art.«

Ich halte der Frau hinter der Theke die Beschreibung jener Hose hin, die ich im Internet bestellt habe. Sie wirft einen kurzen Blick darauf.

»Es tut mir leid. Wir führen keinerlei Bedarf für Fettabsaugungen.«

Was?

Die Verkäuferin gibt mir die Beschreibung zurück. Ich starre sie sprachlos an. Was hat sie da eben gesagt? Sehe ich so aus, als ob ich mir Fett absaugen lassen würde? Geht's ihr noch gut? Ich stopfe die Beschreibung in meine Tasche. Nichts wie raus hier. Das ist es also: das größte Sanitätsgeschäft in Freiburg. Super, und nun? Ich stehe ziemlich gedemütigt auf der Straße herum. Soll ich mich auf die Suche nach einem weiteren Sanitätsgeschäft machen? Ich habe gerade keine Ahnung, wo noch ein anderes derartiges Fachgeschäft ist. Aber ich habe auch null Bedarf nach weiteren Demütigungen. Ich hätte die Frau ja auch ordentlich anpflaumen können. Aber dazu bin ich gerade viel zu dünnhäutig.

Als heulendes Elend komme ich dann auch wieder zu Hause an. Beim Heimradeln aus der Stadt wurde der ganze Ärger zu Tränen.

»Und, warst du erfolgreich?«

Tino schaut erst jetzt vom Computer auf, und damit ist seine Frage wohl schon beantwortet.

Nachdem ich mich wieder etwas beruhigt habe, erkläre ich ihm, dass sie mir im Sanitätshaus unterstellt haben, dass ich die Hose fürs Fettabsaugen bräuchte. »Die hat dich ernsthaft gefragt, ob es für eine Fettabsaugung ist?« Tino ist ebenso baff, wie ich es war.

»Nein, gefragt hat sie nicht. Sie ist einfach davon ausgegangen.«

»So eine blöde Kuh.«

Wir diskutieren, wie wir weiter vorgehen sollen. Ich frage Tino, ob er nicht bei anderen Sanitätshäusern in Freiburg anrufen könne.

»Komm, wir schauen, ob wir nicht einen Anbieter im Internet finden. Wenn wir denen erklären, dass es schnell gehen muss, ist das vielleicht einfacher.«

Noch immer ziemlich bedröpelt hole ich mir einen Stuhl und setze mich neben Tino vor den Computer. Ich schaue zu, während er verschiedene Suchbegriffe durchprobiert.

»Da, es gibt mindestens zwei oder drei Anbieter im Netz.«

Meine Stimmung kann das nicht wirklich aufhellen. Ich

bin ja auch nicht super scharf darauf, eine Kompressionshose zu besitzen. Das wird garantiert eher unangenehm, so ein Ding zu tragen. Und zudem soll ich die Hosen fast ein halbes Jahr durchgehend anbehalten! Ich sitze da, wie bestellt und nicht abgeholt. Immer wieder kommen mir Tränen. Die Modelle, die Tino da so findet, machen es nicht besser. Die Variante, die Professor Feller vorgeschlagen hat, geht locker als sportliche Shorts durch. Aber diese Dinger hier sind echt der Gipfel und sehen aus wie aus dem Foltermuseum: knielang und garantiert bis knapp unter die Brust. Damit man so etwas überhaupt anziehen kann, ist die Hose vorne offen und mit Häkchen zu verschließen. Es hilft nichts, Tino schnappt sich das Telefon und ruft an. Er erklärt kurz den Zusammenhang, fragt nach Zahlungsmodalitäten und vor allem nach der Lieferzeit. Dann fängt er mit der Frau am anderen Ende der Leitung eine Diskussion über die passende Größe an. Dabei schaut er mich immer wieder fragend an. Ich verdrehe die Augen: Keine Ahnung, wie groß der Umfang meines Hinterns nach der Operation noch sein wird! Das wüsste ich auch gern. Schließlich fragt mich Tino, ob ich sie gerne hautfarben oder schwarz hätte. Natürlich schwarz, was für eine Frage! Nur dass ich bei diesem Riesenteil garantiert das nächste halbe Jahr in Jeans rumrennen darf. Tino bittet die Frau um eine kurze Bedenkzeit und legt auf.

Als er mein Gesicht sieht, fragt er: »Ist die Hose nicht okay?«

»Was heißt schon okay? Natürlich kann ich mir Schöneres vorstellen, als in so einem Teil rumzulaufen. Aber ich kann es ja nicht ändern. Hautfarben finde ich schrecklich, andererseits ist es unter hellen Hosen natürlich die einzige Möglichkeit. Das überfordert mich gerade.«

»Und wenn wir einfach beide Farben bestellen?«

»Weißt du, was so ein Teil kostet?« Mit Versandkosten wären wir locker 200 Euro los.

»Das ist doch jetzt egal«, sagt Tino und grinst: »Hinterher können wir sie ja einfach bei Ebay verchecken. Wenn man die für Fettabsaugungen braucht, gibt es da sicherlich einen Markt.«

Bei Ebay versteigern? Der kommt auf Ideen. Schließlich willige ich ein.

Tino schnappt sich wieder den Telefonhörer, und ich gehe erst einmal in die Küche, um Teewasser aufzusetzen. So kompliziert habe ich mir das alles nicht vorgestellt. Hoffentlich geht das die nächsten Tage nicht so weiter.

Auch am nächsten Morgen steht mir die Zahl wieder klar vor Augen: noch acht Tage. Wir sitzen in der Küche beim Frühstück. Es ist einfach toll, ohne Wecker aufzustehen. Ich gehe mit Tino kurz den heutigen Tag durch: Das EKG für die OP und der Fototermin stehen auf dem Programm. Zumindest der erste Termin sollte bis auf Wartezeiten problemlos verlaufen. Ich werde wieder mein Sprüchlein aufsagen, für was für eine Art von Eingriff ich das EKG benötige. Bleibt zu hoffen, dass mir nicht wieder das bloße Unverständnis entgegenschlagen wird. Der Fototermin ist erst heute Abend. Was da auf mich wartet, weiß ich nicht so genau.

Ein paar Straßen entfernt ist das Fotogeschäft, an dem ich schon oft vorbeigegangen bin. Die beiden Fotografen, ein Ehepaar aus Frankfurt, haben immer wieder auch schöne Aktaufnahmen im Schaufenster stehen. Der Gedanke, ich könnte den Ist-Zustand auf Bildern festhalten, kam mir irgendwann und hat mich seither nicht mehr losgelassen. Allerdings fehlte mir lange der Mut. Kurz vor Mallorca war dann klar, dass es jetzt oder nie sein musste. Ich habe einmal tief Luft geholt und bin reingestapft. Und die Fotografin hat sehr verständnisvoll auf meine Geschichte und mein Vorhaben reagiert. »Ich habe auch schon eine schwere Erkrankung hinter mir. Ich kann nachempfinden, wie es Ihnen geht«, sagte sie. Außerdem erzählte sie mir, dass sie schon viele Frauen fotografiert hat, die aufgrund einer Brustkrebserkrankung kurz vor der OP zu ihr kamen.

Ich bin ja zum Glück nicht erkrankt, schoss es mir gleich durch den Kopf. Wir vereinbarten einen Termin für den heutigen Abend. »Das machen wir nach Ladenschluss, damit wir nicht gestört werden. Mein Mann wird mir assistieren, das ist doch okay für Sie?«

Der Tag vergeht ohne besondere Vorkommnisse, das EKG ist erledigt und unauffällig, ich bin fit für die Operationen. Mittlerweile ist es kurz vor sechs. Ich trage seit Stunden keine engen Klamotten mehr, da sich sonst die Bünde auf der Haut abzeichnen würden. Ich bin frisch geduscht, die Haare sind gerichtet, und ich bin startklar. Das Schminken übernimmt netterweise die Fotografin. Ich verabschiede mich von Tino und ziehe die Haustür hinter mir zu. Es sind nur ein paar Meter, die gehe ich zu Fuß. Auf diese Weise kann ich auch noch etwas Zeit schinden. Ich spüre eine leichte Übelkeit in der Magengegend und bin mir nicht mehr sicher, ob die Idee wirklich so gut war. Das mulmige Gefühl ist auch noch da, als ich den Laden betrete. Die Eheleute empfangen mich mit einer entwaffnenden Fröhlichkeit, die gleich ein bisschen vom Ernst der Lage, wie ich ihn empfinde, nimmt. Hinter mir wird sofort die Ladentür verriegelt. Ich werde ins Hinterzimmer gebeten, wo mich die Fotografin auf einen Hocker platziert. Ihr Mann macht sich in der Zwischenzeit an der Stereoanlage zu schaffen.

»Möchten Sie ein Glas Sekt, während ich Sie schminke? Dann kommt die Lockerheit von ganz allein.«

Da sage ich heute nicht nein. Wir stoßen erst einmal an, bevor mein Gesicht in Angriff genommen wird. Der Teil ist ja noch ganz angenehm, aber das Ausziehen … Ich merke, wie mir wieder ganz anders wird. Lieber nicht darüber nachdenken, ich mache einfach, was man mir sagt. Wenn es mir unangenehm ist, kann ich ja alles noch abblasen, rede ich mir gut zu. Wie zu befürchten war, ist die Fotografin sehr schnell fertig. Ich sehe mich nur ungefähr im Spiegel, da ich meine Brille abgenommen habe und keine Kontaktlinsen trage. Aber was ich sehe, gefällt mir. Ich bin mit dezentem Make-up versorgt, das sieht gut aus.

Die Fotografin sieht mich an. »Jetzt kommt der Teil, der den meisten am schwersten fällt. Wir dunkeln den Raum ab, Sie können ihre Kleider einfach hier ablegen, dann ist es gar nicht mehr so schlimm. Bald werden Sie vergessen, dass Sie nackt sind.« Sie lächelt mir aufmunternd zu.

Es geht also auch anderen so. Wie tröstlich. Es wird dunkel, und ich schlüpfe aus meinen Kleidern. Nun wird es wieder etwas heller, aber die beiden Fotografen verhalten sich weiterhin so, als wäre es das Normalste der Welt, dass sie angezogen und ich nackt bin. Sie sind echte Profis – vor allem auch im Umgang mit den Kunden. Ich fühle mich tatsächlich ganz gut.

»So, sollen wir anfangen?«

Es geht los, sie geben mir genaue Anweisungen, was ich mit welchem Körperteil tun soll. Sodass ich gar keine Zeit habe, darüber nachzudenken, wie das jetzt wohl aussieht. Schon bald sind die Gedanken, ob das jetzt vielleicht zu lasziv rüberkommen könnte, verschwunden. Ich habe das Gefühl, die beiden wissen, warum und wofür ich die Bilder möchte, und können das auch umsetzen. Ich lasse mich einfach darauf ein, und es ist kinderleicht. Schneller als erwartet ist alles vorbei. Ich kann mich wieder anziehen.

Als wir wieder draußen im Verkaufsraum stehen, fragt mich der Fotograf: »Und, war es so schlimm, wie Sie es erwartet haben?«

»Nein, überhaupt nicht. Es hat sogar Spaß gemacht.«

»Sie werden es nicht bereuen, diesen Schritt unternommen zu haben. Wir haben tolle Bilder gemacht.«

Die beiden erklären mir das weitere Prozedere. In den nächsten Wochen kommen zunächst die Kontaktabzüge. Die werde ich mit den beiden zusammen durchschauen und anschließend entscheiden, welche Bilder ich als Abzug in welcher Größe gerne hätte.

»Okay, dann komme ich nach der ersten OP vorbei.«

Mir fährt es wieder in den Magen. Dann wird alles schon ganz anders sein.

Die beiden wünschen mir noch alles Gute für die Operation und begleiten mich zur Tür.

Ziemlich verwirrt verlasse ich den Laden. Das waren jetzt einfach viele Eindrücke. Und die Einsicht am Schluss war wieder ein kleiner Schock. Tagsüber vergesse ich ganz oft, warum ich ausschlafen darf und Dinge wie Fotografentermine unternehme. Das ist vielleicht auch gut so.

Noch sieben Tage. Heute habe ich mir vorgenommen, bei der Beihilfe wegen der Kostenübernahme anzurufen. Mal wieder. Aber zuerst muss ich ganz dringend ein Fußbad bei Ebay ersteigern. Im Winter habe ich oft kalte Füße, die sich gewöhnlich nur durch Sport erwärmen lassen. Dieses weiße Plastikteil mit Massage- und Sprudelfunktion scheint mir deshalb genau das Richtige zu sein, um die kalten Füße in Ruhe zu bekämpfen. Schließlich werde ich lange keinen Sport machen können, um meinen Kreislauf anzukurbeln. Das Ding steht gerade bei 14,78 Euro, da kann ich nicht viel falsch machen. Ich gebe ein Gebot über 17 Euro ab, als das Telefon klingelt. Es ist Conny, die auch Lehrerin ist.

»Hi, Evelyn, ich bin gerade auf dem Weg in die Schule. Hast du heute Mittag Lust, gemeinsam mittagessen zu gehen?«

»Ja klar, warum nicht?«

»Um halb zwei in Omas Küche?«

»Ist gekauft.«

»Bis dann.«

Schön zu merken, wie viele auch im Alltag immer wieder an mich denken. Beschwingt von diesem Anruf beschließe ich jetzt, direkt bei der Beihilfe anzurufen. Ein Blick auf den Bildschirm zeigt mir, dass die Auktion noch über eine Stunde laufen wird. Außerdem ist der Andrang für das Fußbad auch nicht so wahnsinnig groß.

Die zuständige Sachbearbeiterin kennt mich inzwischen. Sie ist nett und gibt sich immer Mühe mit meinen Anfragen. Heute erwische ich sie direkt. Leider kann sie mir noch nichts Genaues sagen. Aber ihr liege das Gutachten vom Gesundheitsamt inzwischen vor, sagt sie mir. Das ist gut. Jetzt kann es nicht mehr lange dauern, bis die Kostenfrage geklärt ist. Erleichtert lege ich auf. Ich habe noch jede Menge Zeit, bis ich wegen des Fußbads in Aktion treten will. Keine neuen Mitbieter am Start. Ich gehe zum Fenster und werfe einen Blick in den Hinterhof. Die große Tanne steht dort, grün wie im Sommer. Aber die vielen Obstbäume haben ihre Blätter schon halb abgeworfen. Die Natur bereitet sich ganz eindeutig auf den Winter vor. Das passt zu meiner Stimmung.

»Sag mal, habt ihr eigentlich Rückmeldungen auf Tinos Mail bekommen?«

Ich sitze mit Conny beim Mittagessen in Omas Küche. Tino hat vor einigen Tagen eine Rundmail an unsere Freunde geschrieben, in der er meine genauen OP-Termine durchgegeben hat und dazu aufrief, dass man mich in München besuchen solle.

»Keine Ahnung, ich habe ihn noch gar nicht gefragt deshalb.«

»Ich habe mit Klaus für die zweite OP gleich ein Hotel gebucht. Ich wollte schon lange mal wieder nach München. Von daher machen wir einfach einen Wochenendausflug. Wir oder ich können dann jederzeit bei dir sein.«

Das ist ja schön. Ich habe mich um gar nichts gekümmert.

Tino managt das richtig gut. Ich wäre nie auf die Idee gekommen, einfach eine Rundmail zu schreiben. Ich habe keine Ahnung, wie es mir gehen wird, ob ich überhaupt Besuch will, und so weiter. Aber er hat schon recht. Es ist sicherlich kein Fehler, wenn immer jemand in der Stadt ist, den ich gut kenne. Dann kann er auch mal nach Hause fahren. Er muss ja auch noch arbeiten.

»Habt ihr denn genug Leute?«

»Ja, ich denke schon. Beim ersten Mal kommen auf jeden Fall meine Geschwister und Anna. Beim zweiten Mal kommen Elke und Uli. Und dann eben noch ihr beide.«

»Ach schön, da ist dann immer was los.«

Eine Exmitpatientin aus Schönau hat sich angemeldet, Lorenz aus Schönau wird auch vorbeikommen. Ich habe fast ein bisschen Bedenken, dass mir das zu viel wird.

»Du sagst einfach, was du brauchst. Wenn du keinen Besuch willst, ist das auch okay. Als Lehrer können wir leider nur am Wochenende.«

»Hier ist die Post. Da ist ein Brief vom Landesamt für dich dabei.«

Tino kommt die Treppe hoch und wedelt mit dem Schreiben. Es sind noch fünf Tage bis zur OP. Ich reiße ihm das Ding aus der Hand.

»Oh, oh, jetzt wird es spannend.«

Ich versuche ruhig zu bleiben und den Briefumschlag zu öffnen, ohne gleich alles zu zerreißen. Den ersten Teil überfliege ich. Dann wird's interessant: »Sehr geehrte Frau Heeg, unter Bezugnahme auf Ihren o. g. Antrag dürfen wir Ihnen aufgrund der am 4. November 2005 hier eingegangenen gutachtlichen Stellungnahme des Gesundheitsamts beim Landratsamt Breisgau-Hochschwarzwald mitteilen« – Mann, kommt doch mal zum Punkt, ich weiß selber, was ich beantragt habe –, »dass die Ihnen entstehenden Aufwendungen aus dem Anlass der beabsichtigten stationären Behandlung in der Frauenklinik Dr. Geisenhofer am Englischen Garten in 80538 München zur Durchführung einer sogen. Prophylaktischen beidseitigen Mastektomie mit nachfolgendem Brustaufbau gem. § 6 Abs. 1 Nr. 6 und 6a BVO dem Grunde nach als beihilfefähig anerkannt werden bzw. beihilfefähig sind.«

Beihilfefähig – habe ich richtig gelesen? Hey, da steht, dass sie die Hälfte der Kosten übernehmen. Wir liegen uns in den Armen. Zumindest mal fünfzig Prozent sind gedeckt. Bevor ich mich zu früh freue, zwinge ich mich, die übrige halbe Seite auch noch zu lesen. Wer weiß, welche Einschränkungen noch gemacht werden. Und nochmal von vorne. Aber ich finde keinerlei Haken. Ich kann es noch gar nicht glauben. Tino ist in Feierlaune, er ist sichtlich erleichtert. Ich bin zwar auch froh, merke aber, dass sich keine unbändige Freude einstellt. Es ist die Kostenübernahme für eine Operation, und nicht der Hauptgewinn im Lotto. Das ist schon noch ein Unterschied. Nichtsdestotrotz: Es ist eine Erleichterung zu wissen, dass sich das mögliche finanzielle Desaster etwas beschränkt. Außerdem ist es eine Neuigkeit, über die sich Oma morgen ganz sicher freuen wird.

Und die Kostenübernahme ist ja letztendlich auch wieder eine Bestätigung, dass das, was ich tue, genau das Richtige ist. Für eine völlig überzogene Reaktion würde die Beihilfe sicherlich kein Geld ausgeben. Das fühlt sich richtig gut an. Ich habe einen weiteren Hinweis bekommen, dass andere meinen Weg verstehen.

Wir sitzen im Zug nach Stuttgart. Zugfahren ist zwar zu zweit teurer als Autofahren. Es hat aber den Vorteil, dass Tino nebenher arbeiten kann. Das kann er im Auto nicht, da wird ihm schon schlecht, wenn er nur die Landkarte lesen will. Außerdem fahre ich einfach auch gerne Zug. Die Bahncard 50 ist schon Teil meines Freiheitsgefühls. Auch wenn es die

DB eigentlich immer schafft, mir ordentlich Verspätung aufzubrummen, wenn ich unterwegs bin. Aber heute ist Tino dabei, der hat bahnmäßig die bessere Aura, da geht alles nach Plan. Es sind noch vier Tage bis zur ersten Operation.

Ich freue mich sehr auf den Besuch. Seit der zweiten Blutabnahme hat sich das Verhältnis zu Oma wieder komplett entspannt. Und sie zeigt mir jetzt sogar, dass sie stolz darauf ist, wie ich mit meiner Geschichte umgehe.

Pünktlich zum Mittagessen erreichen wir das Haus am Sonnenberg. Ich habe mir Weckklöße mit Tomatensoße gewünscht, und das kleine Haus ist erfüllt vom Duft nach Tomaten. Das ist ein Essen, das ich mir selber nie koche. Die Tomatensoße ist garantiert aus frischen Tomaten. Organisiert wie sie ist, kocht Oma im Sommer auf Vorrat – und ab damit in den riesigen Gefrierschrank. Dazu gibt es grünen Salat und – wie immer bei Oma – Weißweinschorle. Das gönnt sie sich jeden Mittag.

Es gibt viel zu erzählen. Zum einen von der Kostenübernahme, zum anderen aber über unseren Urlaub. Nach dem Essen packt Tino den Laptop aus, und wir zeigen Oma unsere Mallorca-Bilder. Ich habe ihr schon immer Urlaubsfotos gezeigt, aber heute kommt sie mir besonders interessiert vor. Schon fast auffällig. Irgendwann mittendrin unterbricht sie uns und hastet hinaus: »Warte mal kurz.«

Sie kommt zurück und wedelt mit einer Zeitschrift.

»Evelyn, schau dir mal diese Leserreise an. Mandelblüte in Mallorca. Ich überlege, ob ich mich anmelden soll. Ich habe schon eine Bekannte gefragt, ob sie mitgehen würde.«

Ich bin begeistert und sage ihr das. Die Reise führt durch alle schönen Städtchen im Norden der Insel. Außerdem ist die Mandelblüte ein echtes Erlebnis. In Deutschland ist die Natur zu diesem Zeitpunkt noch völlig grau. In Mallorca hingegen herrscht farbenprächtiges Frühjahr.

Oma nickt zu meinen Ausführungen: »Ich finde auch, dass

die Reise sehr interessant klingt. Ich hebe die Ausschreibung mal auf. Anmelden kann ich mich im Moment noch nicht.«

»Warum nicht?«

»Evelyn, die Reise ist Ende Februar. Das ist noch eine lange Zeit. Wer weiß, wie es mir bis dahin geht.«

Was ist denn das für eine Zeitrechnung?

»Aber du kannst doch eine Reiserücktrittsversicherung abschließen. Dann hast du sicher einen Platz und hast ein wunderschönes Reiseziel vor Augen. Vorfreude ist doch auch wichtig.«

Oma schaut mich prüfend an: »Meinst du, ich würde das schaffen? Mit dem Fliegen und dem Flughafen und allem?«

Na ja, ehrlich gesagt finde ich es schon mutig. Der Flughafen in Palma ist riesig. Aber da fahren immer diese Elektro-Golf-Flitzer rum, da können sie Oma einfach draufpacken. Außerdem sind die dort ja grundsätzlich auf ältere Reisende eingestellt. Wenn wir im Februar dort sind, gibt es jedenfalls nur Radler und Rentner auf der Insel.

»Klar, hier in Stuttgart wirst du zum Flughafen gebracht. Dann helfen die Veranstalter. Deine Bekannte hast du ja auch noch dabei. Was denkt die denn darüber?«

»Wenn es nach der ginge, hätten wir schon lange gebucht.«

Ich rede ihr nochmal gut zu. Ich kann mir beim besten Willen nicht vorstellen, dass Oma in den nächsten drei Monaten so abbauen sollte, dass sie das nicht schaffen könnte. Anfang Januar hat sie schon eine andere Reise gebucht, ebenfalls ein alter Traum: eine Fahrt durch die Schweizer Bergwelt mit dem Glacier-Express. Einfach klasse, dass sie mit 84 noch so viel unternimmt.

Wir machen weiter mit unserer Computer-Diashow. Und schauen jetzt immer gleich, ob und wann Oma dieses Highlight auf ihrer Reise besichtigen würde.

Am nächsten Morgen sitzen wir wieder in Freiburg am Frühstückstisch. Es ist Sonntag. Und es sind noch drei Tage bis zur OP. Der Besuch gestern bei Oma war sehr schön. Nach dem gemeinsamen Kaffeetrinken haben wir uns auf den Weg zum Bahnhof gemacht. Auf meinen Wunsch hin sind wir noch kurz über die Königsstraße geschlendert. Meinen Kindheitserinnerungen nachhängen.

Und wir haben uns mit Oma bereits zu Weihnachten verabredet. Ich schenke mir Tee nach und schüttele den Kopf.

»Das sind nicht einmal zwei Monate bis zum 26. Dezember. Bis dahin bin ich schon zweimal operiert. Sehr komisch.«

»Ja, aber ich finde es gut. Trotz meiner Skepsis am Anfang bin ich jetzt froh, dass es so schnell kommt. Was steht heute auf dem Programm?«, fragt Tino.

»Nichts Besonderes. Ich würde gerne ein bisschen Radfahren. Vielleicht finden wir Mitfahrer?«

Gesagt, getan: Bernd und Oli kommen mit. Wir haben uns auf 12 Uhr verabredet.

Die Vorbereitungen zum Radfahren laufen bei mir immer gleich ab: zuerst suche ich alle Radklamotten raus und lege sie aufs Bett. Dann ziehe ich mich komplett aus, und nach dem Zwiebelschalenprinzip wieder an. Auf dem Weg zurück ins Schlafzimmer komme ich an dem großen Spiegel im Flur vorbei. Heute bleibe ich kurz nackt davor stehen.

Wie es wohl in Zukunft sein wird, nach den Operationen: einfach nur traurig oder gar nicht schlimm? Ist es vielleicht sogar unerträglich? Werde ich die Blicke vermeiden? Irgendetwas in meinem Kopf sagt: Schau es dir jetzt besser gar nicht so genau an, dann ist es nachher nicht so schlimm. Ich weiß, dass das keine Lösung ist. Egal, wie es aussehen wird, ich werde damit klarkommen müssen. Sonst wird das Leben zur Hölle. Aber soll ich das Bild hier in den Spiegeln wirklich einfangen? Hilft mir das? Oder macht es das Ganze nur schlimmer?

Montagmorgen. Jetzt ist es nicht mehr lange. Der letzte Tag in Freiburg sozusagen. Wir beenden das Frühstück, und Tino verschwindet im Arbeitszimmer. Ich räume in der Wohnung herum. Die letzten Urlaubsspuren beseitigen. Nur die Bügelwäsche türmt sich noch. Obendrauf liegen meine neuen Nachthemden, extra gekauft für den kommenden Anlass. Die kann ich gleich wegpacken. Meine große Tasche habe ich nach dem Urlaub gar nicht mehr auf den Speicher geräumt. Immer wenn mir etwas in die Hände fällt, was mit ins Krankenhaus muss, wandert es direkt in die Tasche.

»Da ist Post von der Krankenkasse!«

Inzwischen war Tino unten und hat den Briefkasten geleert. Jetzt steht er aufgeregt im Gang.

Eindeutig. Okay, schauen wir mal, ob es wie die letzten Male ist. Da haben sie sich immer der Beihilfe angeschlossen.

Ich reiße das Kuvert auf, und Tino stellt sich hinter mich, um mir über die Schulter zu schauen: »Und?«

»Bingo! Sie bezahlen auch. Das ist doch mal eine gute Nachricht!«

Der weitere Tag vergeht mit allgemeinen Vorbereitungen. Für heute hat die Frau vom Internetversand das Paket mit den Kompressionshosen angekündigt. Plan C wäre gewesen, die Hosen direkt in die Klinik zu schicken. Die Dame war sich aber sicher, dass es heute klappt. Der Tag verstreicht, ohne dass etwas passiert. Allerdings kommt die Sendung mit Hermes, und der Bote, ein schmächtiger alter Mann, der immer sehr freundlich ist, kommt meistens erst richtig spätabends.

So langsam wird das alles zäh wie Kaugummi. Mir wäre es lieber, wir könnten uns schon auf den Weg nach München machen. Klar, ich muss noch vollends packen, aber das ist kein tagfüllendes Programm. Immerhin kann ich noch Krankengymnastik machen, denn die ist gerätegestützt, da muss ich einfach nur hingehen und mein Programm abspulen. Seit ich weiß, dass die Operationen warten, versuche ich Brustmuskulatur aufzubauen, damit es den Chirurgen leichterfällt, mein Drüsengewebe entfernen zu können. Wenn mehr Muskulatur vorhanden ist, ist die Unterscheidung zwischen dem, was weg muss, und dem, was drin bleiben soll, einfacher. Also mache ich mich am Nachmittag auf den Weg in die KG.

Am Abend kommt tatsächlich die Sendung mit den Kompressionshosen. Der Bote klingelt deutlich nach neun Uhr und sieht mal wieder so abgemagert aus, dass ich ihm am liebsten etwas von unserem Abendessen anbieten würde. Ich packe aus und schaue mir die Bescherung an. Die Dinger sind schon scheußlich. Wir machen einen kurzen Test und müssen laut lachen. Das sieht total verschärft aus! Eines ist sicher: Ich werde diesen Winter kaum frieren. Oft kühlt mir im Winter die Rückseite meiner Oberschenkel aus. Das wird dieses Jahr extrem schwierig. Im Moment kann ich die Hose noch nicht mal komplett verschließen. Dazu muss der Hintern schon noch etwas minimiert werden. Aber das steht ja für übermorgen auf dem Programm. Anschließend wasche ich die beiden Hosen noch per Hand durch, danach kommen sie auf die Leine.

Heute Mittag geht es los. Ich muss um 17 Uhr in der Klinik sein, wir wollen in der Mittagszeit aufbrechen. Die Tasche ist schon morgens so weit gepackt. Da klingelt es an der Tür.

Tino ruft aus dem Arbeitszimmer: »Erwartest du noch jemand?«

»Eigentlich nicht«, rufe ich zurück und drücke auf den Türöffner.

Ich schaue im Treppenhaus nach unten und sehe den Mann vom DPD. Ein kleines Paket mit niederländischem Absender. Bestimmt für Tino, der arbeitet zurzeit viel für einen Verlag in Amsterdam, denke ich automatisch.

»Ein Päckchen, wahrscheinlich für dich. Es kommt aus Holland. Hier.«

Tino wirft einen schnellen Blick darauf: »Das ist nicht für mich. Mach es doch mal auf!«

Hey, es ist die lang erwartete Kompressionshose aus dem Internet, die wir vor gut sechs Wochen bestellt hatten. Ich zeige Tino das Teil.

»Die sieht deutlich schicker aus als die Modelle mit Haken und Ösen.«

Hm, finde ich auch.

Tino grinst: »Dann hast du ja jetzt die volle Auswahl.«

»Eindeutig. Das war jetzt echt eine Lieferung *just in time.*«

Wir nähern uns München. Ich mache mich startklar für meine Rolle als lebendes Navigationsgerät. Der Computerausdruck des Routenplaners liegt auf meinen Knien, daneben ist der Autoatlas. Die ersten Abfahrten lassen wir liegen. Erst nach München Blumenau wird es ernst.

»Ordne dich schon mal rechts ein, es müsste gleich abgehen.«

Danach sollte es laut Routenplaner gleich wieder links gehen. Ich blicke auf die Straßenkarte im Atlas: Das stimmt zumindest theoretisch überein. Tino setzt den Blinker und verlässt den Autobahnzubringer.

»Hier geht es nicht links.«

Schlecht. Meine Anweisung ist nicht durchführbar, es geht definitiv nur nach rechts. Damit sind wir zwar auf dem Ring gelandet, aber in der falschen Richtung. Ich fluche. Wir haben nicht mehr viel Zeitpuffer, und außerdem dämmert es bereits. Darauf habe ich jetzt echt keinen Bock. Wenigstens hat so ein Ring ja den Vorteil, dass man irgendwann auch von der anderen Seite dahin kommt, wo man hin will. Um 17 Uhr hat uns Professor Feller in die Klinik einbestellt. Feierabendverkehr in München, das ist schon eine kleine Herausforderung für Ortsfremde.

»Da kommt eine Abfahrt! Soll ich da runter?«

Tino ist etwas hektisch. Ich starre angestrengt, aber die Schilder sind klein, und es steht jede Menge drauf. Das kann ich gar nicht alles auf der Karte finden, in der Kürze der Zeit.

»Bleib am besten einfach auf dem Ring.«

Solange München noch auf den Schildern steht, kann es nicht völlig falsch sein. Da, das Olympiagelände! Jetzt kapiere ich, wo wir sind und in welche Richtung es gehen muss. Im Handschuhfach haben wir eine Stirnlampe deponiert, eigentlich für eine eventuelle Reifenpanne im Dunkeln. Ich hole sie heraus, denn es ist einfach zu dunkel, um noch etwas zu erkennen. Da klingelt auch noch mein Handy. Eine Freiburger Nummer, die ich aber nicht zuordnen kann. Ein Name wird auch nicht angezeigt. Seltsam.

»Ja?«

»Hallo, Evelyn, hier ist Sandra!«

Es ist eine befreundete Ärztin. Wir telefonieren nicht so oft, deshalb ist sie nicht im Adressbuch meines Handys.

»Ich habe morgen früher Schluss in der Klinik. Hast du Zeit, einen Kaffee trinken zu gehen?«

»Sandra, wir sind gerade in München. Ich bin schon auf dem Weg ins Krankenhaus. Morgen ist die erste OP.«

Es ist einen Moment still in der Leitung.

»Oh, das habe ich völlig vergessen. Ist alles klar so weit?«

»Ja, schon. Aber ich kann jetzt nicht telefonieren. Wir stecken irgendwo auf dem Ring, und ich muss Tino zum Krankenhaus navigieren.«

»Klar. Dann wünsche ich dir für morgen alles Gute.«

Ich lege auf und widme mich wieder der Straßenkarte. Tino findet es nur halb witzig, dass ich ans Telefon gegangen bin, während wir auf der Umlaufbahn um München kreisen.

»Für andere ist morgen ein ganz normaler Tag«, sage ich. Eigentlich ja nicht verwunderlich, aber in mir weckt das gerade ein ganz seltsames Gefühl.

»Da ist das Hilton«, sagt Tino plötzlich. Vor uns taucht der leuchtende Schriftzug auf.

Wir wissen, dass das Hotel nur einen Straßenzug entfernt ist, denn auf der Klinik-Homepage wird es als mögliches Domizil für Angehörige genannt. Also für Angehörige mit dem nötigen Kleingeld.

Hier muss es irgendwo abgehen. Da ist es: Ich weise Tino darauf hin, und er biegt ab. Noch zweimal um die Ecke, dann sind wir mit einer knappen halben Stunde Verspätung endlich in der Klinik.

»Guten Abend, ich bin hier wegen einer Operation bei Professor Feller. Evelyn Heeg ist mein Name.«

Während ich an der Rezeption stehe, wuchtet Tino meine Riesentasche durch das Eingangsportal. Die Frau hinter der Scheibe bittet mich, in der Halle Platz zu nehmen. Unsere Verspätung scheint überhaupt keine Rolle zu spielen. Auch gut.

Das Krankenhaus ist zum Teil in einer wunderschönen alten Villa untergebracht. Auch die Halle ist beeindruckend, lediglich die Cafeteria verrät, dass wir in einem Krankenhaus sind. Und natürlich der eine oder andere Patient. Aber bisher habe ich nur überglückliche Mütter mit ihren Neugeborenen gesehen. Wir wählen zwei thronähnliche Stühle im Eck. Das Gepäck deponiert Tino einfach daneben, und die etwas ramponierte Reisetasche wirkt ziemlich schäbig hier drin. Ich werde bald schon wieder an den Empfang gebeten, um die üblichen Formulare auszufüllen. Damit verbringe ich ein paar Minuten, die sich aber wie Stunden anfühlen. Irgendwann taucht eine Stationsschwester auf und führt uns in den ersten Stock. Was für ein Service! Man merkt schon, dass das hier nicht irgendein Uniklinikum ist. Aus dem Aufzug geht es in einen großzügigen Gang, der in einem freundlichen Beige gestrichen ist. Über allem liegt zwar der Geruch nach Fencheltee, aber trotzdem ist das sehr schön hier. Mein Zimmer ist ein Zweibettzimmer, die andere Patientin grüßt uns kurz, als wir hereinkommen. Die Schwester erklärt mir, wo mein

Schrank ist, zeigt mir das Bad und bittet mich dann, mich bettfertig zu machen. Wie bitte? Es ist gerade mal sechs Uhr abends! Ich habe seit Stunden nichts mehr gegessen, was soll ich denn im Bett?

»Also, Sie meinen, ich soll jetzt einfach im Zimmer bleiben?«

»Nein, Sie müssen sich schon umziehen. Sie bekommen nachher noch die Heparinspritze, der Anästhesist kommt vorbei und klärt sie bezüglich der Narkose auf, und Professor Feller kommt auch noch.«

Bevor ich zu einer Widerrede ansetzen kann, ist sie weg. Wieso muss ich das alles im Schlafanzug über mich ergehen lassen? Der Anästhesist kann doch auch am Tisch mit mir reden. Und ganz egal, was Professor Feller noch mit mir vorhat – dasselbe gilt doch für ihn. Und mit der Thrombose-Prophylaxe könnten sie mich auch verschonen, schließlich bin ich heute den ganzen Tag auf den Beinen gewesen. Verwirrt schaue ich Tino an. Er zieht nur ratlos die Schultern hoch.

Da meldet sich die Bettnachbarin zu Wort: »Ich weiß, wie Sie sich fühlen, bei mir war es genauso. Machen Sie einfach, was die sagen. Das wird schon alles.«

So habe ich mir den Abend tatsächlich nicht vorgestellt. Im Auto haben wir uns noch ausgemalt, dass wir später in irgendein schönes Lokal einfallen werden, um den letzten Abend gebührend zu begehen. Aber jetzt schon ins Bett legen? Wo doch Schlafen manchmal noch ein Problem ist. Ich verspüre eine leichte Panik. Die Nacht könnte unendlich werden. Lieber nicht darüber nachdenken. Ich versuche den Gedanken beiseitezuschieben. Mir ist kalt. Wahrscheinlich eine Mischung aus fehlendem Essen und Angst. Ob ich nochmal duschen soll? Das wird bestimmt nicht mehr so schnell so problemlos gehen. Aber ich habe heute Morgen zu Hause ausführlichst mit allem Drum und Dran gebadet. Ich entscheide mich dagegen. Vielleicht kommt gerade in dem Moment einer der Ärzte. Ich ziehe einen meiner neuen Schlafanzüge an und setze mich etwas hilflos aufs Bett. Schnell wird mir klar, dass mir so zu kalt ist, und ich schlüpfe widerwillig unter die Decke. Auf was habe ich mich da nur eingelassen? Gesund ins Bett steigen, um garantiert nicht mehr so schnell aufzustehen. Aber was ist gesund?

Ich werde durch die fröhliche Stimme von Professor Feller aus meinen Gedanken gerissen: »Hallo, Frau Heeg! Hatten Sie eine gute Fahrt?«

»Bis auf die Tatsache, dass wir uns in München verfahren haben, hat alles super geklappt.«

»War der Anästhesist schon da?«

Ich verneine.

»Der wird nachher noch vorbeikommen und einiges bezüglich der Narkose mit Ihnen besprechen. Ich werde Sie jetzt anzeichnen. Wenn Sie gerade mal aufstehen und die Hose etwas herunterziehen.«

Ich springe aus dem Bett, während Professor Feller einen dicken Edding aus der Kitteltasche holt. Der Arzt geht hinter mir in die Knie.

»Ich zeichne jetzt mit einem wasserfesten Stift an, wo wir morgen schneiden werden. Also, das wird zum einen an der rechten Pobacke sein.«

Irritiert versuche ich, etwas über die Schulter erkennen zu können. Heiße Methode. Einfach mit einem Edding auf mir rummalen. Und morgen? Nicht darüber nachdenken, er wird schon wissen, was er tut.

»So, schon passiert.« Er führt mich zum Spiegel, und ich kann eine sichelförmige Zeichnung auf meiner rechten Pobacke erkennen. »Schauen Sie, wir werden morgen dieses Stück entnehmen. Dann präparieren wir es so, dass wir die Blutgefäße oben an der Brust wieder anschließen können. An der Brust muss ich gar nichts groß einzeichnen. Das ist klar. Wir entnehmen die Brustwarze und entfernen das Brustgewebe über diese Öffnung. Dann setzen wir das Transplantat ein und verbinden die Blutgefäße. Aber das bekommen Sie alles nicht mit. Sie werden angenehm schlafen.«

Er lächelt mir aufmunternd zu, will wissen, ob ich noch Fragen habe, und verabschiedet sich schließlich. Im Moment ist mir alles ein bisschen zu viel. Hoffentlich kommt der Anästhesist bald. Wenn ich das noch hinter mich gebracht habe, ist es erst einmal geschafft. Tino muss so langsam mal ans Essen denken, es ist bereits kurz vor sieben. Das Ganze geht auch nicht spurlos an ihm vorüber, er sieht etwas blass aus. Außerdem muss er noch im Hotel einchecken. Er hat sein Stadtrad in den Kofferraum geschmissen, sodass er sich jetzt einfach gleich aufs Rad schwingen kann. Bis auf die Kälte ist das wohl die beste Fortbewegungsmethode in der Münchener Innercity.

»Ist es weit bis zu deinem Hotel?«

Er schüttelt den Kopf. »Nein, es geht hier quer durch den Englischen Garten, dann sind es vielleicht noch zwei Kilometer bis zum Hauptbahnhof. Da ist es dann. Ich habe es mir auf dem Stadtplan schon angeschaut.« Durch den Englischen Garten wollte ich heute Abend eigentlich noch eine Runde spazieren gehen. Stattdessen sitze ich hier im Schlafanzug. Nun gut. Wir beschließen, dass es besser ist, wenn Tino sich auf den Weg macht. Er ruft nochmal an, wenn er im Hotel angekommen ist. Ich muss schlucken. Bis morgen Mittag. Hoffentlich.

Ich verkrümele mich wieder unter die Decke. Mir ist zwar nicht nach Reden zumute, aber ich wechsele trotzdem ein paar Sätze mit meiner Zimmergenossin. Sie erzählt mir schnell, dass sie alles schon hinter sich hat. Ebenfalls eine Mastektomie mit Wiederaufbau. Allerdings wurde bei ihr das Fettgewebe aus dem Bauch genommen. »Es hat alles super geklappt. Heute war ich sogar schon shoppen.« Sie präsentiert mir ihre Stiefel und den dazu passenden Rock. Eine willkommene Ablenkung.

»Was will der Anästhesist eigentlich noch von mir?«

»Eigentlich nur eine Unterschrift und dich über die Nebenwirkungen aufklären, da musst du dir keine Gedanken machen.« Wir duzen uns inzwischen.

Das ist gut. Hauptsache, keiner will mehr etwas von mir. Die Nebenwirkungen kennen – das werden die üblichen Dinge sein. Ich will natürlich nicht, dass irgendetwas davon eintrifft. Aber klar, garantieren kann mir das keiner. Ich werde einfach unterschreiben. Jetzt gibt es sowieso kein Zurück mehr.

Kurze Zeit später taucht der Kollege auf, und damit ist auch dieser letzte Tagesordnungspunkt abgehakt. Als er wieder geht, ist es gerade mal zwanzig Uhr. »Ist es okay, wenn ich die Tagesschau anschalte?«, fragt meine Bettnachbarin.

Kein Problem, zum Lesen bin ich eh zu abgelenkt.

Meine Gedankenkreise werden immer wieder von der Frage unterbrochen, ob ich wohl schlafen kann. Aber während ich versuche, mich auf die Tagesschau zu konzentrieren, merke ich, wie mir die Augen zufallen. Später bekomme ich nochmal kurz mit, dass die Tagesschau schon lange vorbei ist und irgendein Film läuft. Ich drehe mich auf die andere Seite, und der Film ist wieder vollkommen weg. Um meinen Schlaf hätte ich mich nicht zu sorgen brauchen.

ZURÜCK IM AUFWACHRAUM

Als ich in die Klinik komme, ist Evelyn bereits im OP. Ihre Zimmernachbarin kann das Krankenhaus heute verlassen und sitzt sozusagen auf gepackten Koffern. Ihr Mann lässt über seine Firma einen Wagen mit Chauffeur kommen. Einen Audi A8, wie sie mir mit gewissem Stolz erzählt. Evelyn war heute früh pünktlich abgeholt worden, berichtet die Bettgenossin. Ich packe meine Arbeit aus und beginne zu redigieren. Irgendwann verabschiedet sich die Frau, später schaut gelegentlich eine Schwester herein, sucht irgendetwas oder bietet mir eine Zeitung an. Gegen Mittag gehe ich durch den Englischen Garten Richtung Schwabing, um mir ein Sandwich zu holen. Als ich zurück bin, ist es vorbei mit der Konzentration. Es ist sowieso die Zeit meines üblichen Mittagslochs. Inzwischen stehen die Zeiger bald auf zwei Uhr, Evelyn könnte also demnächst aus dem OP-Saal in den Aufwachraum gebracht werden. Ich hole mir einen Tee auf dem Gang und erkundige mich bei einer Schwester. Nein, noch keine Spur von Frau Heeg.

Das zweite Bett in Evelyns Zimmer ist noch nicht wieder neu belegt worden. Deshalb kann sie jetzt auf den besseren Platz am Fenster umziehen. Von da sieht man im Liegen jede Menge Himmel und die Kronen einiger Bäume. Das wird ihr in den kommenden Tagen hoffentlich etwas helfen, denke ich, während ich hinausschaue.

Das Warten geht mir langsam richtig auf die Nerven. Wie

immer, wenn ich nervös bin, habe ich nicht viel Hunger und kaue lustlos auf meinem Brötchen herum. Das wird sich später noch rächen. Aber im Moment geht einfach nicht mehr. Das leere Krankenzimmer wirkt seltsam leblos. Es ist eigentlich richtig nett eingerichtet, sieht man einmal ab von den üblichen Notwendigkeiten eines solchen Raums wie dem pflegeleichten PVC-Boden in einem undefinierbaren hellen Grauton und diversen technischen Anschlüssen über den Betten. Ansonsten ist hier alles sehr stilvoll, eine gelungene Mischung aus alter Bausubstanz und neu renovierten Teilen wie dem Bad. Wenn ich mich an die große Fensterfront stelle, kann ich in den Englischen Garten sehen, direkt unter dem Zimmer liegt eine kleine Rasenfläche, und mitten drauf steht eine Tanne. Alles sehr hübsch hier, ohne Frage. Aber eigentlich interessiert mich inzwischen nur noch, wann Evelyn im Aufwachraum erscheint. Ich schaue auf die Uhr, fast drei Uhr, und noch immer nichts. Ich klopfe sachte an die Tür des Aufwachraums, doch die diensthabende Schwester, eine stämmige Frau mit einem leichten osteuropäischen Akzent, schüttelt den Kopf. Keine Frau Heeg, nirgends. Es hieß ursprünglich doch, dass die Operation etwa sieben Stunden dauern würde. Wenn sie heute Morgen früh pünktlich angefangen haben, müssten sie längst fertig sein. Läuft da etwas schief?

Eine gute Stunde später kommt endlich Bewegung in dieses Geduldsspiel: Man holt Evelyns Bett aus dem Zimmer, um es zum OP-Saal zu bringen. Sie wird also gleich fertig sein.

Ich drücke mich nochmal zwanzig Minuten im Zimmer herum, versuche relativ erfolglos ein paar Seiten zu redigieren, aber dann gehe ich zum Aufwachraum den Gang hinunter. Ja, jetzt sei sie da, gibt mir die Krankenpflegerin zu verstehen. Tatsächlich liegt sie hinten links an der Wand des Zimmers. Der Raum ist nicht sonderlich groß, fast quadratisch, und es stehen insgesamt vier Betten darin. Es gibt noch einen Nebenraum, doch im Moment sehe ich erst mal nur meine Frau, die unter einer enormen Decke liegt und an der jede Menge Schläuche und Kabel hängen. Neben ihr stehen diverse Gerätschaften, die akkurat piepsen, schnaufen oder sonstige Geräusche von sich geben. Ich bahne mir vorsichtig einen Weg neben ihr Bett und schaue sie prüfend an. Sie ist noch bewusstlos. So nehme ich das jedenfalls wahr. Schlafen sieht irgendwie anders aus. Keine Ahnung, warum. Ihr Gesicht wirkt leicht angeschwollen und glänzt von einem dünnen Schweißfilm. Ein Gerät am Fußende des Bettes bläst durch einen fast obszön dicken Schlauch heiße Luft unter Evelyns Decke. Nicht, dass es hier drinnen sonderlich kalt wäre, im Gegenteil, es ist stickig und warm. Ich merke, wie mir der Schweiß ausbricht. Neben dem Kopfende steht das Überwachungsgerät für Puls, Blutdruck, Herzschlag und weiß der Henker was. Der schwarze Kasten ist ordentlich am Piepsen, aber das beeindruckt die Schwester nicht sonderlich. Evelyns Puls ist ständig bei über hundertzwanzig Schlägen. Das ist für meine Begriffe ziemlich viel, schließlich hat sie eigentlich einen Ruhepuls von knapp unter fünfzig Schlägen pro Minute. Solche Pulswerte wie jetzt haben wir, wenn wir mit fünfundzwanzig Kilometern pro Stunde auf dem Rennrad unterwegs sind. Ihr Körper hat offensichtlich richtig zu arbeiten.

All das trägt nicht zu meiner Beruhigung bei. Außerdem legt sich eine dezente Übelkeit über meinen Magen, der eigentlich schon wieder völlig leer ist. Langsam kapiere ich, dass ich mich in Richtung Unterzuckerung bewege. Wenn ich nicht aufpasse, kippe ich hier im Aufwachraum einfach um. Zusammenklappen ist eine meiner leichteren Übungen, die ich gerne mal beim nüchternen Blutabnehmen praktiziere. Oder bei meinem einmaligen Versuch, Blut zu spenden. Danach lag ich noch stundenlang scheintot auf der Liege, und mir war hundeelend. Die Rotkreuzler mussten mich mit Kraftbrühe und Cola wieder aufpäppeln. Das habe ich anschließend nie wieder probiert.

Mit etwas Mühe reiße ich mich von Evelyn los und sage der Schwester, dass ich nochmal draußen warten werde. Sie sieht mich etwas besorgt an, ich bin wahrscheinlich weiß wie die Wand, und sagt nur: »Ja, schnappen Sie besser ein wenig frische Luft.«

Draußen treffe ich direkt auf Doktor Heckmann. »Alles in Ordnung, Herr Heeg, als wir die Blutzufuhr hergestellt haben, ist das Transplantat sofort ›angesprungen‹, wie wir sagen.« Er lächelt mir kurz aufmunternd zu und hastet weiter.

Das sind doch gute Nachrichten! Meine Übelkeit flaut ab, ich hole mir etwas zu essen aus dem Zimmer und mache noch eine Runde um das Krankenhaus. Die OP hat mindestens acht, wahrscheinlich sogar neun Stunden gedauert, rechne ich aus. Die ersten drei Tage sind wohl die kritischsten, was das mögliche Abstoßen des Transplantates angeht. Hoffen wir, dass das nicht eintritt! Was für ein GAU: Dann wäre das alles umsonst gewesen. Mir wird klar, wie sich Angehörige nach der Transplantation von lebenswichtigen Organen fühlen müssen. Na ja, das ist natürlich nicht ganz vergleichbar, da geht es dann ja oft um Leben oder Tod. Aber ich bekomme einen sachten Eindruck davon, wie beschissen sich das wahrscheinlich anfühlt, diese ersten Stunden nach der stundenlangen Operation.

Eine halbe Stunde später: Evelyn ist schon bei Bewusstsein. Die Schwester führt ihr gerade eine Glas Wasser mir Strohhalm zum Mund, denn sie darf die Arme noch nicht bewegen.

»Wollen Sie einen kalten Waschlappen auf Ihrer Stirn?«
Evelyn nickt leicht. Ich stelle mich wieder auf die Bettseite,

auf der weniger Gerätschaften stehen, und wir schauen uns kurz an. Dann bringt ihr die Schwester die Kühlung, und Evelyns Augen fallen sofort wieder zu, sie schläft direkt ein. Der Puls ist gesunken, er bewegt sich um die neunzig Schläge. Sie sieht nun auch mehr nach Schlafen aus. Anscheinend alles im grünen Bereich. Die Pflegerin ist sowieso mehr um mich als um Evelyn besorgt: »Alles wieder klar bei Ihnen? Ja, Sie sehen wieder besser aus.« Wahrscheinlich hat sie schon Erfahrung mit Männern, die kein Blut sehen können. Obwohl hier weit und breit kein Tropfen Blut ist.

Im Laufe des Abends bin ich immer wieder bei Evelyn, die ganz langsam zu sich kommt und irgendwann auch ansprechbar ist.

»Wie geht's?«

Klar, keine so wahnsinnig originelle Frage.

»Heiß«, sagt sie leise, mit ziemlich belegter Stimme. »Ein bisschen Halsweh«, schiebt sie hinterher.

Das kommt vom Beatmungsschlauch, erklärt die Schwester. Also kein Problem, wenn auch lästig.

Ich bringe neues Wasser und halte ihr den Strohhalm an den Mund. Mehrere Beutel hängen an meiner Seite des Bettes. Ein Blasenkatheter fängt den Urin auf, und vier oder fünf Plastikflaschen leiten Blut und andere Wundflüssigkeiten aus den Wunden am Po und aus dem neuen Busen ab.

Die Schwester wirft ab und zu einen kontrollierenden Blick auf den Beutel mit Urin, und auf den Flaschen markiert sie regelmäßig die Füllstände. Außerdem hebt sie immer wieder die Decke und betrachtet prüfend die operierte Brust. Ich habe ihr Platz gemacht und stehe zu weit weg, um etwas zu sehen. Was aber wahrscheinlich gut so ist, denn ich weiß nicht, ob ich heute noch so wahnsinnig viel verkrafte. Ich habe natürlich keine Ahnung, wie die Brust nach der OP aussehen würde. Komplett verbunden? Oder nackt, dafür aber grün und blau von Blutergüssen? Geschwollen zu einem Riesenbusen? An solche Fragen denkt man nicht bei der Vorbesprechung. Und vielleicht hätte ich sie sowieso nicht gestellt. »Wie sieht der Busen eigentlich direkt nach der OP aus?« Klingt doch bescheuert, oder? Jedenfalls wird sie ohne Brustwarze sein, soviel ist sicher. Und das wird sicher etwas schräg aussehen. Jedenfalls besser, ich schaue mir das heute nicht mehr an!

Inzwischen ist es längst dunkel, und ich muss wieder ans Essen denken. Evelyn wird die Nacht noch hier im Aufwachraum verbringen. Ich gehe in ein Restaurant um die Ecke und bestelle mir etwas. Danach bin ich nochmal kurz bei ihr, aber im abgedunkelten Raum ist sie schon wieder am Schlafen. Gut so, denke ich. Auch der Puls hat sich weiter normalisiert und ist inzwischen bei siebzig Schlägen angelangt. Keine Ahnung, ob das irgendetwas zu bedeuten hat, aber mir gibt diese Beobachtung ein gutes Gefühl. Ich seufze, alles scheint glattgegangen zu sein. Die Schwester erklärt mir noch, dass sie erst morgen früh auf ihr Zimmer kommt, heute Nacht bleibt sie noch hier. Das finde ich gut. Draußen schwinge ich mich auf mein Rad und fahre durch den nächtlichen Englischen Garten in Richtung Hauptbahnhof, wo mein Low-Budget-Hotel liegt. Ich bin ziemlich erschöpft, aber einigermaßen zuversichtlich. Mal sehen, wie es ihr morgen gehen wird.

MIR IST WARM

Es ist warm, richtig warm. Und es ist total dunkel. Ich versuche, meine Gedanken zu ordnen. Wo bin ich? Im Hintergrund höre ich eine Tastatur klappern. Ich beschließe, die Augen zu öffnen. Das sollte eigentlich selbstverständlich sein. Aber so einfach ist es im Moment nicht. Die Augenlider fühlen sich schwer an, wahrscheinlich ist alles total verquollen. Ich schaffe es, die Augen für einige Sekunden zu öffnen, aber ich muss mich erst einmal orientieren. So langsam dämmert es mir. Ich liege im Krankenhaus, Tino arbeitet am Laptop. Aber warum ist mir so warm? Ich liege reglos da, ich weiß gerade nicht, ob ich mich eigentlich bewegen darf. Ich will mich als wach bei Tino melden, aber es kommt nur ein klägliches Krächzen. Ich habe eindeutig lange nicht mehr gesprochen.

»Na, bist du wach?«

»Wach? Ich weiß nicht. Mir ist warm.«

»Das ist kein Wunder. Du liegst ja unter der Heizdecke!« Stimmt, die Heizdecke, die ein Absterben des Transplantats verhindern soll.

»Soll ich dir einen kalten Waschlappen auf die Stirn legen?«

»Ja. Und bitte bring mir was zu trinken.«

Tino versorgt mich mit dem Waschlappen und hält mir ein Glas mit Strohhalm hin. Ich trinke gierig: Das tut gut.

»War ich schon mal wach?«

»Ja, immer mal wieder ganz kurz. Aber so richtig klar warst du nie.«

Besonders klar fühle ich mich jetzt auch nicht. Das Sprechen strengt mich noch sehr an. Ich merke, wie mir die Augen zufallen. Der kühle Waschlappen auf der Stirn tut gut. Ich versuche, mich in meinem Körper zu orientieren. Die rechte Seite meines Hinterns ist operiert worden. Das weiß ich. Wahrnehmen kann ich sie allerdings nicht richtig. Es fühlt sich alles gleich an. Der ganze Körper ist entspannt, aber auch irgendwie leblos. Ein bisschen wie in Watte gehüllt. In der Brust werde ich sowieso nichts mehr spüren. Ich merke, dass ich vom Dämmerzustand gleich wieder in den Schlaf gleiten werde.

Irgendetwas passiert gerade mit meiner Decke. Wie war das? Augen öffnen. Ah, eine Schwester.

»Hallo, wie geht es Ihnen?«

Die Decke wird kurz gelüftet.

»Ihr Mann bringt Ihnen gleich einen neuen Waschlappen. Ich werfe inzwischen einen Blick auf das Transplantat. Ich komme stündlich vorbei und schaue, ob alles in Ordnung ist. Ah, das sieht gut aus. Es ist gut durchblutet. Sehr schön.«

Ich nehme noch einen Schluck mit dem Röhrchen und merke schon wieder die Erschöpfung. Eigentlich würde mich noch interessieren, ob die Schwester tatsächlich stündlich vorbeigekommen ist. Aber dazu reicht meine Kraft im Moment nicht mehr.

Die nächste Unterbrechung meines Schlafs kommt durch Tino: »Evelyn, aufwachen, es gibt gleich Mittagessen.«

Mittagessen? Was, es soll Mittag sein? Welchen Tag haben wir denn überhaupt? Erster Schritt wie gehabt: Augen öffnen. Die Fragen kann ich nachher noch klären. Wie stellt sich Tino jetzt Essen vor? Ich kann mich doch gar nicht bewegen. Irgendwie gehören die Gliedmaßen nicht zu mir. Ich glaube nicht, dass ich darüber Kontrolle habe. Tino schiebt gerade das Krankenhaustischchen über mein Bett. Die Schwester stellt das Kopfteil vom Bett auf. Oh, fast senkrecht: Das ist eine neue Sicht. Aber mein Kreislauf findet das nicht so richtig gut. Am liebsten würde ich das Kommando rückwärts geben. Aber dazu bräuchte ich die Kraft zu widersprechen. Im Moment muss ich mich voll darauf konzentrieren, überhaupt mit dem Positionswechsel klarzukommen. Die Augen habe ich längst wieder geschlossen.

»Alles in Ordnung?«, will Tino wissen.

Ich nicke ganz langsam. Allmählich gewöhne ich mich an die veränderte Lage. Erneut der Versuch, die Augen zu öffnen.

Immerhin kann ich Tino kurz anlächeln. Schön zu merken, dass die Mundwinkel auf mein Kommando reagieren.

Die Tür geht auf, und die Schwester bringt ein Tablett herein.

»Leider bekommen Sie erst mal nur Griesbrei.«

Nur Griesbrei? Das ist doch super! Den mache ich mir zu Hause viel zu selten. Ich habe zwar kein Hungergefühl, aber Griesbrei geht immer.

»Kommen Sie klar?«

Tino bejaht, und die Schwester verschwindet wieder. Ich bin mir da nicht so sicher. Wie soll das jetzt funktionieren? Den linken Arm könnte ich wahrscheinlich einfach benutzen, denn es wurde ja die rechte Brust operiert. Aber essen mit links? Tino hat das Problem allerdings schon gelöst und fängt an, mich zu füttern. Okay, dann eben so. Die ersten Löffel sind zum Genießen. Aber schnell macht mir die Wärme zu schaffen. Wir unterbrechen, um einen kühlen Waschlappen zu organisieren. Dann kann's weitergehen. Das Essen kurbelt auch meinen Kreislauf wieder an. Kein Wunder, ich habe lange nichts mehr gegessen. Vorgestern zum letzten Mal. Schneller als ich schauen kann, habe ich die anfangs riesig erscheinende Portion verdrückt. Und dazu noch mehrere

Gläser Wasser ausgetrunken. Das hat gutgetan! Die Schwere kommt zwar auch wieder, aber jetzt ist es eine richtige Müdigkeit und nicht dieser erschöpfte Dämmerzustand.

Ich wache während der nächsten Durchblutungskontrolle auf. Die Schwester ist wieder voll zufrieden. Ich versuche nach unten zu schielen, um mir ein Bild davon zu machen, was an meiner rechten Seite so dran ist. Mein Blickwinkel ist aber denkbar ungünstig. Danach macht sich die Schwester an meinem Bettende zu schaffen. Sie geht mit einem Beutel voller gelblicher Flüssigkeit ins Bad. Eigentlich logisch, dass ich seit der OP einen Blasenkatheter habe. Es ist aber kein tolles Gefühl, keinerlei Kontrolle darüber zu haben. Ich komme mir mal wieder richtig krank vor.

»Das war echt knapp, der Beutel war kurz vorm Platzen.« Tino macht eine Grimasse. Er ist zum Scherzen aufgelegt, aber die ironische Distanz ist gut, sie hilft mir, nicht im Jammertal zu versinken. Die Beutel und Flaschen werden auch wieder verschwinden. »Hast du die Brust schon gesehen?«, frage ich.

Er nickt: »Im Moment ist sie komplett mit einem durchsichtigen Verband verpflastert, aber die Form ist sehr gut geworden.«

Beruhigend. Aber Wachsein ist echt anstrengend. Es sind so viele Eindrücke. Ich drehe den Kopf und schaue aus dem Fenster. Es ist ein toller Ausblick, auch wenn es nur ein paar Blätter und der Himmel sind, die ich sehe. Die Welt scheint so friedlich, alles hat seine Richtigkeit.

Die Ärzte rücken an. Professor Feller kommt mit Doktor Heckmann ins Zimmer. Die beiden verbreiten eigentlich immer gute Laune.

»Und, wie geht es Ihnen?«

»Immer besser.«

»Gut. Die OP ist sehr gut verlaufen ist. Wir haben ein bisschen länger gebraucht als geplant, aber das Transplantat ist sofort angesprungen. Am Schluss hatten Sie dann etwas Schüttelfrost, aber das ist nicht weiter schlimm. Wir schauen uns jetzt die Brust nochmal an.«

Professor Feller hebt vorsichtig die Decke an, und die beiden Herren werfen einen fachmännischen Blick auf meinen neuen Busen.

»Alles in Ordnung. Sehr schön. Morgen früh kommt die Heizdecke weg, und Sie stehen auf.«

Die Ärzte plaudern noch kurz mit uns und verabschieden sich dann.

Ich bin erleichtert, dass die Sauna zu Ende gehen wird. Aber aufstehen? Wie soll denn das gehen? Das kann ich mir echt nicht vorstellen.

Der nächste Morgen ist schon Freitag. Wenn man so viel schläft, vergehen die Tage wie im Flug. Ich bin mit den verschiedensten Hörbüchern ausgestattet hier angereist. Aber im Moment brauche ich keine Ablenkung. Es passiert so genug. Nach dem Frühstück droht ja das Aufstehen. Die Heizdecke ist schon weg, und jetzt ist es fast ein bisschen kühl. Ich muss mich richtig in die Decke einmummeln. Eine halbe Stunde nach dem Essen ist es so weit: Die Schwestern kommen zu zweit. Eine davon ist die nette Schweizerin.

»So, wir stellen jetzt das Kopfteil hoch, dann heben wir Ihre Füße langsam über den Bettrand, und dann stehen Sie auf.«

Klingt einfach, ist aber in der Durchführung durchaus komplex.

Schließlich sitze ich. Eigentlich müsste ich nur noch von der Bettkante rutschen. Die Schwestern halten mich unter den Armen. Im Hintern spüre ich ein starkes Reißen, mir wird leicht übel. Okay, das sind also die Schmerzen. Aber die beiden Frauen kennen kein Erbarmen.

»Kommen Sie weiter«, heißt es da nur freundlich.

Ich beiße die Zähne zusammen, und schließlich lande ich doch auf meinen beiden Beinen. Jetzt soll ich auch noch laufen, aber die Übelkeit wird stärker.

»Ich glaube, mir wird schlecht.«

Die beiden Schwestern verständigen sich kurz und setzen mich schnell, aber behutsam wieder auf dem Bett ab. Die Übelkeit ebbt ab, aber ich bin durchgeschwitzt. Diese Übung nennt sich nun also Mobilisieren.

»So, jetzt lassen wir das Rückenteil wieder langsam ab.« Es kommt mir unendlich lang vor, bis ich mich wieder in der Liegeposition befinde. Als ich schließlich liege, bin ich einfach nur erleichtert.

Das zweite Mal geht schon viel besser. Nach dem Mittagessen kommt der nächste Anlauf. Die Schmerzen sind zwar da, aber die kann ich aushalten, wenn es der Kreislauf zulässt. Ich schaffe sogar ein paar Schritte einmal ums Bett herum. Wir bilden eine richtige Prozession: die beiden Schwestern an meiner Seite, dahinter Tino, der den Urinbeutel und die fünf Flaschen für die Wundflüssigkeit trägt. Ganz zum Schluss kann ich sogar einen kurzen Blick durch das Krankenhaushemd nach unten auf die Brust werfen. Es sieht gar nicht schlimm aus. Ich habe zwar noch nicht alles gesehen, aber für den Moment ist es genug. Ich könnte Tino bitten, mir einen Spiegel zu organisieren. Aber das muss nicht sein. Er sagt ja auch, dass der Busen schön aussieht.

»Morgen ist Samstag.« Tino steht am Bett.

Ich nicke, denn ich weiß, was er eigentlich sagen will. Wenn bis morgen mit dem Transplantat nichts schiefgeht, dann sind die kritischen drei Tage rum. Aber ich schiebe diesen Gedanken lieber schnell beiseite, so wie ich es schon die ganzen Tage mache. Diese geringe Prozentzahl wird mich nicht treffen. Punkt.

Die weiteren Durchblutungskontrollen sind durchweg positiv. Lediglich die erste von der Nachtschwester ist fies, denn sie hat immer die Heparinspritze mit dabei. Jeden Tag werden wir brav gespritzt, um eine Thrombose zu verhindern. Wenn dieses verdammte Ding nicht so wehtun würde! Einmal hat die Schweizerin die Spritze gesetzt. Die hat das fast schmerzfrei hinbekommen. Aber es scheint gar nicht so einfach zu sein, denn bei allen anderen ist es ein intensiv brennender Schmerz. Dabei tragen wir Patientinnen hier alle zusätzlich noch diese neckischen Thrombosestrümpfe. In Kombination mit meinen Kompressionshosen der absolute Brüller. Nun denn, wir machen unsere Witze darüber, das hilft.

Inzwischen ist es Samstag, heute gehe ich zum ersten Mal ins Bad. Ich werde mich meinem neuen Spiegelbild stellen. Zumindest ist das der Plan. Tino trifft pünktlich zu meinem Frühstück im Krankenhaus ein. Ich komme immer besser selber zurecht, kann seine Hilfe aber noch gut gebrauchen. Das Tischwägelchen ist widerspenstig. Ich zerre, und es tut sich nichts. Dann setzt es sich mit einem Ruck in Bewegung. Dieser Ruck wiederum kann für mich sehr unangenehm sein. Von daher: einfacher, wenn Tino es durch die Gegend schiebt. Von meiner Mitpatientin bekommt er anerkennende Worte: so früh schon parat stehen, sie hätte mir das Tischchen auch rangefahren. Sie ist zwar auch relativ frisch operiert, aber ihr Eingriff war nicht so massiv. Sie kam am Donnerstag auf mein Zimmer, als ich noch halb im Koma lag.

»Wie war deine Nacht«, frage ich ihn.

»Geht so. Unter der Woche steigen in dem Hotel viele Handwerker ab, die auf Montage sind. Die wollen nachts schlafen. Jetzt am Wochenende sind Jugendliche da, und die machen Party. Ich habe mir sofort die Ohrenstöpsel reingetan. Aber gut schlafen ist etwas anderes.«

Nach dem Frühstück kommt das Aufstehen. So über Nacht bin ich doch wieder ganz schön eingerostet. Aber die Schmerzen im Hintern sind nicht mehr so dramatisch. Ich weiß, welche Bewegung ich *nicht* machen darf. Und mein Kreislauf kann sich inzwischen wieder gut ans Aufstehen erinnern.

»Klappt heute ja super«, sagt Tino anerkennend.

Ich lächle. Nachdem ich einige Sekunden auf den Beinen stehe, kann's losgehen. Vorsichtig setze ich einen Fuß vor den anderen. Das Bad ist meilenweit weg. Tino hat alles vorbereitet: Die Badtür steht weit offen, Licht brennt. So muss er nicht von meiner Seite weichen. Man merkt, dass er im Zivildienst in der Pflege war. Es scheint, als bereite ihm das alles keine Schwierigkeiten. Zumindest lässt er sich nichts anmerken. Inzwischen bin ich ganz schön am Schnaufen. Nur noch wenige Schritte.

»Alles klar?«

»Ja, es geht.«

Gestern erst wäre ich noch umgekippt, wenn mich die zwei Schwestern nicht wieder direkt zurück ins Bett verfrachtet hätten. Heute ist es deutlich besser, aber wir haben doch Respekt. Jetzt bin ich im Bad angekommen, vor dem Spiegel stütze ich mich zum Ausruhen aufs Waschbecken.

»Willst du dich auf den Toilettendeckel setzen?«

Ich nicke und beginne ganz vorsichtig, meinen lädierten Hintern Richtung Schüssel zu schieben. Für Außenstehende muss es aussehen, als würde ich rückwärts einparken. Als ich quasi über der Toilette angekommen bin, verlagere ich das Gewicht langsam nach hinten. Aber die Kante vom Krankenhausbett ist viel höher. Ich habe das Gefühl, die ganze Naht am Hintern würde aufreißen. Mir wird heiß vor Schmerz. Schnell Kommando rückwärts. »Geht nicht«, presse ich zwischen den Zähnen hervor, und Tino hilft mir sofort, mich wieder aufzurichten.

Seltsamerweise hat mich dieser kurze Schmerz aber belebt. Von daher traue ich mir zu, jetzt kurz vor dem Spiegel zu stehen. Ich bin erstaunt über meinen Anblick. Die Haare sehen noch gar nicht so fettig aus, ich habe keine Ringe unter den Augen. Das Krankenhaushemd offenbart jetzt seine ganzen Vorteile: Ich bin heilfroh, dass ich nicht ein Nachthemd über den Kopf streifen muss. Das würde definitiv nicht gehen. Tino macht die Bändeln an meinem Nacken los und befreit mich vorsichtig von dem sackartigen Gebilde. Da ist sie also. Ich lasse den Anblick kurz auf mich wirken.

»Sieht aus wie die kleine Schwester«, sage ich schließlich. »Bis auf die Tatsache, dass die Brustwarze fehlt, sind die Formen doch identisch. Ein bisschen kleiner, aber das schadet überhaupt nichts.«

»Ich finde, dass es echt gut geworden ist«, sagt Tino.

Kurz habe ich ganz vergessen, dass ich eigentlich nicht gut zu Fuß bin. Jetzt merke ich, dass ich schnell wieder zurück in die Horizontale möchte. Das reicht erst mal. Tino hilft mir, und der Rückweg verläuft ohne Zwischenfälle. Im Bett überkommt mich die Müdigkeit.

Der restliche Vormittag vergeht wie im Schnelldurchlauf. Die Katzenwäsche hat die letzten Tage immer im Bett stattgefunden, später am Tag mache ich sogar einen weiteren Abstecher ins Bad.

»Du nimmst jetzt einfach die Beutel hier vom Bett weg und trägst sie hinter mir her. Es kann nichts passieren.«

Mein Bruder schaut mich ziemlich verunsichert an. Ich habe keine Ahnung, ob es ihn ekelt, ob er Bedenken hat, dass ich umkippe, oder was genau in ihm vorgeht. Meine Geschwister sind zu Besuch gekommen, und Tino hat sozusagen einen Nachmittag frei. Da mein Bruder nichts sagt, nehme ich darauf jetzt keine Rücksicht. Ich möchte weiterhin regelmäßig aufstehen, denn ich weiß, dass ich das jetzt üben muss. Und es klappt schon viel besser. Im Zimmer bin ich bereits voll der Chef. Jetzt will ich auf den Gang, meinen Radius erweitern. Mit zwei Geschwistern an meiner Seite sollte das nicht das Problem sein. Vorsichtig klettere ich aus dem Bett. Das dauert noch immer am längsten. Die Rückenlehne aufrichten, vorsichtig an den Rand rutschen, die Beine herunterheben, und langsam in die Senkrechte. Wenn ich stehe, ist es alles viel einfacher. Ich brauche noch immer gefühlte Ewigkeiten, bis ich überhaupt die Zimmertür erreiche, aber es geht. Auf dem Gang bin ich nur ein paar Meter unterwegs, aber immerhin. Glücklich und zufrieden mache ich mich auf den Rückweg. Eine Welle der Euphorie durchströmt mich: Das Transplantat hat überlebt, ich darf alles machen, was ich mir zutraue und was keine allzu großen Schmerzen hervorruft, ich kann wieder aufstehen, ich konnte bisher nachts immer schlafen, ich habe wenig Schmerzen, ich habe ein schönes Zimmer, ich habe eine nette Mitpatientin auf dem Zimmer, mit der ich viel Spaß habe, die Schwestern sind total nett, dass Essen ist gut – es geht aufwärts!

Zuerst ist es mit meinen Geschwistern etwas zäh. Ich glaube, sie wissen nicht genau, wie sie mit der großen Schwester im Krankenhausbett umgehen sollen. Vielleicht haben sie auch mit Bildern zu kämpfen: von meiner Mutter im Krankenhausbett. Aber das weiß ich nicht. Sie reden nicht darüber. Wir haben zu Hause eben gelernt, dass man über manche Dinge nicht spricht. Aber ich gehe in die Offensive, erzähle ihnen vom OP-Verlauf und meinen Genesungsschritten.

»Wollt ihr das Ergebnis eigentlich sehen«, frage ich schließlich. Anette nickt, Jörg will lieber nicht und geht kurz raus. Anette schaut es sich an, sagt aber nichts dazu. Sie wirkt müde, denn sie ist wieder mit dem Nachtzug angereist. Egal, es ist auf jeden Fall schön, dass die beiden da sind. Sie sind eben, wie sie sind. Ihr Blumenstrauß auf dem Fensterbrett ist sehr schön. Irgendwann löst sich die Befangenheit, und wir reden darüber, wie es den beiden in Beruf und Studium ergeht.

Schließlich machen die beiden sich auf die Suche nach einem Café, und ich nutze die Zeit zum Schlafen, denn ich bin schon wieder ziemlich müde. Essen und Schlafen, das sind wohl so meine Hauptbeschäftigungen. Später kommt Tino zurück, und Anette und Jörg verabschieden sich. So vergeht der Samstag.

»Sie hören Bruce Springsteen?« Es ist Montagmorgen, Professor Feller steht neben meinem Bett und hat die CDs auf dem Fensterbrett erspäht.

»Hier im Krankenhaus hatte ich noch gar keine Lust auf Musik«, antworte ich. »Aber auf der Herfahrt haben wir sie gehört.«

»Bei mir läuft sie auch gerade im Auto. Wie geht es Ihnen?«

Ich erzähle ihm von meinen Fortschritten, er begutachtet die Brust und ist zufrieden. Er klärt mich noch kurz auf, wann welche Schläuche entfernt werden, gibt mir den Auftrag, doch mal das Treppenhaus zu erklimmen, und verschwindet dann wieder. Wie immer wird abends nochmal einer von den beiden Ärzten vorbeikommen. Okay, das Ziel diesen Montag ist geklärt: Treppensteigen. Meine Mitpatientin hat den gleichen Auftrag bekommen. Wir bereiten uns also mental darauf vor. Sie traut sich dann als Erste, ich warte noch, denn heute wird mir der Blasenkatheter entfernt. Wenn der weg ist, bewegt es sich freier. Dann muss ich nur noch die Drainageflaschen tragen, in denen die Wundflüssigkeiten aufgefangen werden.

Als die Schwestern schließlich kommen und mich von dem Katheter befreien, ist Tino gerade für zwei Stunden unterwegs: Mittagessen und dann in einem Internetshop Mails abrufen und beantworten. So versucht er, sein Büro trotzdem in Gang zu halten, während er hier in München ist und sich um mich kümmert. Mich interessiert es aber brennend, wie sich wohl die Treppen anfühlen. Ich könnte es doch auch allein wagen. Ich zögere kurz, aber schließlich entscheide ich mich, einfach mal an den Fuß der Treppe zu laufen. Umdrehen kannst du immer, sage ich mir. Ich schnappe mir meine Flaschen, und ab geht's. Natürlich bin ich weiterhin sehr langsam unterwegs, aber das macht nichts. Es gibt genug zu sehen. Draußen auf dem Gang ist immer was los: Mütter, die ihre Neugeborenen in den Schlaf fahren, auf dem Weg in den Stillraum sind, sich aus der Klinik verabschieden, manchmal auch werdende Väter, die sichtlich nervös über den Gang tigern.

Bald erreiche ich die Treppe. Jetzt muss ich mich entscheiden: hoch oder runter. Hochlaufen erscheint mir einfacher. Klar ist nur, dass ich dann auch wieder runter muss. Aber halt, es gibt ja auch einen Aufzug. Ich gehe also auf jeden Fall erst mal hoch. Die erste Stufe nehme ich noch sehr vorsichtig. Leider ist links kein Geländer, das Geländer rechts möchte ich lieber nicht in Anspruch nehmen. Wer weiß, wie das der Brust bekommt, wenn ich den rechten Arm und die Muskeln zu sehr beanspruche. Super, die erste Stufe geht völlig problemlos! Jetzt die nächste. Und wieder eine. Bald denke ich gar nicht mehr darüber nach. Ein Stockwerk höher angekommen, drehe ich um. Und tatsächlich ist abwärts nicht ganz so trivial. Doch hier hilft das Geländer, das jetzt links auf der gesunden Seite ist. Ich bin hoch motiviert und gehe gleich beide Stockwerke nach unten und dann wieder eins hoch. Zurück im Zimmer tausche ich mit meiner Mitpatientin die Zahl der zurückgelegten Stufen aus und gewinne die interne Zimmerwertung locker. Wir einigen uns darauf, dass ich ja auch deutlich jünger bin. Wir feiern unsere Treppenhausbegehung mit ein paar Schokobonbons.

»Sollen wir nicht mal etwas an die frische Luft?«

Es ist Dienstagnachmittag, und Tino macht den Vorschlag, das Klinikgebäude zu verlassen. Ich war schon eine Woche nicht mehr draußen. Ich merke, dass ich zwar Lust hätte, aber auch noch ängstlich bin.

»Es ist richtig kalt da draußen. Wer weiß, ob mir das bekommt«, wende ich ein. Tino lässt sich nicht abbringen. Sein Argument: ich gehe problemlos die drei Stockwerke rauf und runter, da kann ich wohl ebenerdig nach draußen.

»Ja, ja, aber das Anziehen ist nicht so einfach.«

»Kein Problem, da helfe ich dir.«

Schließlich gebe ich klein bei. Das Anziehen zeigt mir allerdings auf unangenehme Weise, wie sehr ich noch eingeschränkt bin. Als ich dann dastehe und Tino mir sogar die Schuhe binden muss, komme ich mir unendlich blöd vor. Wie konnte ich auf die Idee kommen, Schnürschuhe mitzunehmen? Slipper hätte ich selbst anziehen können. Es ist zurzeit noch undenkbar, mich zu bücken und mir die Schuhe zu binden. Da würde zu viel Spannung auf meine Narben am Po kommen. Ich kann es drehen und wenden, wie ich will: Allein geht es im Moment einfach nicht. Wieder kommt das Gefühl hoch, krank zu sein. Gott sei Dank erledigt Tino das alles so selbstverständlich für mich, und schon stehe ich angezogen im Zimmer. Jetzt noch vorsichtig in den Mantel geschlüpft, und dann startet die Expedition ins echte Leben.

»So, jetzt noch in den Englischen Garten?«, fragt Tino.

Wir stehen draußen auf dem kleinen Platz vor der Klinik. Es ist kalt, aber die winterliche Luft belebt mich. Auf der anderen Seite der Straße beginnt der Park. Mir kommt es vor, als sei er Lichtjahre entfernt. Noch vor wenigen Tagen bin ich hundert Kilometer am Stück mit dem Rad gefahren, heute stehe ich hier und wage es nicht, die Straße zu überqueren.

»Tino, das geht nicht, die Wege sind viel zu uneben!«

»Das macht nichts. Professor Feller hat doch gesagt, dass du alles machen darfst, worauf du Lust hast.«

Ich komme mir blöd vor. Er hat schon recht, was soll schon passieren, nur weil es ein paar Bodenwellen gibt. Meine übertriebene Vorsicht führt wahrscheinlich viel eher zu Problemen als die Wegbeschaffenheit.

»Also gut, noch ein paar Meter. Aber wenn ich umdrehen will, gehen wir sofort zurück!«

Tino nickt, und langsam bewegen wir uns erst über die Straße und dann über die hartgefrorenen Wege rund um den Chinesischen Turm. Nach einer Viertelstunde will ich umdrehen.

»Bist du sicher?«, fragt Tino.

Er würde die Runde noch deutlich größer machen, aber ich bestehe darauf umzukehren. Völlig unbeschadet erreichen wir wieder die Klinik und steigen hoch zu meinem Zimmer. Dort angekommen, fühle ich mich immer noch putzmunter. Tino grinst mich an: »Jetzt war es dir doch viel zu kurz.«

Ich kenne das schon: Es ist nicht das erste Mal, dass ich meine, ich müsste mich schonen – und hinterher bin ich völlig unausgelastet. Nun gut, beim nächsten Mal gehe ich weiter. Jetzt muss ich eben erst mal wieder zurück ins Bett.

Es ist Donnerstag. Mittlerweile kann ich problemlos aufstehen und rumlaufen. Auch Essen geht wieder vollständig ohne Hilfe. Nur auf dem Weg zur Toilette brauche ich noch Hilfe. Tino macht das alles, ohne mit der Wimper zu zucken. Ich bin heilfroh, dass ich nicht jedes Mal nach einer Schwester klingeln muss. Das wäre mir peinlich. So einen ganz privaten Pfleger dabei zu haben, ist schon Luxus. Wobei sicherlich nicht jeder so unerschrocken wäre wie Tino. Aber auch die Schwestern sind sichtlich froh über seine Hilfe. Inzwischen kann er sich immer wieder eine Auszeit nehmen, da ich von Tag zu Tag mobiler werde. Längst sind auch die Flaschen für die Wunddrainage verschwunden. Gerade als Tino wieder einige Stunden unterwegs ist, klingelt mein Handy. Es ist Steffi, eine Freundin aus Grundschultagen, die inzwischen in Heilbronn lebt.

»Hallo, Evelyn, sag mal, wo genau ist die Klinik? Wir sind gerade auf dem Ring. Können wir direkt vorbeikommen, oder ist es gerade schlecht?«

Das ist ja toll. Steffi hier in München!

»Ihr müsst beim Hilton vom Ring runter. Ihr könnt natürlich vorbeikommen.«

Sie ist offensichtlich mit ihrem Mann unterwegs. Haben die beiden etwa extra Urlaub genommen wegen mir? Sie hatte sich nicht auf Tinos Rundmail gemeldet. Weshalb ich auch nicht mit ihr gerechnet habe. Aber sie liest ihre Mails nicht oft, und noch seltener antwortet sie.

Keine zehn Minuten später stehen die beiden bei mir im Zimmer. Sie haben sich tatsächlich wegen mir freigenommen, gehen nachher noch auf den Viktualienmarkt und düsen dann wieder zurück ins Schwäbische. Klasse, ich freue mich sehr!

Steffi ist angehende Gynäkologin und will alles ganz genau wissen. Sie hat auch schon recherchiert, wo ich eigentlich so liege. Sie war total erstaunt, wie viele Geburten pro Jahr in dieser Klinik abgewickelt werden. Mir sagen solche Zahlen natürlich herzlich wenig. Ich erkläre ihr alles: Wie es mir geht, wie es war, was die Ärzte gemacht haben. Schließlich wird es mir zu kompliziert, alles theoretisch abzuhandeln.

»Willst du es einfach sehen?«

»Würdest du es mir zeigen? Stört dich das nicht?«

»Das ist kein Problem für mich. Es ist schön geworden. Und ich will auch in Zukunft in die Sauna oder so. Da werden es andere auch noch sehen.«

Ihr Mann verlässt ohne Aufforderung das Zimmer. Zwei Grundschulfreundinnen unter sich. Ich zeige ihr meine diversen Narben und erkläre ihr das ganze Prozedere noch einmal. Sie ist schwer beeindruckt und findet es total gut.

»Die Operationsmethode kenne ich gar nicht.«

»Dabei ist sie genial!«, sage ich.

Irgendwann holen wir ihren Mann dann auch wieder ins Zimmer. Jetzt sind die beiden an der Reihe, aus ihrem Alltag und ihren Urlauben zu erzählen. Wir haben uns lange nicht mehr gesehen. Schließlich brechen sie wieder auf.

»Was steht denn heute noch auf dem Programm: Hast du noch irgendwelche Untersuchungen?«

»Nein, später kommt zwar nochmal ein Arzt vorbei, aber er schaut nur kurz auf die Brust. Wenn Tino zurück ist, gehe ich mit ihm noch eine Runde in den Englischen Garten.«

Steffi ist entsetzt. »Du machst Witze. Das ist doch viel zu weit und zu anstrengend.«

»Nein, der ist doch gleich gegenüber.«

Sie schüttelt den Kopf: »Das ist typisch. Kaum kann sie laufen, marschiert sie in den Park. Aber übernimm dich nicht!«

»Keine Angst, wir waren gestern und vorgestern schon dort.«

»Du warst schon dort! Das ist echt unglaublich.«

Nachdem ich gestern mit Tino schon quer durch den Englischen Garten gelaufen bin, hat er heute das Ziel Münchner Freiheit ausgegeben. Dazu müssen wir ein Stück nach Norden laufen und auf der westlichen Seite den Park verlassen. Ich habe keine Ahnung, wie weit das ist. Aber nach unserem gestrigen Ausflug mache ich mir da auch keine Gedanken mehr. Gestern haben wir einfach einen Zwischenstopp in einem Café gemacht. Praktischerweise gab es dort Stehhocker, da konnte ich problemlos sitzen. Nur die ganz normale Stuhlhöhe bereitet mir noch Schwierigkeiten. Das Absitzen ist schmerzhaft.

Im Englischen Garten sind trotz der kühlen Temperaturen viele Menschen unterwegs: Radfahrer, Jogger, Mütter mit Kinderwagen, Spaziergänger, Reiter, alles. Wie das wohl im Sommer ist, wenn auch noch der riesige Biergarten am Chinesischen Turm offen hat?

»Kennst du den Weg?«

»Ja, ja, keine Sorge.«

Ich kann mir nicht vorstellen, dass er bei all den Wegen genau weiß, wo wir hin müssen. Wahrscheinlich kennt er nur die Richtung. Aber das genügt. Wir erreichen Schwabing. Hier sehe ich zum ersten Mal wieder Läden und Kneipen. Seltsam. In meinem sehr gemütlichen Gehtempo kann ich mir die ganzen Schaufenster ausführlich anschauen. Tino erzählt, wo er schon überall war, und zeigt mir die verschiedensten Ecken. Es macht unheimlich Spaß, durch die Straßen zu ziehen. Ich vergesse sogar, warum ich eigentlich in München bin. Schließlich bleiben wir vor einem Laden stehen.

»Ich wusste gar nicht, dass Timberland auch Klamotten herstellt«, sage ich.

»Ich auch nicht.«

»Sieht toll aus, was die Schaufensterpuppe anhat.«

Sie trägt eine Bluse mit Pulli über einem knielangen Rock mit Gürtel und Lederstiefeln. Tino findet die Klamotten auch gut.

»Willst du die Sachen anprobieren?«

Ich denke kurz nach. »Nein, das ist jetzt zu kompliziert. Das machen wir nach der nächsten OP. Dann habe ich etwas, worauf ich mich freuen kann.«

Tino nickt: »Gut.«

Wir sind erst nach der offiziellen Abendessenszeit zurück. Das Essenstablett steht noch da. Leider ist meine Mitpatientin heute entlassen worden. Sie war eine sehr interessante Frau, die viel von der Welt gesehen hat. Sie hat die verschiedensten Jobs gemacht, daneben einen Sohn großgezogen und überhaupt viel Lebenserfahrung. Eine tolle Frau. Sehr spannend. Jetzt ist sie weg. Schade. Nun gut, morgen darf ich auch heim.

Ich ziehe mich nicht um für die Abendvisite. Es reicht ja, wenn ich auf der Bettkante sitze, da brauche ich kein Nachthemd. Wie immer kommt ein Arzt vorbei, und die Nachtschwester rückt mit ihrer Heparinspritze an. Was für ein Blödsinn, nach einem Spaziergang von über zwei Stunden. Aber so ist das halt.

»Ich habe keine Lust ins Bett zu gehen. Sitzen war gut, aber jetzt schon wieder liegen …«

Tino braucht so langsam auch ein Abendessen, aber es passt mir überhaupt nicht, hier allein rumzuliegen. Da kommt uns die Idee, dass ich ihn einfach in ein Lokal begleite. Es hält mich schließlich keiner fest. Ich werde zwar auf einem normalen Stuhl sitzen müssen, aber besser wie hier rumlungern ist das allemal. Wir melden uns im Stationszimmer ab und machen uns auf den Weg in ein nahegelegenes Restaurant.

Ganz entspannt bin ich nicht, das Sitzen ist schon eine Herausforderung. Die Stühle sind hart und unbequem. Neben uns sitzt ein älteres Paar. Die Frau hat ganz offensichtlich ein Facelifting hinter sich. Ich muss an die Situation im Sanitätshaus denken. Schon absurd, was Menschen sich freiwillig antun.

»Schmeckt es dir?«

Tino kaut etwas lustlos auf seinem Essen herum: »Nicht so toll. So langsam habe ich genug von dem Zeug.«

Klar, er geht seit über einer Woche ständig essen oder holt sich etwas an der Imbissbude. Es wird Zeit, dass wir nach Hause kommen.

Am Freitagmorgen schlafe ich noch, als Tino ins Zimmer kommt. Der gestrige Tag war doch anstrengend gewesen. Über Nacht hat es draußen geschneit, und Tino schält sich aus einer Schicht Regenbekleidung. Absurd, es ist gerade mal November. Ich werfe einen Blick in den Garten der Klinik: Das sind bestimmt zehn Zentimeter Schnee.

»Das ist ja schön, aber wie wird das mit der Heimfahrt?«, frage ich besorgt.

Tino kämpft noch mit der Regenhose.

»Kein Problem, ich habe schon im Internet geschaut. Es hat nur hier geschneit, Bodensee und Schwarzwald sind schneefrei.«

Es klopft, und eine Pflegerin bringt mein vorerst letztes Krankenhausfrühstück. Tino trägt schon mal meine Sachen ins Auto, während ich das Essen genieße. Nach dem Frühstück beginnt das Warten auf den Professor. Eigentlich war er immer sehr früh da.

»Wahrscheinlich herrscht etwas Verkehrschaos da draußen.«

Ich lege mich nochmal aufs Bett, sitzen muss ich im Auto noch lange genug. Ich weiß sowieso nicht so genau, wie die Heimfahrt werden wird. Wir müssen auf jeden Fall Pausen machen, um meinen Po zu entlasten. Nach einer Stunde sind wir etwas genervt. Die Warterei wird zum Geduldspiel. Ich will heim, alles ist verpackt, wir sitzen in den Startlöchern. Ich kann mich nicht richtig auf mein Buch konzentrieren. Frust. Eine halbe Stunde später trifft Professor Feller dann ein. Er entschuldigt sich für die Verspätung, aber wie befürchtet war der Verkehr rund um München zusammengebrochen. Es hätte also gar nichts gebracht, früher wegzukommen.

Er wirft einen letzten Blick auf die betroffenen Stellen und ist voll zufrieden. »Bis zur nächsten OP erholen Sie sich einfach und schaffen sich wieder ein paar Kilo auf die Rippen.« Der Professor hat recht: Die Tage hier haben an mir gezehrt.

»Dann wünsche ich Ihnen jetzt einen guten Nachhauseweg. Wir sehen uns in knapp drei Wochen wieder.«

Wir schütteln ihm die Hand – und dann nichts wie weg. Ich will einfach nach Hause. Knapp drei Wochen. Das ist keine lange Zeit. Darüber habe ich mir bisher gar keine Gedanken gemacht. Nun gut, es hätte auch nichts daran geändert. Da muss ich jetzt durch.

BEIM ZWEITEN MAL IST ALLES SCHWERER

»Professor Feller hat angerufen, ich kann am Mittwoch schon operiert werden«, sagt Evelyn, als ich zur Haustüre hereinkomme.

Ich stelle meine Tasche ab und lasse diese Nachricht auf mich wirken: »Dann müssen wir morgen schon los.«

Evelyn liegt auf dem Sofa im Wohnzimmer. Ich setze mich zu ihr. Die drei Wochen sind fast um, die nächste Operation steht an. Das ist keine verlockende Aussicht, aber es muss sein.

»Geht das denn, obwohl du Antibiotika bekommst?«

Evelyn hatte sich in den vergangenen Tagen erkältet, und unser Hausarzt verschrieb ihr vorsichtshalber Antibiotika.

»Der Professor sagt, das ist kein Problem. Die Antibiotika werden einfach auch während und nach den Eingriffen weiter verabreicht.«

Ich schaue Evelyn an: »Eigentlich eine gute Sache, oder? Hier sitzen wir ja sowieso nur rum und warten darauf, dass es weitergeht.«

»Das sehe ich auch so. Also rufe ich ihn an und gebe ihm Bescheid.«

Die Reha verlief bisher problemlos, auch wenn jetzt die lästige Erkältung gekommen ist. Aber es ist Dezember, Erkältungszeit, da kann man sich nicht beschweren. Trotzdem ist es keine einfache Zeit gewesen. Ich bin noch immer mehr oder weniger voll verantwortlich für den Haushalt, da Evelyn natürlich noch rekonvaleszent ist. Daneben muss mein Büro laufen, einige Projekte wollen vor Weihnachten abgeschlossen werden. Trotzdem: Es ist gut, ein paar Tage früher aufzubrechen, denn es ist ja unvermeidlich.

Wir packen, ich buche wieder ein Zimmer im Easy Palace, meiner Low-Budget-Bleibe, das Stadtrad für den innerstädtischen Verkehr habe ich der Einfachheit halber gleich an der Klinik stehen lassen. Nach einigen wärmeren Tagen ist es inzwischen wieder richtig Winter geworden, und hinter dem Bodensee liegt bald eine dünne Schneeschicht über den braunen Feldern.

Ich fahre die Strecke routiniert, wir sind nicht sonderlich gesprächig, und Evelyn schläft viel. Was soll man auch sagen? Jetzt kommt halt der Tragödie zweiter Teil.

Auch in München liegt etwas Schnee, der Englische Garten sieht winterlich aus. Evelyn kommt in das gleiche Zimmer, das Bett am Fenster. Ein Blick aus dem Fenster: »Sie haben die Tanne als Weihnachtsbaum geschmückt«, sagt Evelyn. Alles beim Alten, auch hier. Die erste Überraschung gibt es am nächsten Tag. Die zweite Operation geht viel schneller. Fast pünktlich um zwei Uhr nachmittags landet meine Frau im Aufwachraum, jetzt ist sie also beidseitig operiert. Ich bin erleichtert, auch bei dieser OP ist alles glattgelaufen. Dass das Transplantat abgestoßen wird, ist für mich inzwischen nicht mehr so relevant, das verdränge ich bereits erfolgreich. Schließlich hat's beim ersten Mal doch auch geklappt.

Die zweite Überraschung betrifft die Wärmedecke und das Essen: Es gibt direkt wieder richtige, also feste Nahrung. Und die Wärmedecke heizt Evelyn nur noch 24 Stunden und mit niedrigeren Temperaturen ein. Das Personal weiß auch nicht so genau, warum. Wir wollen später mal Professor Feller oder seinen Assistenten fragen, aber vergessen es schließlich. Jedenfalls ist die verkürzte Saunazeit für Evelyn natürlich angenehm, während sie enttäuscht ist, dass es nach der

OP keinen Grießbrei gibt. Insgesamt haben wir den Eindruck, dass inzwischen deutlich mehr Betrieb in der Klink ist. Vor Weihnachten scheinen viele Schwangere einen terminierten Kaiserschnitt durchführen zu lassen. Sie wollen damit wohl verhindern, dass das Baby zu einem ungünstigen Zeitpunkt während der Feiertage kommt, wenn die Kliniken personell nicht so gut besetzt sind. Jedenfalls hört man nun viel mehr kleine Kreissägen, und überall schlappen Hochschwangere in Bademänteln an den Armen ihrer Angehörigen über die Flure.

Das Personal hat sich ganz offensichtlich gemerkt, dass ich mich fast komplett um die Pflege während der ersten Tage kümmere, und schaut nur noch sporadisch vorbei. Auch die nette Schweizerin ist kaum noch anzutreffen, was wir schade finden. Gelegentlich rufe ich die Schwestern, wenn der Urinbeutel seine Füllmenge erreicht hat. Das könnte ich zwar auch erledigen, aber schließlich muss ich nicht alles machen. Und tatsächlich merken wir beide schnell, dass unsere Kräfte sehr schnell schwinden.

Alles in allem ist die Stimmung viel gedrückter als beim ersten Mal. Über die ganzen kleinen Fortschritte in den ersten Tagen nach dem Eingriff – das erste Mal aufstehen, das erste Mal bis zum Ende des Gangs gehen, das erste Mal aus der Klinik heraus – freuen wir uns kaum noch. Im Gegenteil, wir sind beide eigentlich permanent angenervt. *Nur* kurz aufgestanden heute, *nur* bis zum Ende des Gangs gegangen, *nur* bis vor die Tür geschafft. Das Glas ist bei diesem Aufenthalt definitiv halb leer. Immer haben wir im Blick, was alles noch nicht wieder geht. Zudem hat Evelyn nach diesem Eingriff deutlich mehr Schmerzen. Sie sind nicht lokalisierbar, sondern diffus. Vielleicht wirken die Schmerzmittel deshalb nicht richtig oder ausreichend. Die Schmerzen sind aushaltbar, aber auf die Dauer zermürbend. Wir fragen zwar gelegentlich wegen einer höheren Dosierung, aber das Pflegepersonal ist seltsamerweise etwas unwillig, was die Herausgabe angeht. Auch das Abheilen der Narben läuft dieses Mal nicht ohne Komplikationen ab: Die Wunde am Po nässt seit einigen Tagen. Nicht tragisch, aber lästig. Vielleicht auch ein Zeichen dafür, dass Evelyn körperlich und mental an der Belastungsgrenze ist.

Und es gibt noch mehr Anzeichen dafür, dass auch ich langsam, aber sicher an die Grenzen meiner Belastbarkeit komme. Mein Hotel ist naturgemäß keine Schönheit. Beim ersten Aufenthalt war das ja noch okay. Aber inzwischen fällt mir die Trostlosigkeit und Schäbigkeit der Räume doch sehr unangenehm auf. Das Frühstück ist wirklich freudlos und wird in einem kleinen Raum serviert, der abends als Bar dient. Entsprechend riecht auch morgens noch alles nach kaltem Rauch. Dann das Wetter: Langsam empfinde ich es als persönliche Beleidigung, denn es ist saukalt, und immer wieder schneit es. Die Strecke zwischen Klinik und Hotel ist so kurz, dass mir auf dem Rad nicht richtig warm wird, aber lang genug, damit ich zehn Minuten erbärmlich frieren kann.

Auch Evelyn ist sichtbar mit den Nerven am Ende. Sie weint jetzt öfters und zu eigentlich nichtigen Anlässen. Zusätzlich hat sich nun nicht mehr so viel Besuch angekündigt. Klar, so kurz vor Weihnachten will kaum noch jemand durch die Republik reisen, um am Krankenbett seine Aufwartung zu machen, zumal viele über die Feiertage sowieso zu den Verwandten fahren. Aber ich merke, wie mir der Saft langsam komplett ausgeht. Von meiner Zeit als Zivildienstleistender in der Pflege kenne ich das noch allzu gut: Wenn die Belastung zu groß wird, macht irgendwann mein Kopf dicht, ich verweigere sozusagen psychisch den Dienst. Dieser Zustand kündigt sich auch jetzt langsam an, und ich merke, dass ich dringend eine Pause brauche. Meine Stimmung geht rapide nach unten, ich bin emotional kurz vor dem Abschalten, alles nervt mich. Nur will ich Evelyn so nicht allein lassen. Sie ist ja mindestens so schlecht drauf wie ich – mit dem kleinen Unterschied, das ich mich frei bewegen und durch alles Mögliche ablenken kann.

Elke und Uli wollen Samstag kommen und Sonntag wieder fahren. Dann könnte ich Freitagabend nach Freiburg fahren und erst am Montag wieder zurückkommen. Das wäre die Rettung! Eigentlich ja Wahnsinn, für zwei Tage nach Hause zu gurken, aber mir wird immer klarer, dass ich das jetzt brauche. Vor meinem inneren Auge sehe ich mich in unserer Wohnung am Samstagabend vor der Glotze sitzen und Sportschau gucken. Genau das ist es, was ich will! Es lässt sich nicht erklären, aber diese Vision wird zu meinem Rettungsanker bis zum Wochenende.

Aber es soll noch nicht sein. Eine fette Schneefront rauscht am Freitagmorgen heran und verwandelt die Autobahnen in Rutschbahnen und Stauhöllen. Bis zum Nachmittag hadere ich mit der Entscheidung, trotzdem zu fahren oder den Zug zu nehmen, was natürlich viel Geld kosten würde. Außerdem wären da so viele Menschen, gerade an einem Freitagnachmittag und bei Schneefall auf den Straßen. Was ich jetzt dringend brauche, ist etwas Einsamkeit. Schließlich siegt aber die Vernunft, und ich gebe das Vorhaben für heute auf.

»Bleib doch einfach das Wochenende in München und nimm dir ein richtiges Hotel«, sagt Evelyn. Aber in mir sträubt sich alles bei dieser Vorstellung. Es ist zu spät, ich habe mich zu sehr verausgabt, jetzt brauche ich einfach eine psychische Pause – und die funktioniert wie damals im Zivildienst nur über räumliche Distanz. Evelyn findet das jetzt nicht toll, das ist klar, aber meine Entscheidung steht felsenfest: Wenn es irgend geht, muss ich ein paar Tage weg aus München.

Dummerweise hatte ich schon ausgecheckt und bekomme im Hotel kurzfristig kein Einzelzimmer mehr, denn am Wochenende strömen die ganzen Fußballfans in die Stadt und belegen die billigen Absteigen. Ich lande mit etwas Glück in einem anderen Zimmer, ein Mehrbettzimmer, was meine Stimmung natürlich nicht hebt. Die Jugendherberge lässt grüßen. Heute würde ich mich tatsächlich einfach in einem anderen Hotel einquartieren, aber damals wollte ich einfach nicht so viel Geld ausgeben, schließlich verdiente ich gerade fast nichts, und meinen Verdienstausfall würde mir ja keiner ersetzen.

Um die nicht eben aufmunternde Atmosphäre des Mehrbettzimmers zu vermeiden, mache ich mich abends auf die Suche nach einem Kino. Irgendwo einen einigermaßen erträglichen Film gucken, ein Bier trinken und dann ins Bett fallen, das erscheint mit jetzt als die beste Lösung. Kino ist eine Leidenschaft, und ich empfinde es immer als eine Art mentalen Kurzurlaub, von einem guten Film in eine andere Welt mitgenommen zu werden. Schließlich finde ich ein Programmkino, gar nicht weit vom Hotel entfernt. Ein Film, der mich interessiert, läuft um halb elf, jetzt ist es viertel vor zehn. Ich drücke mich noch zwanzig Minuten in der kalten Stadt herum, und sitze dann als einer der Ersten mit einer Flasche Beck's im Kinosaal. Als ich ins Hotelzimmer komme, ist das Licht im Zimmer längst aus. Ich ziehe mich im Dunkeln aus, lege meine Habseligkeiten ans Bettende und schlafe ein.

Schließlich fahre ich doch noch heim. Kurz vor dem Mittagessen verabschiede ich mich von Evelyn. Elke und Uli sind schon auf dem Weg vom Bahnhof zur Klinik, aber natürlich hätte es Evelyn gefreut, wenn ich geblieben wäre. Es wird eine richtig lange Fahrt, überall liegen noch Schneereste auf den Straßen, gerade zwischen den Fahrbahnen, und oft ist der Spurwechsel eine richtig heikle Angelegenheit. Aber meine Stimmung steigt mit jedem Meter, den ich von München wegkomme. Am Bodensee ist es dann wieder so warm, dass auch die Straßen frei werden. Ich komme rechtzeitig zur Sportschau in Freiburg an, werfe mich aufs Sofa, schalte die Kiste ein – und es ist tatsächlich ein wahnsinnig gutes Gefühl, genauso wie ich es mir vorgestellt hatte!

Als ich am Montag wieder auf der Matte stehe, ist Evelyn schon deutlich fitter. Die Drainagen sind weg, sie kann herumlaufen, war sogar schon im Englischen Garten gewesen: eine heiße Schoki auf dem Weihnachtsmarkt am Chinesischen Turm trinken. Nichtsdestotrotz: In uns reift der Gedanke, dass wir den Klinikaufenthalt vielleicht verkürzen könnten. Wenn die Ponarbe noch aufhört zu nässen, kann eigentlich nichts mehr schiefgehen. Wir reden permanent darüber, früher nach Hause zu fahren.

Am Dienstag müssen wir uns leider von der netten Bettnachbarin verabschieden, die bisher mit in Evelyns Zimmer lag. Ihre Nachfolgerin ist erst eine ältere Dame, die am Empfang eines großen Unternehmens in München arbeitet. Sie »muss« jetzt etwas für ihr Aussehen machen, wie sie sagt, und lässt sich deshalb liften. Das ist für uns schon etwas seltsam. Ist das also tatsächlich schon Pflicht? Für den Job unters Messer des Plastischen Chirurgen?

Die Narbe heilt in der Zwischenzeit gut. Nur die diffusen Schmerzen bleiben. Unsere Nerven liegen weiterhin ziemlich blank. Die etwas aufgesetzte Fröhlichkeit der gelifteten Bettnachbarin trägt nicht gerade zur Entspannung bei. Sie hat sich mit der OP einen Wunsch erfüllt und ist total glücklich. Wir haben uns auch quasi gesund für die OP entschieden: Unsere Umstände erscheinen uns jedoch dringlicher. Gelegentlich versuchen wir, eine Verkürzung des Aufenthalts durchzusetzen, aber die Ärzte bleiben jedes Mal hart. Natürlich könnten wir uns jetzt selbst entlassen, aber für diesen Aufruhr haben wir beide keine Kraft mehr. Außerdem bleibt natürlich die medizinische Frage, ob wir damit nicht in irgendeiner Weise das Ergebnis der Operationen gefährden würden – und das ist so ziemlich das Letzte, was wir wollen. Also fügen wir uns ins Schicksal.

Für Donnerstag, den vorletzten Tag, nehmen wir uns einen kleinen Ausflug in den Timberland-Shop in Schwabing vor. Dort wartet ja noch die Kombination, die Evelyn bei unserem Aufenthalt im November gesehen hatte. Ihre ersten Klamotten mit den neuen Brüsten. Das Wetter hat sich beruhigt, es ist ein schöner und relativ milder Frühwintertag in München. Wir ziehen los, es geht gut, die Schmerzen sind vernachlässigbar. Evelyn probiert die Sachen an, und am Ende kaufen wir tatsächlich die komplette Ausstattung der Schaufensterpuppe. Bluse, Pullover, Rock, Stiefel und Gürtel. Sie sieht sehr schick darin aus. Das ist zwar eine Menge Geld, aber wir sind uns einig: Muss einfach sein. Danach hat sich Evelyn noch mit einer Bekannten verabredet, die einige U-Bahn-Stationen entfernt wohnt. Weil sie sich weiterhin gut fühlt, gehen wir die Strecke zu Fuß. »Wir können ja jederzeit in die U-Bahn steigen, wenn es dir zu viel wird«, sage ich. Bei der Bekannten beschließen wir, in ein Café in der Nähe zu spazieren, was dann doch auch wieder zwei Kilometer sind. Am Schluss gehen wir nicht nur den gesamten Hinweg, sondern auch noch komplett zurück. Alles in allem waren es bestimmt sieben oder acht Kilometer.

Am Abend sieht die Assistentin von Professor Feller die Papiertasche der Timberland-Shops im Zimmer stehen, und will wissen, wie unsere Einkaufstour an der Münchner Freiheit war. Als sie hört, dass wir nicht mit dem Taxi dahin gefahren sind, fällt sie fast vom Glauben ab. Damit sie nicht gleich ohnmächtig zusammenbricht, behält Evelyn für sich, dass wir ja eigentlich noch wesentlich weiter gelaufen sind. Aber es hat sehr gutgetan, das Krankenhaus fast den ganzen Tag nicht zu sehen.

Die geliftete Bettnachbarin wurde wieder entlassen. Evelyn ist sichtlich froh, das Zimmer für die restlichen Stunden allein zu haben.

Doch es kommt anders. Ich habe sehr früh ausgecheckt und das Frühstück im Hotel einfach ausgelassen, sodass ich schon kurz nach sieben Uhr in der Klink bin. Kurz darauf geht die Tür auf, und eine etwa dreißigjährige Frau kommt herein, begleitet von einer älteren Frau, wahrscheinlich ihre Mutter. Die Tochter macht ein Gesicht wie zehn Tage Regenwetter, während die Mutter ihre Sachen im Schrank verstaut. Die junge Frau wirkt eher wie eine pubertierende Sechzehnjährige auf dem Schmoll-Trip. Während die Mutter eine enorme Aufgeräumtheit an den Tag legt und die schlechte Laune der Tochter entweder nicht bemerkt oder ignorieren will. Die beiden gehen uns sofort mächtig auf die Nerven. Eigentlich erwarten sie den Professor, aber es hat mal wieder angefangen, nach Kräften zu schneien. Der Running Gag in München in diesem Frühwinter. Um die Landeshauptstadt herrscht Verkehrschaos, eine Schwester schaut herein und teilt uns mit, dass der Professor im Stau feststecken würde.

Als er dann mit anderthalb Stunden Verspätung endlich auftaucht, muss ich das Feld räumen und finde mich draußen mit der Mutter an dem kleinen Tisch auf dem Gang wieder. Sie ist jetzt auf 180 und regt sich auf wegen der Verspätung, aber ich zucke nur mit den Schultern. Was hätte Professor Feller denn machen sollen bei dem Wetter, mit dem Hubschrauber einfliegen?, denke ich mir. Der Anästhesist kommt vorbei und fragt die Mutter der Patientin, ob das Geld für die Narkose schon bezahlt worden sei. Sie ist entrüstet, natürlich sei der Betrag überwiesen worden, aber der Arzt bleibt ungerührt. Als er wieder weg ist, beginnt sie auf den Anästhesisten zu schimpfen. Mir wird das langsam zu blöde, und ich mache mich bei der nächsten Unterbrechung im Redeschwall aus dem Staub. Schließlich wird die Tochter in den OP-Saal gefahren, und die Mutter dampft mit ihr ab. Wir haben wieder unsere Ruhe.

Evelyn berichtet, dass die Frau zum Fettabsaugen gekommen ist. Der Professor hat sie gerade angezeichnet. Wie Evelyn es verstanden hat, ist es eine Art Weihnachtsgeschenk für die Tochter. Es ist zudem nicht das erste Mal, dass sie sich dieser Prozedur unterzieht.

»Krass, schon so jung zum zweiten Mal Fett absaugen!«, sage ich.

»Ja, aber ich hatte eher den Eindruck, dass hauptsächlich ihre Mutter das wollte.«

Die Abschlussvisite bei Evelyn fällt kurz aus. Die Nachsorgetermine sind klar, und bis zur Brustwarzenrekonstruktion dauert es ja noch einige Monate. Wir verabschieden uns von Professor Feller, den Assistenzärzten und den Schwestern, und dann geht's nach Hause. Endlich.

ES IST SCHÖN GEWORDEN

Dezember 2005

Der dicke Wintermantel lagert im Schrank auf dem Dachboden. Ich mache mich also auf den Weg nach oben. Da ist es bitterkalt. Ich schiebe mich vorsichtig vorbei an Kisten und Regalen, um nur nirgends anzustoßen. Geschafft, da ist der Schrank. Nur die Schranktür klemmt mal wieder. Die Holztür läuft in einer Holzfuge beziehungsweise läuft eben nicht. Wenn sie mal wieder nicht läuft, hilft am ehesten Gewalt. Mit dem Nachteil, dass sich die Schranktür dann ruckartig öffnet. Von daher fällt die Problemlösung heute aus. Ein plötzliches Öffnen würde sicherlich zu Schmerzen führen. Und die habe ich sowieso schon. Alle weiteren Erschütterungen würden wahrscheinlich noch mehr wehtun. Ich war nach dem Wochenende direkt bei meinem Hausarzt, damit er vor den Weihnachtsfeiertagen nochmal die Narben begutachten konnte. Er war alles andere als begeistert, als er von den Schmerzen hörte. Er vertritt die Auffassung, dass sie die Heilung verzögern, und außerdem drohen chronische Phantomschmerzen, wenn ich nicht bald schmerzfrei werde. In der Brust und am Po sind sowieso nicht mehr viele intakte Nerven. Von daher müsste ich auch schmerzfrei sein. Wenn ich es nicht bin, muss man die Nerven schnell davon überzeugen, dass da nichts ist, sonst gewöhnen sie sich sozusagen daran, Schmerz zu funken. Klingt logisch. Doch davon war im Krankenhaus nie die Rede. Von daher meinte mein Hausarzt, dass ich so viel Medikamente nehmen soll, dass ich schmerzfrei bin. Aber mehr als die Höchstdosis traue ich mich im Augenblick nicht. Ich habe jetzt schon manchmal den Eindruck, etwas neben der Spur zu sein.

Ich stehe ratlos im Halbdunkel des staubigen Dachbodens. Wie kann ich jetzt den Schrank öffnen? Ich trete leicht mit dem Fuß gegen die Schranktür – in der Hoffnung, dass sich die Verkantung löst. Tatsächlich, es klappt. Aber da wartet schon das nächste Hindernis. Der Mantel liegt ganz unten. Bücken ist im Augenblick definitiv nicht meine Stärke. Inzwischen kann ich mir gerade so die Schuhe selbst binden, aber wenn Tino es macht, habe ich auch nichts dagegen. Ich denke kurz nach, starte einen zaghaften Versuch, in die Knie zu gehen, den ich schnell wieder abbreche: Nein, das ist nix für mich. Enttäuscht tappe ich nach unten. Schon wieder um Hilfe bitten. Ich weiß ja, dass es für Tino eine Sache von wenigen Minuten ist, mir den Mantel zu holen. Trotzdem hätte ich es gerne selbst gemacht. Ich sage ihm kurz Bescheid, verziehe mich wieder aufs Sofa und versuche, die Tränen herunterzuschlucken. Das ist doch echt kein Grund, denke ich. Aber es hilft nichts. Die Summe der Teile ist zu viel: die zermürbenden Schmerzen, die Hilflosigkeit, das zähe Warten darauf, dass alles besser wird.

»Sollen wir denn überhaupt zu Oma fahren?«

Tino steht in der Wohnzimmertür.

Ich wische mir die Tränen aus dem Gesicht. Er sieht mich traurig an. Er weiß, dass ich gerade sehr leide, wir haben immer wieder darüber gesprochen. Aber er kann mir nicht helfen.

»Heute können wir sowieso nichts machen. Ich nehme gleich noch eine Tablette, und dann ist es besser, abgelenkt zu sein, als sinnlos auf dem Sofa zu liegen. Hier wird der Tag mit den Schmerzen zur Ewigkeit. Es sind auch weniger die Schmerzen, die mich belasten. Es ist mehr die Angst, dass sie nicht mehr weggehen. Außerdem freue ich mich auf Oma.« Wir werden beim Autofahren sicherlich ab und zu anhalten müssen. Aber das ist für Tino in Ordnung. Er zuckt mit den Schultern: »Letztlich musst du das entscheiden.«

»Wir fahren.« Ich stehe auf. »Hilfst du mir mit dem Mantel?«

»Klaro.«

»Ich mach mich schon mal auf den Weg nach unten zum Auto. Denkst du an die Tüte mit den Geschenken?«

Tino erledigt noch ein paar Dinge in der Wohnung. Ich gehe Stufe für Stufe die fünf Stockwerke nach unten. Das Ziel ist dabei, möglichst wenig Erschütterungen zu verursachen. Im Auto stelle ich den Sitz so waagrecht wie möglich. Das ist gar nicht so schlecht. Es ist eine entspannte Position, und trotzdem kann ich die Landschaft an mir vorbeiziehen sehen. Jetzt könnte es ruhig winterlich verschneit sein, aber das war es immer nur in München. Hier in Freiburg ist nichts von der weißen Pracht zu sehen. Auch im Schwarzwald liegt nichts, was eigentlich auch besser so ist: Ich würde mich sonst ärgern, weil ich im Augenblick nicht zum Langlaufen gehen kann.

In Stuttgart erwartet uns Oma an der Haustür. Es ist wie immer. Nur dass ich heute deutlich langsamer bei ihr oben bin. Sie nimmt mich vorsichtig in den Arm: »Was machen die Schmerzen?«

»Die sind noch nicht weg. Sind Anette und Jörg schon da?«

»Nein, ihr seid die Ersten. Legt ab, wir gehen einfach schon mal nach oben. Ich habe das Sofa für dich ausgezogen, damit du richtig liegen kannst.«

Im Wohnzimmer werde ich von Oma sofort aufs mächtige Sofa verfrachtet und liebevoll mit einer Decke zugedeckt.

Wahrscheinlich wird das mein erster Besuch hier, nach dem ich mit warmen Füßen nach Hause fahre. Es ist schön, so umsorgt zu werden, aber es macht mich auch etwas traurig. Irgendwie habe ich das Gefühl, das jetzt nicht zeigen zu dürfen. Ich befürchte, dass Oma sich dann noch mehr Sorgen machen würde. Sie war schon im Vorfeld skeptisch wegen dieses Besuchs.

Kurze Zeit später treffen meine Geschwister ein. Jetzt wird es richtig eng am Couchtisch, aber Oma nimmt das gleich in die Hand: »Anette, du gehst zu Evelyn auf die Couch!« Anette legt sich meine Füße auf ihren Schoß und kuschelt sich ebenfalls unter die Decke. Es ist eine ungewohnte Rolle, die ich hier habe, so als passive Rekonvaleszentin. Ich bin froh, als es kurz darauf Mittagessen gibt, denn da sitzen wir einfach alle am Tisch, und ich fühle mich nicht ständig so krank. Der Tag verläuft ansonsten sehr harmonisch, wenn man mal von der musikalischen Einlage auf dem völlig verstimmten Klavier im Wohnzimmer absieht. Aber die hatte dafür ihren ganz eigenen Charme. Oma erzählt zwischendurch von ihren beiden Reisen, die in den nächsten Monaten bevorstehen, denn neben der Mandelblüte in Mallorca wird sie ja zunächst auch noch mit dem Glacier-Express durch die Schweizer Berge kurven. Nach dem Kaffeetrinken machen wir uns startklar für die Rückfahrt.

Die Männer und Anette machen sich daran, das Kaffeegeschirr nach unten zu bringen. Ich bin nicht so schnell beim Aufstehen. Oma schaut mich voller Mitleid an. Ich will ansetzen zu erklären, dass es nicht so schlimm ist, dass es eben ein bisschen dauert, aber stattdessen sage ich plötzlich:

»Oma, willst du die Brüste mal sehen?«

Im gleichen Moment erschrecke ich: War das jetzt zu offensiv? Wie ist es für sie? Sie ist bestimmt total amputiert, seit man vor ein paar Jahren bei ihr Brustkrebs diagnostiziert hat.

Aber Oma ist keineswegs geschockt: »Würdest du das machen? Stört es dich nicht, es zu zeigen?«

»Nein, im Gegenteil.«

Ich kämpfe kurz mit meinen diversen Kleidungsschichten. Dann kriegt Oma als Erstes meine supersexy Kompressionshose gezeigt, und wir lachen herzlich. Ich zeige ihr meine diversen Narben und schließlich den neuen Busen. Sie schaut ihn sich aufmerksam an.

»Ja, Evelyn, es ist schön geworden.«

Ich bin erleichtert. Das war jetzt gut. Ich rücke alles wieder an Ort und Stelle. Dann machen wir uns auf den Weg nach unten.

ICH BIN WIEDER DA

Juni 2006

Der Ultra-Bike-Marathon in Kirchzarten ist sozusagen ein Muss für alle Mountainbiker in Freiburg. Kirchzarten liegt nur wenige Kilometer entfernt im Osten, das Dreisamtal hinauf. Oft ist das Wetter zu diesem Event richtig gut, und wenn sich morgens rund 4000 Biker auf die Strecke machen, herrschen größtenteils perfekte Bedingungen für das Rennen.

Dieses Jahr habe ich mir lange überlegt, ob ich mich anmelden soll. Und wenn ja, für welche Strecke sollte ich mich entscheiden? Eigentlich bin ich ein Fan der Ultradistanz, 116 Kilometer mit etwa 3600 Höhenmetern. Die bin ich schon ein paar Mal gefahren. Lange Distanzen sind auch meine besondere Stärke. Aber dieses Mal, nur ein halbes Jahr nach den Operationen? Auf der anderen Seite habe ich mich bestens erholt von den Eingriffen. Und ich habe nicht den Eindruck, dass die dreimonatige Sportpause über den Winter meiner Form geschadet hat. Im Gegenteil: Ich fühle mich dieses Jahr sogar richtig schnell – ich kann befreit losradeln.

Da es gewissermaßen ein Heimspiel ist, und an mehreren Stellen ein einfacher Ausstieg aus dem Rennen möglich ist, habe ich mich am Ende für die Ultradistanz entschieden. Jetzt stehe ich hier im Startblock, es ist kurz nach sieben Uhr am Morgen, um mich herum eine bunte Schar von nervösen Mitstreitern, die alle mit den letzten Vorbereitungen für das

Rennen beschäftigt sind. Immer wieder läuft ein bekanntes Gesicht vorbei, und man tauscht sich kurz aus – welche Strecke, was macht die Form, wie schnell willst du fahren? – und wünscht sich alles Gute für das Rennen. Dazwischen steht man da, hat dieses unnachahmliche Kribbeln in der Magengegend und die übliche Frage im Kopf: Warum zum Teufel tue ich mir das wieder an – sechseinhalb Stunden über staubige Pisten, steile Anstiege und ebenso steile Abfahrten durch den Schwarzwald jagen? Aber diese Frage stellt sich wohl fast jeder Sportler direkt vor dem Wettkampf. Es ist mein Wetter, so viel steht fest. Wolkenloser Himmel, schon jetzt ziemlich warm. Es gibt eine Hitzeschlacht, Jan-Ullrich-Wetter, und auch genau das Richtige für mich. Sobald die Quecksilbersäule unter die 20-Grad-Marke fällt, arbeitet meine Muskulatur nur noch suboptimal. Aber heute scheint alles perfekt zu sein. Stahlblauer Himmel, kein Gewitterrisiko, einfach nur geniales Frühsommerwetter.

Tino steht einen Startblock hinter mir. In diesem Jahr dürfen die schnellen Frauen alle in Startblock zwei stehen, direkt hinter den Profis. Tino ist zwar meistens ein paar Minuten schneller als ich, aber er ist eben nur Hobbyfahrer und auch nicht gut genug für diesen Startblock hier. Ich schaue mich um: Hier sind fast nur extrem ehrgeizige Hobbyradler, deren Trainingspensum locker an das von Leistungssportlern heranreicht. Ganz wohl fühle ich mich nicht, und ich meine, so manchen abschätzigen Blick zu ernten. Was will die denn hier, geht sicherlich einigen durch den Kopf. Im Startblock zwei starten zu dürfen, ist für ambitionierte Biker eine Art Ritterschlag, und entsprechend eifersüchtig reagieren manche, wenn dieses hart erkämpfte Privileg plötzlich einigen möglicherweise deutlich schwächeren Frauen zugestanden wird. So ist das eben: Hier vorne geht es schließlich nicht um den olympischen Gedanken, sondern darum, möglichst ein paar Minuten schneller zu sein als im vergangenen Jahr. Dabei finde ich die Idee der Veranstalter durchaus intelligent: Ich mag das Gedrängel in der Startphase nicht und fahre deshalb auf den ersten Kilometern sehr defensiv. Sonst falle ich damit in Regionen des Fahrerfeldes zurück, in die ich leistungsmäßig nicht hingehöre. Ich muss mich dann erst wieder mühsam nach vorne kämpfen, werde durch die langsameren und technisch schlechteren Fahrer behindert und manchmal sogar gefährdet. Vielleicht geht es anderen Frauen auch so. Also schon schlau, uns da vorne zu platzieren.

Im Kopf gehe ich zum x-ten Mal die Vorbereitung durch. Mir fehlen natürlich ein paar Trainingseinheiten über den Winter. Obwohl: Es ging dann doch ziemlich schnell aufwärts. Nach Weihnachten hat mich mein Hausarzt mit härteren Schmerzmitteln versorgt, eben bis die Schmerzen weg waren. Das waren ein paar Tage, an denen ich mich ziemlich high gefühlt habe. Nach wenigen Tagen konnte ich die Dosierung dann wieder herunterfahren, und die Schmerzen verschwanden dauerhaft. Klar, ab und an ein Ziehen bei einer falschen Bewegung, aber eben nicht dieser Dauerschmerz. Dazu gab es viel Lymphdrainage und Krankengymnastik. Ende Februar war ich dann wieder einsatzbereit für die Schule. Es hat richtig gutgetan, endlich wieder zu arbeiten. Natürlich war es sehr spannend für mich, denn schließlich war ich an einer neuen Schule. Alles war ungewohnt: Räumlichkeiten, Chef, Kollegen, Schüler. Aber alle haben sehr nett reagiert, und ich fühle mich dort seither sehr wohl. Das Gefühl, wieder vor einer Klasse zu stehen, war kurz befremdlich. Aber nach einigen Tagen kam die Sicherheit zurück, und es hat riesigen Spaß gemacht, neue Schüler und Klassen kennenzulernen. Einfach wieder mit den Jugendlichen zusammen zu sein, ist sehr schön. Natürlich sind sie anstrengend, aber auch unglaublich erfrischend und voller Energie.

Überhaupt merke ich keinen großen Unterschied zu vor den Operationen. Körperlich, versteht sich. Die Tatsache, dass ich kein Gefühl mehr in den Brüsten habe, behindert mich nicht. Selbst beim Sex nicht. Die Brust als erogene Zone fällt natürlich aus. Das finden wir beide schade. Damit müssen wir halt leben. Durch den Eingriff wurden die Nerven durchtrennt. Nervenzellen können sich regenerieren, aber sie wachsen ganz langsam. Es kann Jahre dauern, bevor da etwas Gefühl zurückkommt. Wenn es denn überhaupt passiert. Aber die Hoffnung besteht. Immerhin kann ich bei Berührung mit kaltem Wasser etwas Gänsehaut auf dem Busen erkennen. Da ist vielleicht noch Potenzial. Wenn ich nicht noch lange in Kompressionshosen rumgelaufen wäre, hätte ich es sicherlich oft ganz vergessen, dass ich brustamputiert bin. Erst vor zwei Monaten konnte ich dieses neckische Kleidungsstück endlich weglassen. Immerhin hat es mir den Winter über warme Oberschenkel verschafft.

Mental fühle ich mich definitiv viel besser. Der Kopf ist tatsächlich frei geworden, wie Professor Feller das bei unserem ersten Gespräch versprochen hat. Die Ängste, das Gefühl des Krankseins – alles verschwunden. Ich kann endlich wieder lachen. Im Herbst wartet die Brustwarzenrekonstruktion auf mich, aber nach den beiden Eingriffen ist das wohl eher ein Spaziergang. Dann wird ambulant aus dem Ersatzgewebe eine Brustwarze geformt und anschließend in einer Art Tätowierung eingefärbt. Genaueres weiß ich auch nicht. Klar, es wird mich alles noch ein bisschen beschäftigen, es werden auch noch ein paar Arztbesuche kommen, die sicher keine reine Freude werden. Trotzdem löst das alles nicht mehr diese Ängste aus.

Die erste Untersuchung nach den Operationen war nochmal schwierig. Immerhin ging es um die Frage, wie viel Brustgewebe stehen geblieben ist. Also eine Art Qualitätskontrolle. Im Vorfeld hatte Frau Professor Schmutzler ja schon berichtet, dass es da durchaus Unterschiede gibt. Und je mehr Brustgewebe übrig ist, desto höher ist das Risiko, dass sich in diesem Restgewebe doch noch ein Tumor bildet. Aber auch hier hat Professor Feller beste Arbeit geleistet. Es steht nur noch etwa ein Millimeter, das ist das optimale Ergebnis. Nur die Information, dass die Brüste nicht mehr ganz so schön geformt sein werden, sobald die Schwellung nachlässt, war eine Enttäuschung bei meinem ersten Besuch in Köln.

Natürlich gibt es Tage, an denen ich vor dem Spiegel stehe und so manches auszusetzen habe. Aber wenn ich mir dann klarmache, was der Preis für einen Brusterhalt gewesen wäre, treten die kleinen optischen Mankos, die ein Fremder nicht mal sehen würde, wieder komplett in den Hintergrund. Natürlich sind es nicht mehr meine ursprünglichen Brüste, obwohl es meine Haut ist und auch mein Fettgewebe. Das lässt sich nicht wegdiskutieren. Und dass ich dann manchmal überkritisch bin, ist sicher auch verständlich. Trotzdem finde ich das Ergebnis weiterhin schön, und ich habe die Operationen noch nie bereut. Im Gegenteil: Ich habe das Gefühl, dass mir dadurch ein zweites Leben geschenkt worden ist.

Um mich herum steigt der Nervositätspegel weiter an. Nur noch ein paar Minuten bis zum Start. Weiterhin werden überall Trainingskilometer ausgetauscht, Ziele abgesteckt. Macht ihr mal alle: Hauptsache, ich komme durch! Für alle Fälle habe ich mein Handy eingepackt: Falls ich doch aussteigen muss, kann ich so Tino Bescheid geben. Eigentlich will er mich von hinten aufrollen. Er ist sowieso ein Schnellstarter, wohingegen ich eher der Diesel bin. Und dann fahren wir etwas zusammen, wenn unsere Tagesformen nicht zu unterschiedlich sind. Aber falls wir uns verpassen sollten, was bei mehreren Tausend Sportlern auf der Strecke schon passieren kann, haben wir die Handys dabei.

Endlich, der Countdown wird runtergezählt. Wie immer schallt in den letzten Minuten ACDCs »Highway to Hell« aus den Lautsprechern im Startbereich. Da ist es, das absolut unbeschreibliche Gefühl, eine wilde Mischung aus Euphorie,

Nervosität und Angst. Peng, der Startschuss fällt, Applaus brandet durch die Fußgängerzone der Kleinstadt, durch die sich die sechzehn Startblöcke wie ein gigantischer Tausendfüßler schlängeln. Block eins ist weg. Vor uns liegen 116 Kilometer. Noch mehr Adrenalin! Um mich rum fängt es überall an zu Klicken: Alle steigen schon mal in die Pedale und geben dabei diese Klickgeräusche von sich. Wir stehen Schulter an Schulter, fast unglaublich, dass man aus einem solchen Gedrängel tatsächlich vernünftig starten kann. Jetzt gibt es erst mal kein Zurück mehr: Wir sind dran! Der Startblock zwei braust davon, und ich bin mittendrin. Unsere grobstolligen MTB-Reifen surren über den Asphalt, während uns Hunderte Zuschauer anfeuern. Ein Schauer läuft mir den Rücken herunter. Um mich herum versuchen etliche Fahrer, ihre Ausgangsposition vor dem ersten Anstieg zu verbessern. Rechts und links ziehen sie an mir vorbei. Ich suche mir erst mal einen Windschatten. Nicht gleich am Anfang überzocken! Der Puls ist durch das ganze Adrenalin eh zu hoch. Wir fahren auf Asphalt zunächst nur ganz leicht ansteigend. Genau das Richtige, um ein bisschen Nervosität abzubauen. Ich fühle mich richtig gut. Wer hätte gedacht, dass ich dieses Jahr tatsächlich dabei sein kann? Genial!

Wir erreichen den ersten Schotterabschnitt und rauschen mit vollem Tempo hinein. Ich kenne den Weg, da kann nichts passieren. Nach einem kurzen hügeligen Stück kommt der erste lange Anstieg, knapp tausend Höhenmeter sind zu überwinden. Die Stimmung im Fahrerfeld hat sich deutlich beruhigt, jetzt heißt es konstant treten und dabei essen und trinken nicht vergessen. Alles läuft bestens, ich fühle mich super und bin sofort in einer Art Flow. Mein Handy meldet eine SMS. Nanu, wer will sonntagsmorgens um die Zeit etwas von mir? Egal, wahrscheinlich eine Info vom Netzbetreiber. Oft meldet sich hier in der Grenzregion auch das französische Netz. Egal, das Handy bleibt jetzt stecken.

Wir erreichen Hinterzarten mit der ersten Verpflegungsstelle. In der Abfahrt ist Tino zu mir aufgefahren. Wir brem-
sen nur etwas ab und lassen uns von den freiwilligen Helfern
Riegel reichen. Ich stopfe einen Teil in die Trikottasche, und
weiter geht's. Zu Trinken habe ich im Moment noch genug.
Der Schwarzwald zeigt sich heute von seiner schönsten Seite.
Saftige grüne Wiesen mit Kühen und dunkle Tannenwälder
unter einer strahlenden Sommersonne, teilweise leuchtet sogar die Alpenkette hinter den Hügeln auf – und ich mittendrin mit richtig viel Power! Eine rasante Abfahrt durch einen
schattigen Wald, und wir biegen auf den Uferweg des Titisees.
Es geht heute alles wie im Flug. Mitten auf dem hügeligen
Seerundweg klingelt das Handy. Dazu habe ich es eigentlich
nicht mitgenommen. Wir rauschen gerade mit hohem Tempo in den nächsten Singletrail. Ich gehe jetzt selbstverständlich nicht ran. Was wichtig ist, kommt wieder. Bald verliere
ich Tino in einer Abfahrt aus den Augen, hier ist er einfach
schneller. Egal, die nächsten Stunden vergehen wie im Flug:
tolle Blicke, perfektes Wetter, gute Beine. Jippie.

Kurz vor Todtnau, bei Kilometer siebzig: wieder das Handy. In der Schwarzwaldgemeinde wartet eine weitere Verpflegungsstelle. Ich überlege kurz, ob ich einen Blick auf
das Telefon werfen soll. Irgendetwas hält mich davon ab. Ich
greife kurz nach Riegeln und Bananen und nehme den letzten langen Anstieg in Angriff. Direkt aus Todtnau raus wird
es gleich richtig steil. Der Anstieg liegt an einem Südhang,
die Mittagssonne brennt hier voll rein. Es geht erst durch ein
Wohngebiet, und kleine Kinder reichen uns Schwämme mit
kaltem Wasser. Einige Anwohner haben sogar einen Wasser-
schlauch so installiert, dass man einfach darunter hindurch-
fahren kann. Zum Glück habe ich daran gedacht, das Handy
in eine Tüte zu packen. Verdammt nochmal, wer könnte mich
anrufen? Mich beschleicht ein ungutes Gefühl. Ich dränge es
wieder zur Seite, denn egal, was es ist: Ich kann es im Mo-

ment nicht ändern. Ich bin noch vierzig Kilometer und einige Höhenmeter von zu Hause entfernt. Dafür fühle ich mich aber noch erstaunlich gut.

Viel schneller als erwartet erreiche ich die vorletzte Verpflegungsstelle auf einer Lichtung beim Knöpflesbrunnen, einem Gasthaus mitten im Schwarzwald. Schon von weitem erkenne ich Tino. Er steht da und ist kräftig am Kauen. Vermutlich hat er sich ganz schön ausgepowert. Typisch für ihn, er kann sich viel besser quälen als ich. Allerdings teilt er sich die Strecke noch deutlich besser ein als die meisten, denn seit zwei Stunden bin ich quasi nur noch am Überholen, und das geht jetzt auch so weiter. Tino hat mich entdeckt und winkt mir zu. Ich bremse ab: »Alles klar?«

»Gerade etwas schlapp«, sagt er und grinst.

Ich versorge mich kurz, und wir machen uns gemeinsam wieder auf den Weg. In dem Moment kommt die nächste SMS.

»Mein Handy klingelt schon die ganze Zeit.«

»Wer will was von dir?«

In dem Moment wird es mir sonnenklar.

»Ich glaube, es stimmt etwas mit Oma nicht.«

»Meinst du wirklich?«

Tino ist gerade ganz schön am Leiden. Das kenne ich, das dauert jetzt noch einige Minuten, bis die Verpflegung in seiner Blutbahn angelangt ist, und dann legt er los zum Schlussspurt. Bei ihm kam gar nicht richtig an, was ich gerade gesagt habe. Ist auch nicht so einfach, bei Puls hundertsiebzig noch klar zu denken. Aber so ist es: Es hat mit Oma zu tun. Es erübrigt sich zu sagen, dass es keine positiven Nachrichten sein werden. Was mache ich jetzt? Wenn ich das Rennen hier abbreche, könnte ich über den Schauinsland zurückfahren. Das würde mir eine halbe Stunde sparen. Aber dann bin ich in Freiburg, Tino wäre noch in Kirchzarten. Und dann, was hätte Oma davon? Das bringt irgendwie auch nichts. Ich fahre es einfach zu Ende. Nach und nach entsteht die Gewissheit, dass Oma sich genau das wünschen würde – dass ich das Rennen zu Ende fahre. Für sie. Ich kämpfe mit den Tränen. Im Hals sitzt ein dicker Kloß. Nichtsdestotrotz: Ich fahre das Ding vollends für Oma. Das hätte sie so gewollt, da bin ich mir plötzlich sicher.

Wir erreichen den Notschrei, eine Passhöhe zwischen Schauinsland und Stübenwasen. Hier kommen jetzt ein paar fiese Gegenanstiege. Sie sind vor allem deshalb fies, weil man schon über neunzig Kilometer in den Beinen hat. Heute kann ich erstaunlich viel Kraft mobilisieren. Das Ziel ist jetzt ganz klar: so schnell wie möglich nach Kirchzarten. Tino ist aber noch deutlich schneller, denn das kann er besonders gut, solche kleinen Stiche wegdrücken. Ich verliere ihn wieder aus den Augen.

Nun geht es über die Straße, Polizisten regeln hier den Verkehr, die Autofahrer müssen anhalten, sobald ein Biker auftaucht. Ich rausche über das Asphaltband, tauche auf der anderen Seite wieder ein in den Wald und rase geradeaus bergab. Auf einem ebenen Zwischenstück habe ich wunderschöne Ausblicke. Ich muss die ganze Zeit an Oma denken. Und trotzdem: Ich fahre weiter, sie würde es nicht anders wollen.

An der letzten Verpflegungsstation schnappe ich mir einen Becher Cola. Gleich geht es nochmal über eine steile Wiese hinauf. Zucker und Koffein helfen vielleicht, zumindest psychologisch. Ich merke ein Ziehen im Oberschenkel. Jetzt bloß keine Krämpfe. Da hätte ich keinen Bock drauf. Ich schalte einen Gang runter und trete mit weniger Kraft. Die Muskeln entspannen sich etwas. Ich konzentriere mich voll auf den Weg. Geschafft, ich bin oben. Nicht, dass das der letzte kurze Anstieg gewesen wäre, aber zumindest diesen habe ich bewältigt.

Eine knappe halbe Stunde später erreiche ich Kirchzarten.

Aber es stellt sich keine ausgelassene Freude ein. Ich biege ins Stadion ein, noch eine halbe Runde auf der Tartanbahn. Direkt hinter der Ziellinie erwartet mich schon Tino.

»Phantastisch, du hat eine Zeit knapp über sechs Stunden!«

Ach, meine Zeit, die ist mir gerade völlig egal. Ich habe noch nicht mal gemerkt, dass ich so gut gefahren bin wie noch nie in meinem Leben. Tino merkt ziemlich schnell, dass mir danach nicht der Sinn steht.

»Was ist los mit Oma?«

Ich kann nicht reden, und schüttele nur den Kopf, um nicht in Tränen auszubrechen.

Ich weiß gar nicht, was ich hier soll. Ein Zielbereich voller euphorisierter Menschen. Tino schnappt sich mein Rad, er hat sein Bike bereits bei Freunden geparkt. Ich tappe einfach hinterher. Auch hier ist überall ein großes Hallo, Glückwünsche und und und. Mir ist aber nicht nach Heldengeschichten. Ich muss erst mal auf mein Handy schauen. Ich verdrücke mich kurz und befreie das Handy von Plastiktüte und Schutzhülle. Drei Anrufe in Abwesenheit. Da sind die Kurzmitteilungen, ich mache die letzte auf, Jörg hat sie geschrieben: »Oma ist gestorben.«

Die anderen muss ich gar nicht mehr lesen.

Der Schlossplatz in Stuttgart, mitten im Trubel der Fußballweltmeisterschaft. Public Viewing ist angesagt. Es herrscht fröhliche Ausgelassenheit. Wir sind ziemlich überfordert, das hatten wir völlig vergessen. Irgendjemand ruft uns hinterher: »Hey, ihr seht ja aus, als ob ihr auf einer Beerdigung wärt!« Das trifft es ziemlich genau, denn da kommen wir gerade her.

Wir finden einen Platz in einem Straßencafé. Ein junger gutaussehender Kellner, vermutlich ein Student, kommt und wir bestellen uns zwei Cappuccino.

Ich bin voll von den Bildern der Trauerfeier. Es gab so viele schöne Blumen. Und viele Menschen waren da gewesen, die mit uns von Oma Abschied genommen haben. Einige hatte ich ewig nicht mehr gesehen. Es war schön, meine ganzen Cousinen und Cousins zu treffen, auch wenn der Anlass ein anderer hätte sein können. Meine Schwester war mit dem Zug nach Stuttgart gekommen und hatte sich auf dem Weg zum Friedhof prompt verlaufen. Per Handy haben wir sie mit vereinten Kräften zum Ziel gelotst. Typisch Anette. Oma hätte sich köstlich darüber amüsiert.

Ich bin froh, dass die Beerdigung rum ist. Es war ein schöner Gottesdienst, auch mein Bruder hat ein paar Worte gesprochen. Das fand ich richtig stark. Ich habe mir das nicht zugetraut. Aber Jörg hat es gut gemacht.

Wir alle waren sehr traurig, klar. Aber irgendwie ist es auch gut so. Oma wusste, dass ihre Zeit zu Ende geht. Sie lag seit einiger Zeit in der Klinik in Stuttgart, denn nach der Mallorca-Reise ging es ihr plötzlich rapide schlechter. Wir hatten noch überlegt, ob wir überhaupt zu unserem üblichen Zelturlaub an Pfingsten aufbrechen sollten, und haben mehrmals angeboten, zu Hause zu bleiben. Schließlich hat sie mir kurzerhand für zwei Wochenenden Besuchsverbot erteilt, damit wir nicht auf den Urlaub verzichten. Auch eine Lösung.

Und dann rief Oma mich am Gardasee an, sie telefonierte aus dem Krankenhaus. Dieser Anruf war für mich der beste Hinweis, dass es zu Ende geht. Das war völlig untypisch für sie. Erstens weiß sie, dass das Telefonieren ins Ausland und aufs Handy richtig viel kostet. Außerdem lag sie im Krankenhaus, wo das Telefonieren schon an sich teuer ist. Wir sprachen sehr lang miteinander. Ich hatte den Eindruck, dass sie mir ein paar Lebensweisheiten mitgeben wollte.

Sie war jetzt fast ein Vierteljahr ständig im Krankenhaus gewesen und hat immer weiter abgebaut. Selbst wenn sie sich noch einmal berappelt hätte und nach Hause gekommen wäre, wäre nichts mehr gewesen wie vorher. Sie hätte nie und nimmer ihren Haushalt bewältigen können. Mal ganz abgesehen von den vielen Treppen im Haus.

Ich bin fest davon überzeugt, dass es so für Oma das Beste war. Und auch wenn das für mich furchtbar traurig ist und sie mir wahnsinnig fehlen wird, ist es ein tröstlicher Gedanke. Oma hat ihre Zeit gehabt, sie hat sie genutzt und mir viel gegeben. Dafür bin ich ihr unendlich dankbar.

Der Schlossplatz liegt in der strahlenden Sonne, einige Fans ziehen singend und Fahnen schwingend vorbei. Der Kellner bringt uns unsere Getränke.

NACHWORT UND DANK

NACHWORT

Die Zahl der an Brustkrebs erkrankten Frauen in Deutschland steigt weiter an. Die Neuerkrankungsrate liegt mittlerweile bei über 57 000 Frauen pro Jahr. Bei jeder zwanzigsten Frau ist eine genetische Veränderung (Mutation) in einem der beiden Hochrisikogene *BRCA1* oder *BRCA2* für die Erkrankung verantwortlich. Während in der Allgemeinbevölkerung eine von zehn Frauen im Laufe ihres Lebens an Brustkrebs erkrankt, trifft die Erkrankung rund sieben von zehn Frauen mit einer Mutation. In diesen Familien sind meist auch mehrere Frauen betroffen, und die Erkrankung tritt häufig bereits in jungen Jahren, manchmal schon vor dem dreißigsten Lebensjahr auf.

Die beiden Hochrisikogene *BRCA1* und *BRCA2* wurden in den Jahren 1994 und 1995 entdeckt. Mutationen in den Genen werden statistisch gesehen an fünfzig Prozent der Nachkommen weitervererbt. Durch die Identifikation einer Mutation bei einer Erkrankten in der Familie ist eine prädiktive genetische Testung, das heißt eine Untersuchung auf das Vorliegen einer Mutation bei gesunden Frauen aus dieser Familie möglich geworden. Wird die Veränderung ausgeschlossen, so können die betreffenden Frauen entlastet werden. Das hohe Erkrankungsrisiko ihrer Familie trifft dann auf sie nicht mehr zu. Umgekehrt wird beim Nachweis der Mutation das hohe Risiko zur Gewissheit. Ein solcher Befund wurde bei Evelyn Heeg erhoben, das heißt nachdem die Mutation bei ihrer erkrankten Großmutter identifiziert wurde, wurde sie im zweiten Schritt auch bei Evelyn nachgewiesen. In ihrem Buch beschreibt Evelyn detailliert und exemplarisch welche Gedanken, Unsicherheiten und Zweifel einer gesunden jungen Frau mit einem hohen Erkrankungsrisiko durch den Kopf gehen. Diese reichen von der lang anhaltenden, kaum überwundenen Trauer um den Tod ihrer Mutter, als sie selbst fast noch ein Kind war, über eigene Erkrankungsängste, über Kinderwunsch und Schuldgefühle, eine ungünstige Eigenschaft weitervererben zu können, bis hin zur prophylaktischen Brustdrüsenentfernung, um das eigene Erkrankungsrisiko zu minimieren, und Überlegungen, was dies für ihr Körperbild und ihre Weiblichkeit bedeutet.

Evelyn schließt nicht die Augen vor dieser Gefährdung, sondern kämpft um einen aktiven Umgang mit ihrem Risiko und entscheidet sich nach reiflicher Überlegung für die prophylaktische Brustdrüsenentfernung. An dieser Stelle sei angemerkt, dass es in dieser Situation nicht einen einzigen richtigen Weg gibt, sondern viele verschiedene individuell richtige Wege. Diese umfassen eine intensive Früherkennung, präventiv wirksame Medikamente und auch die prophylaktische Brustdrüsen- und Eierstockentfernung. Eine umfassende Aufklärung über die Risiken und die Vor- und Nachteile der verschiedenen Präventionsmöglichkeiten ist Grundlage für die Entscheidung.

Dieser Aufgabe haben sich die zwölf Zentren für erblichen Brust- und Eierstockkrebs in Deutschland gestellt, die kurz nach der Entdeckung der Risikogene mit Unterstützung der Deutschen Krebshilfe ins Leben gerufen und über ein Jahrzehnt von der Deutschen Krebshilfe gefördert wurden. In den Zentren arbeiten hoch spezialisierte Ärzte und Biologen zusammen, die die genetische Testung in eine umfassende Beratung einbetten. Vorrangiges Ziel war es zunächst, die Betroffenen bei ihrer Entscheidungsfindung für oder gegen den Gentest und für oder gegen präventive Maßnahmen zu unterstützen. Dieses Ziel ist erreicht und die Zentren sind daraufhin 2005 in die Regelversorgung durch die Krankenkassen überführt worden. Nun geht es darum, erstens weitere Risikogene zu finden, denn die beiden bekannten sind nur für fünfzig Prozent der Erkrankungen verantwortlich, zweitens spezifische Therapien und drittens Medikamente zur Vorbeugung gegen die erblichen Tumore zu entwickeln. Aktuelle wissenschaftliche Ergebnisse weisen darauf hin, dass dies kein Wunschtraum mehr ist. Ich bin daher guten Mutes, dass wir gemeinsam, die betroffenen Frauen, die betreuenden Ärzte und die auf diesem Gebiet tätigen und uns eng begleitenden Naturwissenschaftler, den erblichen Brustkrebs besiegen können. Und ich danke Evelyn Heeg, dass sie dieses schon überfällige Buch geschrieben hat, in dem sich viele der betroffenen jungen Frauen wiederfinden werden.

Prof. Dr. med. Rita Schmutzler
Leiterin, Schwerpunkt Familiärer Brust- und Eierstockkrebs, Universitätsklinik Köln
Koordinatorin der zwölf Zentren in Deutschland
(Adressen über www.krebshilfe.de)

DANK

Wir danken ganz herzlich allen Freunden, die uns beim Schreiben mit Rat, Tat, Kritik und Lob unterstützt haben. Wir danken auch Frau Prof. Dr. Rita Schmutzler und Herrn Prof. Dr. Axel-Mario Feller für ihre Unterstützung beim Verfassen dieses Buches und die wertvollen fachlichen Hinweise.

Besonderer Dank gilt Karin für ihre ebenso hingebungsvolle wie professionelle Betreuung. Und natürlich danken wir Felix, der die Idee für dieses Buch hatte und der anschließend dieses aufwühlende, wundervolle und beglückende Projekt möglich gemacht hat.